转型期我国社会保障体系发展建设研究

杨　健　张金峰　等著

世界图书出版公司

上海·西安·北京·广州

图书在版编目(CIP)数据

转型期我国社会保障体系发展建设研究 /杨健等著.
一上海：上海世界图书出版公司,2015.6
ISBN 978 - 7 - 5100 - 9632 - 7

Ⅰ.①转… Ⅱ.①杨… Ⅲ.①社会保障—保障体系—
研究—中国 Ⅳ.①D632.1

中国版本图书馆 CIP 数据核字(2015)第 079323 号

转型期我国社会保障体系发展建设研究

著　者　杨　健　张金峰　等

出 版 人　陆　琦
策 划 人　姜海涛
责任编辑　姜海涛
装帧设计　蔡　惟
责任校对　石佳达

出版发行　上海世界图书出版公司　　www.wpcsh.com.cn
地　　址　上海市广中路 88 号　　　　www.wpcsh.com
电　　话　021 - 36357930
邮政编码　200083
经　　销　各地新华书店
印　　刷　上海市印刷七厂有限公司　　如发现印装质量问题
开　　本　787×1092　1/16　　　　　请与印刷厂联系　021 - 59110729
印　　张　18.25
字　　数　300 000
版　　次　2015 年 6 月第 1 版
印　　次　2015 年 6 月第 1 次印刷
书　　号　ISBN 978 - 7 - 5100 - 9632 - 7 /D · 34
定　　价　50.00 元

前　言

　　社会保障是保障人民生活、调节社会分配的一项基本制度。党的十七大报告强调"加快建立覆盖城乡居民的社会保障体系"，党的十八大报告提出"统筹推进城乡社会保障体系建设"，党的十八届三中全会进一步提出了"建设更加公平可持续的社会保障制度"的目标任务。从"覆盖城乡"到"统筹城乡"，再到"更加公平可持续的社会保障制度"，其核心均旨在推动我国社会保障体系的理性、健康发展。本研究立足于我国政府致力于全面建成小康社会的时代背景，运用理论分析与实地调研方法，基于可持续发展、统筹协调发展、全覆盖发展、内涵式发展视角，对转型期我国社会保障体系发展建设问题进行系统性深入探讨。本研究共分八章，分别为城镇职工养老保险制度的可持续发展，城乡居民养老保障的统筹协调发展，城乡居民医疗保障的全覆盖发展，城乡社会福利与救助的内涵式发展，老年人保障发展建设研究专题，残疾人保障发展建设研究专题，社会保障体系建设的探索途径，讨论与展望。本书由杨健和张金峰共同讨论拟定结构框架，然后由各执笔者撰写相应章节。第一章由杨健和张金峰、高玲玲执笔；第二章由杨健和张金峰、翟世川、苏海执笔；第三章由张金峰、司静宜、李铁铮、穆翠翠执笔；第四章由杨健和张金峰、牛玉琼、杜丹丹、乔宁波、刘凤执笔；第五章由杨健和张金峰、张孟瑶、常亚婷执笔；第六章由杨健和张金峰、解琳执笔；第七章由杨健和张金峰、马虎执笔；第八章由杨健和张金峰执笔。限于作者学力不足，书中难免存在疏漏之处，恳请各位专家、同行和广大读者批评指正。社会保障功在千秋，恩泽后世。愿我国社会保障体系建设取得更加辉煌的成就！

目　录

第一章　城镇职工养老保险制度的可持续发展

　　转型期我国社会保障体系建设的稳步推进有赖于城镇职工养老保险制度的可持续发展。科学设计城镇职工基本养老金待遇调整机制、基于平均余命确立养老金个人账户缴费率、优化城镇职工基本养老保险个人补缴政策、形成化解养老金隐性债务的责任共担机制是促进城镇职工养老保险制度可持续发展的重要方面。

第一节　科学设计城镇职工养老保险待遇调整机制

　　建立健全城镇职工基本养老金待遇调整机制,关系到广大城镇企业参保职工和离退休人员的晚年生活,是增进人民福祉、维护社会公平正义的客观要求。目前的养老金调整政策具有临时性、随意性的特征,尚不能充分保障退休人员的基本生活需要,亟须研究确立科学合理的养老金待遇调整机制。本节结合河北省的实例分析,对城镇职工基本养老金待遇调整机制问题进行系统性研究。

一、建立健全城镇职工养老保险待遇调整机制的必要性

　　近年来养老金待遇调整机制问题受到国内外的广泛关注。国际劳工组织在 2012 年《争取社会正义和公平 全球化的社会保护底线》报告中明确提出应重视养老金支付的调整及标准问题。党的十八大报告提出"建立兼顾各类人员的社会保障待遇正常调整机制",《社会保障事业发展十二五规划》

也明确指出要"建立基本养老金正常调整机制"。自2005年以来,我国已连续十年提高企业基本养老金待遇水平,但由于调整政策的非制度化、随意性和不稳定性,当前政策照顾范围之外的退休人员养老金偏低、部分人群之间待遇差距拉大等问题比较突出,亟须研究科学合理的养老金待遇调整机制。

目前关于城镇职工基本养老金待遇调整机制问题的系统性研究较少,已有研究也较少对不同经济时代的退休群体进行细分,而且相对缺乏实证研究。与此同时,城镇职工基本养老金待遇及其科学的调整机制,关系到广大城镇企业职工的退休生活,是维护社会公平正义的客观要求。因此,建立健全城镇职工养老金待遇调整机制有利于保障退休人员的基本生活、协调不同群体之间的待遇差距,有利于实现党的十八大提出的"建立兼顾各类人员的社会保障待遇正常调整机制以增强制度公平性"的目标,可以为推进城镇职工养老保险制度的可持续发展提供系统思路和改革参考,具有较强的理论意义和现实指导意义。

二、城镇职工基本养老金待遇水平现状分析

本部分主要阐明城镇职工养老保险政策演进历程中不同退休群体"老人""中人""新人"的养老金待遇计发政策;依据相关政策建立养老金待遇水平测算公式;分析考察不同退休群体养老金待遇水平状况及完善待遇调整机制的迫切性。

（一）城镇职工基本养老金待遇计发政策概况

1. 1997年养老保险制度改革之前的相关政策

1991年国务院发布《国务院关于企业职工养老保险制度改革的决定》,提出今后将逐步建立起基本养老保险、企业补充养老保险和个人储蓄性养老保险相结合的多层次养老金制度,养老保险费用由国家、企业和个人三方负担,基本养老金以价格指数和工资增长作适当调整。与此同时,一些城市开始了基本养老保险社会统筹和个人账户相结合的试点工作。1993年,中共十四届三中全会《关于建立社会主义市场经济体制若干问题的决定》提出了城镇职工养老保险金由单位和个人共同负担,实行社会统筹和个人账户相结合,使现收现付制的养老保险向基金制过渡。1995年3月,国务院发布了《关于深化企业职工养老保险制度改革的通知》,将企业和职工的缴费分为"社会统筹"和"个人账户"两个部分,同时提供了两种实施办法,供各地

选择。

2. 1997 年养老保险制度改革中的计发办法

《国务院关于建立统一的企业职工基本养老保险制度的决定》（国发〔1997〕26 号）的颁布，正式确定了我国基本养老保险制度的基本框架。这次国务院《决定》的中心任务是，实现全国统一的企业基本养老保险制度，即统一企业和职工个人的缴费比例、统一个人账户的规模、统一基本养老金的计发办法。

《国务院关于建立统一的企业职工基本养老保险制度的决定》，对"老人""中人""新人"退休群体进行了明确界定。该《决定》实施前已经离退休的人员（称"老人"），仍按国家原来的规定发给养老金，同时执行养老金的调整办法。该《决定》实施前参加工作、实施后退休的职工（称"中人"），基础养老金、过渡性养老金和补贴从养老统筹基金中支付。"中人"养老金除了个人账户养老金和基础养老金外，还有一部分过渡性养老金，它是兑现过去在现收现付制下积累的养老金权利的补偿金。该《决定》实施后参加工作的职工（称"新人"），个人缴费年限累计满 15 年的，退休后按月发给基本养老金。"新人"的基本养老金由个人账户养老金和基础养老金组成，基础养老金来源于社会统筹基金（见附表 1）。河北省政府据此颁布了《河北省统一企业职工基本养老保险制度实施办法》（冀政〔1998〕1 号）。

3. 2005 年养老保险新政中的计发办法

针对 1997 年计发办法的不足，2005 年颁布的《国务院关于完善企业职工基本养老保险制度的决定》（国发〔2005〕38 号）进行了新一轮的改革。按照国发〔2005〕38 号文件规定，自 2006 年 1 月 1 日即养老新政正式实施后，养老金制度涉及的"老人""中人""新人"群体又被重新划定。

"老人"指"新政"实施前，即 2006 年 1 月 1 日前已经退休的人员，仍按照国家原有规定发给基本养老金，并随以后基本养老金调整而增加养老保险待遇。"中人"指 1997 年之前，即国务院颁布的《国务院关于建立统一的企业职工基本养老保险制度的决定》之前参加工作，"新政"实施后缴费年限累计满 15 年的人员，由于他们之前个人账户的积累很少，退休后在发给基础养老保险金和个人账户养老金的基础上，国家还将发给过渡性养老金。"新人"是指 1997 年后参加工作的人员。其缴费年限（含视同缴费年限）累计满 15 年的，退休后按月发给基本养老金，基本养老金由基础养老金和个人账户养老金组成（见附表 2）。河北省政府据此发布了《关于印发河北省完善企业职工基本养老保险制度实施意见的通知》(冀政〔2006〕67号)。

(二)不同退休群体的养老金水平测算公式

在养老金制度改革的进程中,国务院1997年颁布的《国务院关于建立统一的企业职工基本养老保险制度的决定》(国发〔1997〕26号)和2005年颁布的《国务院关于完善企业职工基本养老保险制度的决定(国发〔2005〕38号)》是对不同时代人群的养老金待遇水平产生重要影响的两个标志性文件。河北省政府结合实际先后颁布了《河北省统一企业职工基本养老保险制度实施办法》(冀政〔1998〕1号)和《关于印发河北省完善企业职工基本养老保险制度实施意见的通知》(冀政〔2006〕67号)。尽管相关的具体规定存在一些差异,但均将退休职工分为三类,即"老人""中人"与"新人"。

以上文件就不同人群的养老金构成均做出了相近的规定,即"老人"仍按照国家原来标准发给养老金;"中人"按照新制度规定办法发放基础养老金和个人账户养老金,并在此之外再确定过渡性养老金;"新人"按照相关制度规定办法发放基础养老金和个人账户养老金。由于"新人""中人"与"老人"的养老金构成存在差异,因此不同人群养老金水平的影响因素也不尽相同。从数量方面来看,养老金水平包括绝对水平和相对水平。绝对水平,即养老金绝对数额;相对水平,可用养老金替代率来反映。养老金替代率又涉及静态替代率和动态替代率。本部分将以上述相关文件的规定为基础,建立"新人"与"中人"群体对应的养老金水平测算公式。

1. "新人"养老金水平测算公式

(1)"新人"1997年政策下的测算公式

根据1997年《国务院关于建立统一的企业职工基本养老保险制度的决定》和《河北省统一企业职工基本养老保险制度实施办法》(冀政〔1998〕1号)中计发办法的规定,"新人"养老金绝对水平的计算公式可以表示为:

基本养老金 =(基础养老金)+(个人账户养老金)

月基础养老金 =(上一年当地在职人员月平均工资)×20%

个人账户月养老金 =(个人账户累计储存额)/120

如果用 P 表示基本养老金;养老金静态替代率为 T,动态替代率为 T_d,退休上一年社会平均工资为 W_{0-1},退休后 t 年当年的社会平均工资为 W_t,W_0 为社会平均工资基数;N 为缴费年限;g 为社会平均工资增长率;i 为个人账户记账利率;为简化公式,将 $1+g$ 记作 Q,将 $1+i$ 记作 R,设 $m=R/Q$。假

设个人月缴费工资等于月社会平均工资,当 $m \neq 1$ 时,则"新人"养老金绝对水平的计算模型为:

$$P = W_0 \times Q^N \times 20\% + 12 \times 11\% / 120 \times W_0 \times Q^N \times$$
$$[(1-m^N)/(1-m)]$$

与之相对应的养老金静态替代率模型可以表达为:

$$T = P/W_{0-1} = 20\% + 12 \times 11\% / 120 \times [(1-m^N)/(1-m)]$$
$$= 20\% + 1.1\% \times [(1-m^N)/(1-m)] \tag{1}$$

当 $m = 1$ 时,则"新人"养老金绝对水平计算模型为:

$$P = W_0 \times Q^N \times 20\% + 12 \times 11\% \times N/120 \times W_0 \times Q^N$$

相应的养老金静态替代率模型可以表达为:

$$T = P/W_{0-1} = 20\% + 12 \times 11\% \times N/120$$
$$= 20\% + 1.1\% \times N \tag{2}$$

养老金动态替代率可以表达为:

$$T_d = P/W_t$$

(2) "新人"2005 年政策下的测算公式

根据 2005 年国发 38 号文件和《关于印发河北省完善企业职工基本养老保险制度实施意见的通知》(冀政〔2006〕67 号)中计发办法的规定,"新人"养老金绝对水平的计算公式可以表示为:

基本养老金 ＝(基础养老金)＋(个人账户养老金)

基础养老金 ＝[(职工退休上一年度当地职工月平均工资)＋
　　　　　　(本人指数化月平均缴费工资)]/2×(缴费年限)×1%

个人账户养老金 ＝(退休时个人账户储存额)/
　　　　　　　　(退休年龄相对应的计发月数)

如果用 P 表示基本养老金;养老金静态替代率为 T,动态替代率为 T_d,退休上一年社会平均工资为 W_{0-1},退休后 t 年当年的社会平均工资为 W_t,W_0 为社会平均工资基数;N 为缴费年限;c 为缴费工资指数,n 为计发月数,g 为社会平均工资增长率;i 为个人账户记账利率;为简化公式,将 $1+g$ 记作 Q,将 $1+i$ 记作 R,设 $m = R/Q$。假设个人月缴费工资等于月社会平均工资,

当 $m \neq 1$ 时，则"新人"养老金绝对水平计算模型为：

$$P = 1/2 \times (1+c) \times W_0 \times Q^N \times N \times 1\% + 12 \times 8\% \times$$
$$c/n \times W_0 \times Q^N \times [(1-m^N)/(1-m)]$$

与之相对应的养老金静态替代率模型可以表达为：

$$T = P/W_{0-1}$$
$$= 1/2 \times (1+c) \times N \times 1\% + 12 \times 8\% \times$$
$$c/n \times [(1-m^N)/(1-m)] \tag{3}$$

当 $m = 1$ 时，则"新人"养老金绝对水平计算模型为：

$$P = 1/2 \times (1+c) \times W_0 \times Q^N \times N \times 1\% +$$
$$12 \times 8\% \times c/n \times W_0 \times Q^N \times N$$

与之相对应的养老金静态替代率模型可以表达为：

$$T = P/W_{0-1}$$
$$= 1/2 \times (1+c) \times N \times 1\% + 12 \times 8\% \times c/n \times N \tag{4}$$

养老金动态替代率可以表达为：

$$T_d = P/W_t$$

2. "中人"养老金水平测算公式

(1) "中人"1997 年政策下的测算公式

根据 1997 年国务院颁布的《国务院关于建立统一的企业职工基本养老保险制度的决定》和《河北省统一企业职工基本养老保险制度实施办法》(冀政〔1998〕1 号)中计发办法的规定，"中人"养老金绝对水平的计算公式可以表示为：

基本养老金 ＝ (基础养老金) ＋ (个人账户养老金) ＋ (过渡性养老金)
月基础养老金 ＝ (上一年当地在职人员月平均工资) × 20%
个人账户月养老金 ＝ (个人账户累计储存额)/120
过渡性养老金 ＝ (职工退休上一年度当地职工月平均工资) ×
(职工本人平均缴费工资指数) ×
(视同缴费年限) × (过渡性系数)

结合前文"新人"的养老金计算分析机理，如果用 P 表示基本养老金；养

老金静态替代率为 T，动态替代率为 T_d，退休上一年社会平均工资为 W_{0-1}，退休后 t 年当年的社会平均工资为 W_t，设 N 为缴费年限，视同缴费年限为 M，个人实际缴费年限为 $\Phi(\Phi=N-M)$，过渡性系数为 G，则当 $m\neq 1$ 时，"中人"养老金绝对水平计算模型为：

$$P = W_0 \times Q^N \times 20\% + 12 \times 11\% \times \Phi/120 \times W_0 \times Q^N \times$$
$$[(1-m^{\Phi})/(1-m)] + W_0 \times Q^N \times c \times M \times G$$

与之相对应的养老金静态替代率模型可以表达为：

$$T = P/W_{0-1}$$
$$= 20\% + 12 \times 11\% \times \Phi/120 \times [(1-m^{\Phi})/(1-m)] + c \times M \times G$$
$$= 20\% + 1.1\% \times \Phi \times [(1-m^{\Phi})/(1-m)] + c \times M \times G \tag{5}$$

当 $m=1$ 时，则"中人"养老金绝对水平计算模型为：

$$P = W_0 \times Q^N \times 20\% + 12 \times 11\% \times \Phi/120 \times W_0 \times Q^N +$$
$$W_0 \times Q^N \times c \times M \times G$$

与之相对应的养老金静态替代率模型可以表达为：

$$T = P/W_{0-1}$$
$$= 20\% + 12 \times 11\% \times \Phi/120 + c \times M \times G$$
$$= 20\% + 1.1\% \times \Phi + c \times M \times G \tag{6}$$

养老金动态替代率可以表达为：

$$T_d = P/W_t$$

(2) "中人"2005 年政策下的测算公式

根据国发〔2005〕38 号文件和《关于印发河北省完善企业职工基本养老保险制度实施意见的通知》(冀政〔2006〕67 号)中计发办法的规定，"中人"养老金绝对水平的计算公式可以表示为：

基本养老金 ＝ (基础养老金) ＋ (个人账户养老金) ＋ (过渡性养老金)

基础养老金 ＝ [(职工退休上一年度当地职工月平均工资) ＋

(本人指数化月平均缴费工资)]／2 × (缴费年限) × 1%

个人账户养老金 ＝ (退休时个人账户储存额)／(退休年龄相对应的计发月数)

过渡性养老金 ＝ (职工退休上一年度当地职工月平均工资) ×

(职工本人平均缴费工资指数) × (视同缴费年限) ×

(过渡性系数)

结合前文"新人""中人"的养老金计算分析机理,如果用 P 表示基本养老金;养老金静态替代率为 T,动态替代率为 T_d,退休上一年社会平均工资为 W_{0-1},退休后 t 年当年的社会平均工资为 W_t,当 $m \neq 1$,即社会平均工资增长率与个人账户记账利率不相等时,则"中人"养老金绝对水平计算模型为:

$$P = 1/2 \times (1+c) \times W_0 \times Q^N \times N \times 1\% + 12 \times 8\% \times c/n \times$$
$$W_0 \times Q^N \times [(1-m^\Phi)/(1-m)] + W_0 \times Q^N \times c \times M \times G$$

与之相对应的养老金静态替代率模型可以表达为:

$$
\begin{aligned}
T &= P/W_{0-1} \\
&= 1/2 \times (1+c) \times N \times 1\% + 12 \times 8\% \times c/n \times \\
&\quad [(1-m^\Phi)/(1-m)] + c \times M \times G \qquad (7)
\end{aligned}
$$

当 $m = 1$,即社会平均工资增长率与个人账户记账利率相等时,则"中人"养老金绝对水平计算模型为:

$$P = 1/2 \times (1+c) \times W_0 \times Q^N \times N \times 1\% + 12 \times 8\% \times$$
$$c/n \times W_0 \times Q^N \times \Phi + W_0 \times Q^N \times c \times M \times G$$

与之相对应的养老金静态替代率模型可以表达为:

$$
\begin{aligned}
T &= P/W_{0-1} \\
&= 1/2 \times (1+c) \times N \times 1\% + 12 \times 8\% \times c/n \times \Phi + \\
&\quad c \times M \times G \qquad (8)
\end{aligned}
$$

养老金动态替代率可以表达为:

$$T_d = P/W_t$$

(三) 不同退休群体的养老金水平分析

1."老人"群体的养老金水平

对于 1997 年养老保险体制改革前退休的"老人"而言,大多数地区企业基本养老金计发办法一直沿用 1978 年国务院颁布的《关于安置老弱病残干部的暂行办法》和《关于工人退休、退职的暂行办法》(国发〔1978〕104 号)中的有关规定。

这两个文件一方面规定了法定退休年龄,即工人男性 60 岁、女性 50 岁;干部(机关事业单位)男性 60 岁、女性 55 岁;特殊行业或特殊工种退休年龄可以提前;高级官员和专家教授等退休年龄可以延长。另一方面规定了计发标准:工龄满 10 年,退休后基本养老金按照职工工龄长短和职工本人退休时的标准工资的一定比例计发;工龄满 10 年不满 15 年的,按照标准工资的 60％计发养老金;工龄满 15 年不满 20 年的,按照标准工资的 70％计发养老金;工龄满 20 年及以上的,按照标准工资的 75％计发养老金。这个政策主要是针对当时企业的工资保险福利状况制定的。所以,1997 年和 2005 年两次养老金制度的重大改革对于"老人"养老金待遇水平而言没有产生实质影响,依然按照"老人老办法"计发养老金。

2."新人"群体的养老金水平

根据国务院和河北省养老保险制度改革的相关规定,结合前文"新人"养老金替代率测算模型,可以分析养老金水平的变动情况。当退休者缴费工资与社会平均工资相等(即 $c=1$)、60 岁进入退休状态($n=139$)、工资增长率等于记账利率时,根据"新人"养老金替代率测算模型可得,1997 年政策条件下缴费 15 年的养老金替代率为 36.50％,2005 年政策条件下缴费 15 年的相应水平为 25.40％,改革后养老金水平降低 11 个百分点左右。同理,1997 年政策条件下缴费 30 年的养老金替代率为 53.00％,2005 年政策条件下的相应水平为 50.70％,改革后养老金水平降低 2.3 个百分点左右;1997 年政策条件下缴费 35 年的养老金替代率为 58.50％,2005 年政策条件下的相应水平为 59.20％,改革后养老金水平上升约 0.7 个百分点。

总体来看,由于 2005 年新计发办法中基础养老金"一年一个百分点"、在基础养老金部分引进个人指数化平均缴费工资、个人账户计发月数因退休年龄不同进行个性化设计,因此如果参保者的缴费年限在 30 年以内,改革后养老金水平较改革前有不同程度的降低,缴费 35 年及以上的参保者,改革后所能获得的养老金水平呈现小幅度的上升。从参保缴费 35 年的平均水平来看,"新人"养老金水平略有变化但幅度较小,相对比较平稳。

3."中人"群体的养老金水平

根据国务院和河北省养老保险制度改革的相关规定,结合"中人"养老金替代率测算模型,可以分析养老金水平的变动情况。当退休者缴费工资与社会平均工资相等(即 $c=1$)、缴费年限为 35 年、55 岁退休(即 $n=170$)、工资增长率等于记账利率时,根据"中人"养老金替代率测算模型可得,1997年政策条件下的养老金替代率在 9 年内由 61.90％逐步降低到 57.40％,2005 年政策条件下的相应水平较改革前有很大幅度的变动,在先上升到

71.00%以后逐步降低,2021年以后又开始低于改革前水平,最低为46.90%。因此,改革后"中人"群体间养老金水平差距开始显现拉大趋势。

4. 养老金水平调整的迫切性

由养老金水平测算公式可以推知,养老金静态替代率是指职工退休后的第一年养老金收入与退休上一年工资收入的比率。它是以个人为研究对象,反映了个人在退休初期获得的养老金收入与退休前工资的替代程度。如果在 t 年,将已经退休 m 年的老人的退休金与当年的社会平均工资比较,得到的替代率则为养老金动态替代率。企业员工退休后,如果退休金保持退休初期的水平不变,而在职者的工资随着经济增长得到不断的提高,很明显养老金动态替代率将会随着社会平均工资水平的提高而不断下降。即由于经济的波动、每年物价水平的变化,退休人员养老金的绝对购买力会有较大幅度的下降。即使是相对比较适度的通货膨胀率,最终也会严重侵蚀每月领取固定退休收入者的购买力。[①]

从制度实际运行情况来看,目前的退休人口主要是"老人"与"中人","新人"群体进入退休状态的时日还比较遥远。结合养老金静态替代率和动态替代率的测算公式可知,如果没有健全的养老金待遇调整机制,在远期"中人"与"老人"群体的养老金存在着保障水平快速降低以致影响基本生活的严重问题。特别是从1997年开始领取养老金的"老人",其养老金水平在退休15年后开始低于城镇最低生活保障标准——社会平均工资的20%,1998年至2006年期间开始领取养老金的人群在20年后领取的养老金水平全部低于最低生活保障标准即全部陷入贫困状态。

表1-1 远期"老人""中人"群体养老金替代率 （单位：%）

领取年份	静态替代率	当年动态替代率	10年后动态替代率	15年后动态替代率	20年后动态替代率	25年后动态替代率
1997	75.00	71.99	25.36	14.45	11.88	9.76
1998	61.90	53.55	19.07	11.95	9.82	8.07
2000	61.34	54.63	17.51	14.12	11.61	9.54
2002	60.30	52.77	20.34	16.72	13.74	11.30

---

① 段迎君、武琼：《完善企业养老金调整的政策体系》,《中国财政》2013年第6期,第39页。

（续表）

领取年份	静态替代率	当年动态替代率	10年后动态替代率	15年后动态替代率	20年后动态替代率	25年后动态替代率
2004	59.01	51.70	23.77	19.54	16.06	13.20
2006	57.39	50.19	27.96	22.98	18.89	15.52
2008	69.40	59.20	42.44	34.88	28.67	23.79
2010	67.05	63.86	46.66	38.35	31.52	26.67
2011	66.15	63.60	46.48	38.20	31.40	26.82

资料来源：依据养老金替代率测算公式计算

　　我国政府从2005年以来已连续十年提高企业基本养老金待遇水平，河北省人力资源和社会保障厅与财政厅也多次联合下发调整企业退休人员基本养老金的通知。这在一定程度上改善了企业退休人员的生活水平。但由于目前养老金的调整政策具有临时性、随意性的特征，部分人群养老金待遇调整效果不明显和群众满意度较低的问题依然比较突出。因此，为保证企业退休人员在相当长的退休期间实际生活水平不降低，亟须建立健全科学合理的新机制来调整不同人群的养老金水平，进而实现切实保障退休老年人口基本生活需求的政策目标。

三、城镇职工基本养老金待遇调整的方案设计

　　本部分旨在通过总结归纳国内外相关有益经验，设定"老人""中人""新人"养老金待遇调整的适度标准，通过考察城镇居民不同层次消费水平与工资收入之间的量化关系并结合通货膨胀等影响因素，设计养老金待遇调整的具体系列方案。

　　（一）养老金水平调整的标准设定

　　养老金制度的目的之一在于保障和维持老年人口基本生活水平的相对稳定。因此养老金水平调整应以保障老年人口的基本生活为调整标准。养老金替代率是衡量养老金保障退休人口基本生活水平的重要指标。依据国际惯例，老年人所获得的养老金不应该与在职劳动者工资相等，一般应占他们最多获得的工资收入总额的60%。世界银行曾提出，当一个典型的全日制职工获得的替代率水平约为40%时，才能维持其退休后的生

活水平。[1] 国际劳工组织于 1952 年颁布的《社会保障(最低标准)公约》也规定,国家要向一个缴费满 30 年的中等收入者提供不低于 40％的替代率水平。[2] 从世界范围看,大多数国家的基本养老金替代率为 40％～60％。以经合组织成员国的工资替代率为例,1980 年成员国的平均水平为 45％。

国内学者从不同角度对养老金替代率的合理水平进行了探讨。张莉以最低生活保障水平与人均工资水平计算的替代率合理水平为 20％～70％;陆法明从对替代率进行灵敏性分析的结论证明,如果某职工的工资与当地平均工资相等,则替代率为 50％～70％;邱东等从家庭结构角度以及最低生活保障水平测算替代率为 55％;王晓军根据对低、中、高收入阶层占职工总数的比例及其平均收入比例的假定,以中等收入水平衡量的基本养老金替代率应为 33％～66％;[3] 郑功成认为 50％左右的替代率可以作为未来基本养老保险的保障水平目标,替代率逐步下降到 50％是合理的。[4]

在我国现有的经济条件下,40％的替代率水平正处于中等收入户与中等偏下收入户消费水平之间,60％的替代率可以使退休者的生活达到社会平均生活水平。[5] 按照当前的养老保险制度设计,其静态目标替代率大约为 60％左右。从我国颁布的《保障老年人权益法》及各级政府根据这一总原则所制定的具体实施细则可以看到,保障老年人的基本生活水平达到社会平均消费支出水平得到我国法律的认可。所以,正常退休职工的养老金替代率下限可以定为 40％,上限定为 60％,使基本养老金水平的替代率为 40％～60％,能够保障老年退休人口的基本生活,以此来作为养老金水平调整的标准具有一定的合理性。

(二)养老金水平调整的方案设计

养老金水平调整旨在保障退休人口的基本生活。然而基本生活水平涵

---

① 柳清瑞:《养老金替代率自动调整机制研究》,《中国人口科学》2005 年第 3 期,第 51－55 页。

② 李珍:《社会保障制度与经济发展》,武汉:武汉大学出版社,1998 年,第 220 页。

③ 王晓军:《中国养老金制度及其精算评价》,北京:经济科学出版社,2000 年,第 195 页。

④ 郑功成:《中国社会保障体制改革与发展报告》,北京:中国人民大学出版社,2006 年,第 44－48 页。

⑤ 贾洪波、温源:《基本养老金替代率优化分析》,《中国人口科学》2005 年第 1 期,第 81－82 页。

盖了绝对水平和相对水平,而相对水平又包括高、中、低不同层次水平。养老保险金是用于满足老年人生活需求的,养老金水平调整应从需求的最根本的体现——消费支出结构的角度考虑养老金水平调整的方案设计。

我国城镇家庭支出一般包括:消费性支出、购房建房支出、转移性支出、财产性支出、社会保障支出等。其中,消费性支出包括食品、衣着、家庭设备用品及服务、医疗保健、交通和通信、娱乐教育文化服务、居住、杂项商品和服务等八大类支出,这些支出的总和也就是所谓的城镇家庭人均消费性支出。为使退休人群的养老金达到保障基本生活需要并适当分享经济增长成果的制度目标,应以满足不同层次消费需求为切入点,以一定比例的工资增长率为基础进行养老金水平调整,因此本研究均采用这种方式来设计保障不同层次生活水平的养老金水平调整方案。

1. 最低方案设计

最低方案,旨在以养老金水平保持"老人"退休群体健康型生活需要的相对消费水平不变、保持"中人"基本生存需要的相对消费水平不变、保持"新人"最低生存需要的相对消费水平不变为切入点,设计相应的养老金水平调整方案。

(1)"老人"养老金水平调整的方案设计

对于老年人口来说,食品、衣着、家庭用品与服务、居住、医疗保健是维持晚年健康型生活需要的基本消费内容。如果拟使退休人口养老金的水平,保障退休人口健康型生活需要的相对消费水平保持不变,那么养老金水平调整设计中,应该由衣食家用居医的消费支出随社会平均工资的变化确定调整幅度。

为了确定水平调整幅度的大小,需要定量分析社会平均工资增长与这几项消费支出的变化关系。

设 $y_{lc}(t) = a + bw(t) + u(t)$

其中:$t = 1995, \cdots, 2011$;

$y_{lc}(t)$表示 t 年河北省城镇人均衣食家用居医实际消费支出额;

$w(t)$表示 t 年河北省城镇社会平均工资额;

$u(t)$表示随机误差项。

选取统计年鉴相关数据,通过回归分析并进行一阶自相关修正后可以得到如下结果:

$$y_{lc}(t) = 1\,658.168 + 0.249w(t)$$

$$se = (66.363)(0.005)$$

$$t = (24.986)(48.193)$$

$$p = (0.000)(0.000)$$

$$r^2 = 0.994 \quad D.W = 1.94$$

从回归结果可知,社会平均工资额 $w(t)$ 前的系数值为 0.249。该值表明:当社会平均货币工资增加 1 个单位,会带来城镇人均衣食家用居医实际消费支出增加 0.249 个单位。在养老金水平调整设计中,如果维持退休者健康型生活需要的消费水平跟上社会平均水平的变化,则当在职者社会平均工资增长 1% 时,退休者的养老金应增加 0.249%。

这样,在考虑避免通货膨胀影响的同时,养老金水平调整指数应该设定为: $1 + \pi + 0.249g_w$,g_w 为工资增长率,π 为通货膨胀率。这一水平调整对"老人"退休人口养老金给予了最低程度的相对保障。

(2)"中人"养老金水平调整的方案设计

与"老人"养老金水平调整的方案设计相对应,"中人"在这一层次水平调整的设计中,相对购买力水平获得最低程度的保障,即通过水平调整的设计使基本生存需要的相对消费水平保持不变。那么,养老金水平调整设计中,应该由食品、衣着、家庭用品与服务、居住的消费支出随社会平均工资的变化确定调整幅度。

为了确定水平调整幅度的大小,需要定量分析社会平均工资增长与这几项消费支出的变化关系。

设 $y_{jc}(t) = a + bw(t) + u(t)$

其中:$t = 1995, \cdots, 2011$;

$y_{jc}(t)$ 表示 t 年河北省城镇人均衣食家用居住的实际消费支出额;

$w(t)$ 表示 t 年河北省城镇社会平均工资额;

$u(t)$ 表示随机误差项。

选取统计年鉴相关数据,通过回归分析并经一阶自相关修正后可以得到如下结果:

$$y_{jc}(t) = 1\,663.271 + 0.214w(t)$$

$$se = (82.886)(0.006)$$

$$t = (20.067)(33.216)$$

$$p = (0.000)(0.000)$$
$$r^2 = 0.988 \quad D.W = 1.95$$

从回归结果可知,社会平均工资额 $w(t)$ 前的系数值为 0.214。该值表明:当社会平均货币工资增加 1 个单位,会带来城镇人均衣食家用居住消费支出增加 0.214 个单位。在养老金水平调整设计中,如果维持退休者基本生存需要的消费水平跟上社会平均水平的变化,则当在职者社会平均工资增长 1% 时,退休者的养老金应增加 0.214%。

这样,在考虑避免通货膨胀影响的同时,养老金水平调整指数应该设定为:$1 + \pi + 0.214g_w$,g_w 为工资增长率,π 为通货膨胀率。这一水平调整对"中人"养老金给予了最低程度的相对保障。

(3)"新人"养老金水平调整的方案设计

从需求弹性的定义来看,某一类消费品若 EI<1,则为生存必需品。由米红等对城镇消费品的实证分析可知,平均来说,食品的收入弹性为 0.386,衣着的收入弹性为 0.089,衣食的收入弹性均小于 1,即衣食是满足最低生存需要的必需品。[①]

与"老人"养老金水平调整的设计相对应,"新人"在这一层次水平调整的设计中,相对购买力水平获得最低程度的保障,即通过水平调整的设计使最低生存需要的相对消费水平保持不变。那么,养老金水平调整设计中,应该由食品、衣着的消费支出随社会平均工资的变化确定调整幅度。

为了确定水平调整幅度的大小,需要定量分析社会平均工资增长与这几项消费支出的变化关系。

设 $y_{shc}(t) = a + bw(t) + u(t)$

其中:$t = 1995, \cdots, 2011$;

$y_{shc}(t)$ 表示 t 年河北省城镇人均衣食消费支出额;

$w(t)$ 表示 t 年河北省城镇社会平均工资额;

$u(t)$ 表示随机误差项。

选取统计年鉴相关数据,通过回归分析并修正一阶自相关后,可以得到如下结果:

---

① 米红、邱晓蕾:《中国城镇社会养老保险替代率评估方法与实证研究》,《数量经济技术经济研究》2005 年第 2 期,第 35 页。

$$y_{sc}(t) = 1\,333.235 + 0.154w(t)$$

$$se = (92.907)(0.007)$$

$$t = (14.350)(21.273)$$

$$p = (0.000)(0.000)$$

$$r^2 = 0.972 \quad D.W = 1.97$$

从回归结果可知,社会平均工资额 $w(t)$ 前的系数值为 0.154。该值表明:当社会平均货币工资增加 1 个单位,会带来城镇人均衣食消费支出增加 0.154 个单位。在养老金水平调整设计中,如果维持退休者最低生存需要的消费水平跟上社会平均水平的变化,则当在职者社会平均工资增长 1%时,退休者的养老金应增加 0.154%。

这样,在考虑避免通货膨胀影响的同时,养老金水平调整指数应该设定为:$1 + \pi + 0.154g_w$,g_w 为工资增长率,π 为通货膨胀率。这一水平调整对"新人"养老金给予了最低程度的相对保障。

2. 中等方案设计

中等方案,旨在以养老金水平保持"老人"退休群体质量型生活需要的相对消费水平不变、保持"中人"健康型生活需要的相对消费水平不变、保持"新人"基本生存需要的相对消费水平不变为切入点,设计相应的养老金水平调整方案。

(1)"老人"养老金水平调整的方案设计

如果拟使退休人口养老金的水平,保障退休人口质量型生活需要的相对消费水平保持不变,那么养老金水平调整设计中,应该由食品、衣着、家庭用品与服务、居住、医疗保健、娱乐教育文化服务等的消费支出随社会平均工资的变化确定调整幅度。

为了确定水平调整幅度的大小,需要定量分析社会平均工资增长与这几项消费支出的变化关系。

设 $y_{ylc}(t) = a + bw(t) + u(t)$

其中:$t = 1995, \cdots, 2011$;

$y_{ylc}(t)$ 表示 t 年河北省城镇人均衣食家用居医娱乐等消费支出额;

$w(t)$ 表示 t 年河北省城镇社会平均工资额;

$u(t)$ 表示随机误差项。

选取统计年鉴相关数据,通过回归分析并进行一阶自相关修正后可以得到如下结果：

$$y_{ylc}(t) = 1\,811.675 + 0.372w(t)$$

$$\mathrm{se} = (52.423)(0.004)$$

$$t = (34.559)(74.709)$$

$$p = (0.000)(0.000)$$

$$r^2 = 0.998 \quad \mathrm{D.W} = 1.95$$

从回归结果可知,社会平均工资额 $w(t)$ 前的系数值为 0.372。该值表明：当社会平均货币工资增加 1 个单位,会带来城镇人均衣食家用医居娱乐等消费支出增加 0.372 个单位。在养老金水平调整设计中,如果维持退休者质量型生活需要的消费水平跟上社会平均水平的变化,则当在职者社会平均工资增长 1% 时,退休者的养老金应增加 0.372%。

这样,在考虑避免通货膨胀影响的同时,养老金水平调整指数应该设定为：$1 + \pi + 0.372g_w$, g_w 为工资增长率, π 为通货膨胀率。这一水平调整对退休人口养老金给予了中等程度的相对保障。

(2) "中人"养老金水平调整的方案设计

与"老人"养老金水平调整的设计相对应,"中人"在这一层次水平调整的设计中,相对购买力水平获得中等程度的保障,即通过水平调整的设计使健康型生活需要的相对消费水平保持不变。那么,养老金水平调整设计中,应该由衣食家用居医的消费支出随社会平均工资的变化确定调整幅度。

根据前文已有的回归分析结果,此时"中人"养老金水平调整指数应该设定为：$1 + \pi + 0.249g_w$, g_w 为工资增长率, π 为通货膨胀率。这一水平调整对"中人"养老金给予了中等程度的相对保障。

(3) "新人"养老金水平调整的方案设计

与"老人"养老金水平调整的设计相对应,"新人"在这一层次水平调整的设计中,相对购买力水平获得中等程度的保障,即通过水平调整的设计使基本生存需要的相对消费水平保持不变。那么,养老金水平调整设计中,应该由衣食家用居住的消费支出随社会平均工资的变化确定调整幅度。

根据前文已有的回归分析结果,此时"新人"养老金水平调整指数应该设定为：$1 + \pi + 0.214g_w$, g_w 为工资增长率, π 为通货膨胀率。这一水平调整对"新人"养老金给予了中等程度的相对保障。

3. 最高方案设计

最高方案,旨在以养老金水平保持"老人"退休群体社会平均生活需要的相对消费水平不变、保持"中人"质量型生活需要的相对消费水平不变、保持"新人"健康型生活需要的相对消费水平不变为切入点,设计相应的养老金水平调整方案。

(1)"老人"养老金水平调整的方案设计

如果拟使退休人口的日常消费水平随社会平均水平的提高而提高,即在食品、衣着、家庭设备用品及服务、医疗保健、交通和通信、娱乐教育文化服务、居住、杂项商品和服务等八大类消费支出的相对消费水平保持不变,那么养老金水平调整设计中,应该由城镇人均消费性支出随社会平均工资的变化确定调整幅度。

为了确定水平调整幅度的大小,需要定量分析社会平均工资增长与该项消费支出的变化关系。

设 $r_{cc}(t) = a + bw(t) + u(t)$

其中:$t = 1995, \cdots, 2011$;

$r_{cc}(t)$ 表示 t 年河北省城镇人均消费性支出额;

$w(t)$ 表示 t 年河北省城镇社会平均工资额;

$u(t)$ 表示随机误差项。

选取统计年鉴相关数据,通过回归分析并进行一阶自相关修正后可以得到如下结果:

$$r_{cc}(t) = 1\,759.114 + 0.502w(t)$$
$$\text{se} = (51.361)(0.004)$$
$$t = (34.250)(96.315)$$
$$p = (0.000)(0.000)$$
$$r^2 = 0.999 \quad \text{D. W} = 2.16$$

从回归结果可知,社会平均工资 $w(t)$ 前的系数值为 0.502。该值表明:当社会平均货币工资增加 1 个单位,会带来城镇人均消费性支出增加 0.502 个单位。在养老金水平调整设计中,如果维持退休者日常生活需要的消费水平跟上社会平均水平的变化,则当在职者社会平均实际工资增长 1% 时,退休者的养老金应增加 0.502%。

这样,在考虑避免通货膨胀影响的同时,养老金水平调整指数应该设定为:$1 + \pi + 0.502g_w$,g_w 为工资增长率,π 为通货膨胀率。这一水平调整对"老人"退休人口养老金给予了较高程度的相对保障。

(2)"中人"养老金水平调整的方案设计

与"老人"养老金水平调整的设计相对应,"中人"在这一层次水平调整的设计中,相对购买力水平获得较高程度的保障,即通过水平调整的设计使质量型生活需要的相对消费水平保持不变。那么,养老金水平调整设计中,应该由衣食家用居医娱乐等的消费支出随社会平均工资的变化确定调整幅度。

根据前文已有的回归分析结果,此时"中人"养老金水平调整指数应该设定为:$1+\pi+0.372g_w$, g_w 为工资增长率,π 为通货膨胀率。这一水平调整对"中人"养老金给予了较高程度的相对保障。

(3)"新人"养老金水平调整的方案设计

与"老人"养老金水平调整的设计相对应,"新人"在这一层次水平调整的设计中,相对购买力水平获得较高程度的保障,即通过水平调整的设计使健康型生活需要的相对消费水平保持不变。那么,养老金水平调整设计中,应该由衣食家用居医的消费支出随社会平均工资的变化确定调整幅度。

根据前文已有的回归分析结果,此时"新人"养老金水平调整指数应该设定为:$1+\pi+0.249g_w$, g_w 为工资增长率,π 为通货膨胀率。这一水平调整对"新人"养老金给予了较高程度的相对保障。

四、城镇职工基本养老金待遇调整效果分析

结合以上养老金水平调整的系列设计方案(见附表3),本部分旨在通过分析不同方案设计下养老金水平的相应变化情况,来考察养老金水平调整所产生的实际效果,即待遇调整的方案设计是否能够保障各退休群体的基本生活需要,同时各方案设计是否能够缩小不同群体之间的养老金待遇差距。

(一)对不同退休群体养老金保障程度的影响分析

1. 对"老人"退休群体养老金保障程度的影响

如果不对"老人"群体的养老金水平进行调整,2006 年其动态替代率迫近于城镇最低生活保障线——社会平均工资的 20%。到 2015 年动态替代率降至 11.88%,这一数值意味着,平均来说生命维持到 2015 年的"老人"晚年生活陷入贫困状态,比目前城镇最低生活保障线的衡量指标低 8 个百分点以上。这对于无其他收入来源的退休"老人"来说,不仅会陷入相对贫困状态,而且绝对生活水平也会出现大幅度的下降,相应地陷入绝对贫困状态。

在所设计的水平调整方案中,最高方案对养老金的调整幅度最大,它使

"老人"养老金的动态替代率始终保持在 40%～60%的水平上;从调整后的养老金绝对水平来看,虽然各方案均使养老金绝对额较未调整前有一定程度的提高,但最高方案使"老人"生活保障的福利改进程度最大。最高方案设计,能够满足退休者社会平均消费的生活需要,提供相对较高的生活保障。与此相比,中等方案与最低方案,在退休期的大部分时间内不能够满足退休者达到社会平均生活水平的需要,低于国际劳工组织规定的 40%养老金替代率的下限水平,甚至在养老金领取的末期更低于城镇最低生活保障线水平。

表 1-2　调整后"老人"养老金的替代率与绝对额水平

年　份	动态不调整替代率/ %	最低方案替代率/ %	中等方案替代率/ %	最高方案替代率/ %	最高方案养老金/元
2000	49.70	51.14	51.92	66.95	413.50
2005	25.36	30.95	34.41	53.45	603.67
2006	22.18	28.05	31.78	51.33	653.39
2010	14.45	20.92	25.47	46.80	880.94
2015	11.88	18.11	22.68	44.31	990.33
2020	9.76	15.64	20.12	41.85	1 107.19
2021	9.39	15.19	19.65	41.39	1 132.17

资料来源:作者计算所得

现行养老金制度覆盖的"老人"是一个十分特殊的群体,他们在职期间主要是在计划经济时代度过的。当时,政府采取的"高积累低工资"政策使他们的工资收入很低,基本上没有个人储蓄,消费需求受到限制。进入市场经济后,他们陆续进入退休状态,养老金就成为他们中多数人唯一的收入来源。我国由计划经济转向市场经济后,不仅物价开始频繁波动,同时经济持续快速增长。另一方面,在市场经济下工作的在职者随着工资收入水平的不断上涨,生活水平也在不断地提高,如果退休"老人"的养老金仅维持在退休初期的较低水平,与在职者相比,这是有失公平的。因此,对"老人"养老金水平调整的幅度较高一些,其生活保障程度也就越高,对于社会公平的促进作用也相应越大。

通过以上数据分析可知,本研究设定的针对"老人"群体的系列养老金水平调整方案均使养老金相对水平(替代率)和绝对水平(绝对额)在一定程度上得到提升。在所设计的水平调整系列方案中,只有最高方案在一定程度上起到了保护"老人"晚年生活不陷入绝对贫困和相对贫困状态的作用,对"老人"基本生活的福利改进程度相对最好,因此针对"老人"群体的养老金水平调整最高方案设计具有一定的合理性。

2. 对"中人"退休群体养老金保障程度的影响

如果不对"中人"的养老金水平进行调整,到 2031 年其动态替代率将迫近城镇最低生活保障线——社会平均工资的 20%。这一数值意味着,生命维持到 2031 年的"中人"所能够获得的养老金仅相当于社会平均工资的 21.94%,即平均来说生命维持到 2031 年的"中人"晚年生活濒临陷入贫困。这对于部分收入来源有限特别是长寿(寿命超过 85 岁)的退休"中人"群体来说,其陷入相对贫困状态和绝对生活贫困的风险明显加大。

在所设计的水平调整方案中,最高方案对养老金的调整幅度最大,它使"中人"养老金的动态替代率始终保持在 60%～70%的水平上;从调整后的养老金绝对水平来看,虽然各方案均使养老金绝对额较未调整前有一定程度的提高,但最高方案使"中人"生活保障的福利改进程度最大。最高方案设计,能够满足退休者社会平均消费的生活需要,提供相对较高的生活保障。与此相比,中等方案与最低方案,在退休期的部分时间内不能够满足退休者达到社会平均生活水平的需要,仍低于国际劳工组织规定的 40%养老金替代率的下限水平,其福利改进效果不理想。

表1-3　调整后"中人"养老金的替代率与绝对额水平

年　份	动态无调整替代率/%	最低方案替代率/%	中等方案替代率/%	最高方案替代率/%	最高方案养老金/元
2008	54.59	56.78	57.70	61.45	1 425.54
2010	49.52	53.97	55.91	65.27	1 549.39
2015	40.70	46.39	48.97	67.72	1 678.77
2020	33.45	39.79	42.75	70.21	1 812.08
2025	27.49	34.13	37.33	72.80	1 955.97
2030	22.60	29.27	32.59	75.49	2 111.29
2031	21.94	28.66	32.03	76.77	2 143.80

资料来源:作者计算所得

通过以上数据分析可知,本研究设定的针对"中人"群体的系列养老金水平调整方案均使养老金相对水平(替代率)和绝对水平(绝对额)在一定程度上得到提升。在所设计的水平调整系列方案中,最高方案下调整后的养老金替代率和绝对额水平相对最高,能够使退休者达到社会平均生活水平,对"中人"基本生活的福利改进程度相对最好,而其他方案均不能实现该效果,因此针对"中人"群体的养老金水平调整最高方案设计具有一定的合理性。

3. 对"新人"退休群体养老金保障程度的影响

如果不对"新人"的养老金水平进行调整,其动态替代率到2050年将迫近城镇最低生活保障线——社会平均工资的20%。这一数值意味着,生命维持到2050年的"新人"所能够获得的养老金仅相当于社会平均工资的26.20%,即平均来说生命维持到2050年的"新人"晚年生活濒临陷入贫困。这对于部分收入来源有限特别是长寿(寿命超过85岁)的退休"新人"群体来说,其陷入相对贫困状态和绝对生活贫困的风险明显加大。

表1-4 调整后"新人"养老金的替代率与绝对额水平

年份	最高方案 替代率/%	中等方案 替代率/%	最低方案 替代率/%	动态不调整 替代率/%	最高方案 养老金/元
2033	55.80	43.64	43.51	43.31	2 815.90
2035	54.21	41.75	41.39	40.83	2 879.10
2040	50.49	37.38	36.54	35.22	3 043.38
2045	47.09	33.46	32.25	30.38	3 217.03
2050	44.00	29.96	28.47	26.20	3 400.60
2055	41.18	26.82	25.13	22.60	3 594.63
2056	40.64	26.24	24.51	21.95	3 634.75

资料来源: 作者计算所得

在所设计的水平调整方案中,最高方案对养老金的调整幅度最大,它使"新人"养老金的动态替代率始终保持在40%~60%的水平上;从调整后的养老金绝对水平来看,虽然各方案均使养老金绝对额较未调整前有一定程度的提高,但最高方案使"新人"生活保障的福利改进程度最大。最高方案设计,能够满足退休者社会平均消费的生活需要,提供相对较高的生活保障。与此相比,中等方案与最低方案,在退休期的大部分时间内不能够满足退休者达到社会平均生活水平的需要,仍低于国际劳工组织规定的40%养老金替代率的下限水平,其福利改进效果不理想。

通过以上数据分析可知,本研究设定的针对"新人"群体的系列养老金水平调整方案均使养老金相对水平(替代率)和绝对水平(绝对额)在一定程度上得到提升。在所设计的水平调整系列方案中,最高方案下调整后的养老金替代率和绝对额水平相对最高,能够使退休者达到社会平均生活水平,对"新人"基本生活的福利改进程度相对最好,而其他方案均不能实现该效果,因此针对"新人"群体的养老金水平调整最高方案设计具有一定的合理性。

(二)对不同退休群体之间养老金差距的影响分析

1. 对"老人"与"中人"之间养老金水平差距的影响

这里选取 2010 年开始领取养老金的"中人"、于 2006 年开始领取养老金的"中人"和于 1997 年开始领取养老金的"老人"的相应养老金水平在调整前后的差距进行比较,以考察各种方案设计下养老金水平调整是否使不同退休群体之间的养老金水平差距缩小,进而检验水平调整的合意性。

调整后的 2010 年开始领取养老金的"中人"群体的绝对水平由 1 684.19 元逐步增长到 2021 年的 1 962.29 元,调整后的 2006 年开始领取养老金的"中人"群体的绝对水平相应由 2006 年的 878.30 元逐步增长到 1 521.88 元,调整后的"老人"的养老金绝对水平由 2000 年的 413.50 元逐步增长到 1 132.17 元。

调整后 2010 年开始领取养老金的"中人"群体与"老人"养老金水平之差由 778.4 元经过波动后最后达到 830.1 元,较调整前的两者相差 1 326.78 元有较大的缩减。同样,调整后"老人"养老金水平与 2006 年开始领取养老金的"中人"群体相应水平之差较调整前的差距也有较大幅度的缩减,调整前两者相差 490.1 元,调整后差距由 243.12 元逐步发展到 389.71 元。

总体看来,对于"老人"与"中人"而言,调整后的养老金绝对水平不仅有一定程度的提高,而且其水平差距也较调整前有所缩小,因此本研究设计的最高方案是相对合意的。

2. 对"中人"与"新人"之间养老金水平差距的影响

这里选取于 2032 年开始领取养老金的"新人"群体、2017 年开始领取养老金和 2027 年开始领取养老金的"中人"退休群体的相应养老金水平在调整前后的差距进行比较,以考察各种方案设计下养老金水平调整是否使不同退休群体之间的养老金水平差距缩小,进而检验水平调整的合意性。

调整后的2017年开始领取养老金的"中人"群体的绝对水平由2033年的2552.79元逐步增长到2041年的2798.4元,调整后的2027年开始领取养老金的"中人"的绝对水平由2033年的2756.14元逐步增长到2051年的3365.57元,调整后的"新人"的养老金绝对水平相应由2033年的2815.9元逐步增长到3438.5元。

调整后"新人"与2017年"中人"养老金水平之差由263.11元经过波动后最后达到278.9元,较调整前的两者相差719.57元有较大的缩减。同样,调整后"新人"养老金水平与2027年"中人"群体养老金水平之差较调整前也有较大幅度的缩减,调整前两者相差218.68元,调整后差距由59.76元逐步发展到72.97元。

总体看来,对于"新人"与"中人"群体而言,调整后的养老金绝对水平不仅有一定程度上的提高,而且其水平差距也较调整前有所缩小,因此本研究设计的最高方案是相对合意的。

归纳起来,对于"老人""中人""新人"群体而言,调整后不同退休群体的养老金绝对水平不仅有一定程度上的提高,能够保障基本生活需要,相互之间的养老金水平得以衔接,而且其水平差距也较调整前有所缩小,改善了不同群体之间养老金水平差距较大的状况,促进了公平性的提升,养老金水平调整效果相对比较理想。因此本研究设计的最高方案是相对合意的。

综上所述,在养老金水平调整设计的所有方案中,最低方案、中等方案,不能使不同群体养老金水平保障基本生活需要,其水平调整效果均不理想;最高方案不仅能使不同群体养老金水平保障基本生活需要,又能使不同群体之间养老金水平差距有所缩小,该方案基本实现了养老金水平调整的两大目标功能,有利于促进社会公平与养老金制度的协调可持续发展,在某种程度上是相对合意的,具有一定的合理性。

五、城镇职工基本养老金待遇调整的相关配套政策与建议

调整不同经济时代人群的养老金水平具有重要性、必要性与紧迫性。其目的在于保障企业退休人口基本生活需要,更好地促进社会公平。但是若想充分实现"老人""中人"和"新人"养老金水平的调整效果,仅仅依靠理

论上的机制设计是远远不够的,它还需要一系列的具体对策使其顺利推行。这些对策建议主要涉及:加快建立养老金水平动态评价体系,优化财政转移支付结构,积极发展养老保障多层次体系,推进机关事业单位养老保险改革,等等。

(一)加快建立养老金水平动态评价体系

养老金水平动态评价体系由对以往年份调待效果的评估体系和对今后调待的监测预警体系两部分组成。调待效果评估体系需要考虑消费者物价指数、社会平均工资、老年人生活费用指数、养老金替代率、不同制度间待遇差距和基金收支情况。监测预警体系主要是依据对以往年份调待效果的评估,制定今后一段时期养老金调整计划的政策导向和主要任务,对可能发生的风险进行预警,保证养老金调整机制和基金收支健康良性运行。

社会养老保险危机预警是对社会养老保险安全运行的稳定性程度的评判,其目的和作用是识警(兆)防(隐)患、超前预控,需要及时捕捉社会养老保险危机警兆以及其发展变化的态势。及时捕捉社会养老保险危机警兆是社会养老保险危机预警行动的起点。监测预警体系的主要指标有:未来的经济走势、未来的财政收支情况、未来人口老龄化情况和未来的基金收支状况。[①] 目前,监测评估系统已在西方各国的福利标准调整与政策制度中发挥着日益重要的作用。在我国,社会保障领域的监测评估还很薄弱,因此研究与借鉴国外社会保障监测评估的成功做法、积极建立监测评估系统对养老金待遇调整科学化具有重要的意义。

(二)优化财政转移支付结构

从国际范围考察,政府在养老保险制度中负有无法推卸的直接责任。建设我国新型养老保险制度的关键同样在于明确政府责任,其出发点和最终目的始终是,解除国民的养老后顾之忧并确保老年人分享到经济社会的发展成果。对于"老人"和"中人"来说,他们都为养老保险制度的改革和完善作出了巨大贡献。因而无论是从国家偿还原参保者剩余价值积累的责任出发还是按照国际惯例,对这部分人的养老金支付及其待遇调整资金都应由国家财政来负责。政府此时完全有责任通过发放养老金补贴等方式保证养老金水平调整的顺利实施。

---

① 徐延君:《科学确定养老金调整政策》,《中国社会保障》2010 年第 5 期,第 27 - 29 页。

我国 1998 年以前中央财政用于社会保障支出的投入很少,如 1997 年仅为财政支出的 1.5%。2008 年财政支出中用于社会保障支出的比例仅为 10.87%,财政对社会保险基金的补助为 2.61%。而发达国家社会保障支出占中央财政的比例在 40%以上;其次是中等水平的发展中国家,均在 30%以上,低收入的发展中国家斯里兰卡,其相应水平也在 12%以上。[①] 通过上述比较,可以看出目前我国财政用于社会保障的支出水平还很低,财政用于养老保险补贴的份额也必然相应低下。

与之形成鲜明对比的是,我国排在前三位的财政支出主要是用于经济事务和一般公共服务。以往我国财政用于经济建设的支出比例高达 30%以上,这一比例远远高于西方发达国家水平,也高于其他发展中国家的平均水平。随着我国经济体制改革的整体深化,财政的经济建设功能应该逐步弱化已成为共识。我国"十二五"时期政府优化财政支出的改革方向是逐步渐进地下调经济事务支出,努力压缩一般公共事务支出,同时大力增加社会保障支出。因此这项对策建议和政府改革方向也相契合,具有一定的可行性。

(三)积极发展多层次的养老保障体系

尼古拉斯·巴尔[②]认为养老保险制度应该分为三个层次,第一个层次是贫困救济,第二个层次是平稳消费,第三个层次是私人自愿的,是为了扩大个人更多的选择,多层次的养老保障体系可以大大减轻政府养老的财政压力。基本养老金水平调整旨在保障基本生活。通过在基本养老保险基础上发展企业年金和商业养老保险,积极发展多层次养老保障体系,可以弥补基本养老金的相对不足,保障退休群体能够享受到更高层次的保障水平。

我国早在 1997 年《关于建立统一的企业职工基本养老保险制度的决定》中就把"保障方式多层次"作为养老保险制度改革的目标,提出了要在国家政策的指导下"大力发展企业补充保险,同时发挥商业保险的补充作用"。近年来虽然企业年金规模不断壮大,但参加企业年金的企业和员工人数比

---

① 第三届社会保障论坛组委会:《中国社会保障的科学发展》,北京:中国劳动社会保障出版社,2008 年,第 14 - 26 页。

② [英]尼古拉斯·巴尔:《福利国家经济学》,北京:中国劳动社会保障出版社,2003 年,第 125 - 127 页。

例仍然很低。已经建立企业年金计划的 90％以上都是大型国有企业。适合中小企业的集合年金计划发展很慢。居于第三层次的个人养老性储蓄同样停滞不前。

从长远的战略角度来看，建设和发展多层次养老保障体系，不仅有利于提高退休群体的养老保障水平，而且还将为补充养老保险、商业人寿保险留出广阔的发展空间，这意味着基本养老保险替代率可以下降，国家的养老保险责任可以得到一定程度的有效控制。因此，借鉴国外成功经验，应尽快出台全国统一的企业年金税收优惠政策。针对中小企业的集合年金计划应以相应的法规和政策推动。在制定企业年金的投资政策时，对投资工具和投资范围给予更多的灵活性，以实现保值增值。在商业保险方面，应尽快研究推出关于个人购买商业养老保险的税收优惠政策，解决金融政策对养老保险产品创新的制约等问题。

（四）大力推进机关事业单位养老保险改革

通过引入机关事业单位养老金改革方案，使企业与机关事业单位退休人员在养老金制度和待遇水平上相衔接，从而保持机关企事业单位养老金待遇的合理差距、促进机关企事业单位养老金水平的协调发展、化解社会矛盾、优化社会收入再分配，是辅助养老金水平调整实施的重要措施和配套条件之一。

从国际上的改革经验方面看，对公职人员和企业部门从业人员实行统一的养老保险制度，正成为世界各国的一个改革趋势。同样，我国的公务员养老保险制度也面临着统一化改革的要求。河北省可依据中央指导精神和具体省情设计公务员养老金制度改革的统一化模式，结合养老保障体系建设以及企业保险制度改革的经验教训进行改革方案的设计。一方面，可以借鉴同样采取多层次养老保障体系的国家的改革经验，在基本养老保险制度层面实行统一，在补充养老金制度层面体现差别；另一方面，改革不能过于急进，应该逐步过渡，结合现实情况。未来公务员职业年金制度的建立，可以借鉴澳大利亚、美国等国家的做法，将公务员纳入基本养老保险制度的同时，对其建立专属的职业年金。[1] 公务员职业年金应当由国家立法专门建立，强制实施，并成立专门的机构进行统一管理。

---

[1] 臧宏：《事业单位养老保险制度改革的路径与对策》，《东北师大学报》（哲学社会科学版）2008 年第 6 期，第 175－176 页。

第二节　基于平均余命确立养老金
个人账户缴费率

平均余命是影响个人账户缴费率的重要因素之一。在退休人口平均余命逐步延长的趋势下,现行缴费率下的个人账户养老金积累额不能满足退休人口平均余命期间的支付需求,不能保障基本生活需要。如果不能及时依据平均余命适当调整个人账户缴费率,退休人口将面临因长寿风险而陷入生活贫困的境遇。本节测算了平均余命提高条件下中国 2020—2050 年个人账户缴费率的上限值与下限值范围,分析了职工个人缴纳养老保险费的经济承受能力,并提出了若干建议。

一、依据平均余命调整养老金个人账户缴费率的必要性

养老金个人账户缴费率不仅关系到职工的现期消费而且影响其未来基本生活水平及心理期望,它是衡量和考察某一收入水平下个人经济承受能力的重要依据,同时它还通过个人账户基金的入市保值增值在投资、储蓄等方面对整个国民经济系统产生重大影响。因此养老金个人账户缴费率的相关理论研究一直是国内外学术界关注的热点之一。美国著名经济学家舒瓦茨(Schwarz)和维特斯(Vittas)考察了现收现付制度和基金积累制度下的不同缴费率。哈佛大学经济学家马丁·费尔德斯坦(Martin Feldstein)以定量研究测算了美国建立个人账户制度所要求的缴费率水平。世界银行(World Bank)的研究报告提出在完全积累制度下提高退休年龄可以降低缴费率等。[1] 国内研究主要探讨了统账结合制度下的收支平衡式及其相关变量,[2]从中国城市养老保险体制改革的替代转轨方案角度提出个人缴费率可以达到 5.8% 的水平,以及从缴费率运行效果角度探讨社会保险筹资模式问题等。[3]

---

[1]　The World Band, *Averting The Old Age Crisis*, New York: Oxford University Press, 1994, p. 19.

[2]　李珍:《社会保障制度与经济发展》,武汉:武汉大学出版社,1998 年,第 184 页。

[3]　朱青:《养老金制度的经济分析与运作分析》,北京:中国人民大学出版社,2002 年,第 127 页。

从以往的相关研究可以发现,以平均余命视角对个人账户缴费率进行深入的定量研究相对较少。

按照中国 2006 年以前的基本养老保险制度中个人账户的设计规定,城镇企业基本养老保险个人账户按 10 年平均余命发放,10 年后个人账户中就不再有基金用来支付养老金。[①] 2006 年 1 月 1 日起实施的《国务院关于完善企业职工养老保险制度的决定》规定,女工人 50 岁退休,其计发月数为 195 个月,女职员 55 岁退休,计发月数为 170 个月,男职工 60 岁退休,计发月数为 139 个月,即现行个人账户缴费率最多只能保障退休人口 16.25 年(195 个月)平均余命的基本生活需要。而从现实情况考察,2000 年中国 60 岁男性人口平均余命为 16.8 岁,55 岁与 50 岁女性人口的平均余命分别为 23.3 岁和 27.6 岁,以上数值大大超过新制度规定的计发时间标准。这意味着伴随着退休人口平均余命的延长,现阶段个人账户缴费率下的个人账户积累储存额将不够支付。

不仅如此,在未来时期人口平均余命逐步增加的情况下,现行个人账户缴费率无法保障退休人口平均余命内基本生活需要的情势将愈发严峻。根据预测,2010 年中国 60 岁男性人口平均余命为 17.9 岁,55 岁女性人口平均余命为 25.1 岁,2050 年二者将分别达到 21.8 岁和 30.6 岁。[②] 结合制度规定,2010 年 60 岁男性退休人口的基本生活大约有 6 年得不到个人账户养老金的保障,55 岁女性退休人口大约有 11 年得不到个人账户养老金的保障;到 2050 年上述年龄男、女退休人口基本生活得不到个人账户养老金保障的年数将增至 10 年和 16 年。这预示了在现行个人账户缴费率水平下,随着平均余命的逐步增长,退休人口在制度规定的计发时限之后生活水平迅速降低的期间将逐渐延长,个人陷入贫困的风险逐渐增加,其中女性人口的这种风险更大。

从退休者个体的微观层面来看,个人账户缴费率使个人账户积累额远远不能满足平均余命期间的支付,将不利于老年退休群体自身的终生纵向收入再分配,这一群体的晚年生活水平极易迅速下降甚至导致其沦为贫困

---

① 陈佳贵:《中国社会保障发展报告 No.2(2001—2004)》,北京:社会科学文献出版社,2004 年,第 224 页。

② 路易斯·肯卡能:《中国和美国的老龄化及老年人口的经济福利》,《中国 2000 年人口普查国际研讨会论文集》,2000 年,第 431 - 445 页。

人口。从社会经济效应的宏观角度来看,这将严重影响退休人口的心理期望、弱化人们的生存安全感,构成威胁社会稳定的潜在因素之一,同时还可能极大地瓦解和动摇全体国民对养老保险体制改革的信心,削弱人们参与养老保险的积极性,不利于改革的顺利推进和社会经济的长期可持续发展。

综上所述,依据平均余命调整养老金个人账户缴费率十分必要,深入探讨这一论题具有重要的理论价值和现实意义。本研究尝试从平均余命角度出发,通过构建个人账户缴费率平衡模型合理测算中国平均余命提高条件下的个人账户缴费率水平,并对这种缴费率水平下的职工个人负担能力做出分析,进而从必要性与可能性两方面得出按照平均余命调整养老金个人账户缴费率的理论依据和政策依据。

二、基于平均余命提高的个人账户缴费率水平分析

本部分将首先依据养老金个人账户追求长期性收支平衡原理构建个人账户缴费率模型,然后在设定相关变量的基础上测算分析 2020—2050 年平均余命提高条件下个人账户缴费率的上限值与下限值范围。

(一)假设条件与模型构建

1. 假设条件

第一,假设男女职工按照统一年龄退休,不存在提前退休情况;第二,每年年初按职工平均工资的一定比例缴费且工资能够反映职工的真实劳动力价值;第三,个人账户自设立之日起就为实账并在管理费用为零条件下实现保值增值;第四,基本养老金替代率由基础养老金替代率和个人账户养老金替代率组成。

2. 模型构建

养老金个人账户采取完全积累模式,实现的是体现生命周期的个人责任的纵向平衡。假设职工的初始工作年龄为 a 岁,退休年龄为 b 岁,平均工作年限为 n,三者间的关系为 $n = b - a$,职工平均工资在目标考察期初年为 w,个人账户缴费率为 t,个人账户投资收益率为 r,职工平均工资增长率为 g,r 与 g 在目标考察期内保持不变,个人账户养老基金经投资运营并实现保值增值,则职工在退休时养老基金积累的年末终值为:

$$F = tw[(1+r)^n + (1+g)(1+r)^{n-1} + \cdots + (1+g)^{n-1}(1+r)]$$

假设个人账户养老金替代率为 s 且在目标考察期内保持不变,其他条件同上,在考虑给付水平与工资指数化情况下,则退休者在平均余命 m 期间内每年年初领取养老金的现值为:

$$P = sw(1+g)^n[1+(1+g)/(1+r)+\cdots+(1+g)^{m-1}/(1+r)^{m-1}]$$

在个人账户基金积累制度下,要实现个人账户基金收支平衡,必须要求职工在退休时的基金积累额终值与退休人员每年从个人账户中获得的养老金领取额在退休时点的现值总值相等,即 $F = P$。如果基金投资收益率与工资增长率相等即 $r = g$ 时,则有个人账户缴费率模型表达式 $t = s(m/n)$;如果 $r \neq g$ 时,设 $d = (1+g)/(1+r)$,则有 $t = sd^n(1-d^m)/(1-d^n)$。

(二) 参数设定

社会经济的不断发展和养老保险体制改革的日益深化必然会影响到养老金替代率、基金投资收益率、退休年龄等相关参数的变动与调整。随着平均余命的逐步提高,在相关参数的共同作用下,不同时期的个人账户缴费率水平应是相应变动的,并且是在一定区间范围内的波动发展。通过对个人账户缴费率模型中各相关因素与缴费率之间相互关系的分析可知,在某一既定水平的平均余命条件下,个人账户替代率、工资增长率与缴费率成正比例关系,基金投资收益率与个人账户缴费率成反比例关系。由此推知,与某一既定水平平均余命相对应的个人账户缴费率水平上限取决于个人账户替代率、工资增长率的最大值和基金投资收益率的最小值,同理个人账户缴费率水平下限取决于个人账户替代率、工资增长率的最小值和基金投资收益率的最大值。

1. 初始工作年龄与退休年龄

为顺应人口预期寿命延长和人口老龄化的发展趋势,世界上多数国家把退休年龄规定为 60～65 岁。大多数工业化国家男性的法定退休年龄一般为 65 岁,女性为 60 岁及以上。结合当前中国人口健康与养老金支出压力的实际,国内大多数机构和学者认为选择合适时机延长退休年龄是大势所趋。有观点认为,2005 年以前男女退休年龄应统一为 60 岁,2010 年以前把退休年龄延长到 65 岁;还有观点认为,从 2011 年起男女退休年龄应统一延长到 65 岁。[1] 另有专家根据中国 1990 年人口普查资料测得男性职工初始

---

[1]　宋晓梧:《中国社会保障体制改革与发展报告》,北京:中国人民大学出版社,2001 年,第 35 页。

就业年龄为 19.2 岁,女性为 19.1 岁。[①] 这里设定未来时期中国男女职工的统一退休年龄为 60 岁,在选取 20 岁为初始工作年龄时,相应的工作年限则为 40 年。

2. 平均余命

为保证测算结果的精确度和权威性,这里直接引用美国普查局关于 2000—2050 年中国 60 岁人口平均余命的研究数据作为参数依据。

3. 个人账户替代率水平

依据国际惯例,老年人所获得的养老金不应该与在职劳动者工资相等,一般应占他们最多获得的工资收入总额的 60%。[②] 与之相比,中国全国企业的养老金替代率平均超过了 80%。在中国现有的经济条件下,国际劳工组织 1952 年《社会保障(最低标准)公约》中规定的 40% 水平的养老金替代率正处于中等收入户与中等偏下户消费水平之间。这里谨慎地设定基本养老金替代率最高为 55%、最低为 50%,在保证基础养老金替代率达到 35% 水平的情况下,个人账户养老金替代率的上限值与下限值则相应为 20% 与 15%。

4. 平均工资增长率与投资收益率

随着中国资本市场的日益完善,社会保障基金投资收益率将逐步提高,如果不出现大的经济衰退,4%、6%、8% 的投资收益率应该是较为合理的假设。这里保守地估计未来的投资收益率不会低于 2004 年全国社会保障基金实际收益率水平 3.32%,最高可以达到 4%。以 1997 年为评估时点,王晓军认为平均工资增长率在未来 5 年内为 5%、未来 6 至 10 年为 4%、10 年以后为 3%,[③] 这里谨慎设定其最低水平为 3%,最高可以达到 4%。这样,与个人账户缴费率下限相对应的工资增长率与个人账户投资收益率分别为 3% 和 4%。一些国家长期的实践经验已经证实:尽管不同时期各国的工资增长率以及各方面的投资收益率存在差异,但资本的收益率高于工资增长

[①] 郑功成:《中国社会保障制度变迁与评估》,北京:中国人民大学出版社,2002 年,第 308 页。

[②] 穆怀中:《国民财富与社会保障收入再分配》,北京:中国劳动社会保障出版社,2003 年,第 44 页。

[③] 宋晓梧:《中国社会保障体制改革与发展报告》,北京:中国人民大学出版社,2001 年,第 30 页。

率却是相同的事实。① 因而从长期平均水平看,与个人账户缴费率上限相对应的个人账户投资收益率即使不大于工资增长率至少也要与之相等,这里设定二者相等。

(三) 数据分析

依据上述参数设定范围,通过个人账户缴费率模型可以测算出平均余命提高条件下 2020—2050 年间各不同时点对应的个人账户缴费率上限值与下限值,从而组成各特定时点的缴费率水平极值区间。

表 1 - 5　**2020—2050 年个人账户缴费率下限值与上限值范围**　(单位: %)

项　　目	2020 年缴费率	2030 年缴费率	2040 年缴费率	2050 年缴费率
男性下限值	5.33	5.56	5.81	6.04
女性下限值	6.26	6.53	6.82	7.11
平均下限值	5.80	6.05	6.32	6.58
男性上限值	9.50	9.95	10.45	10.90
女性上限值	11.35	11.90	12.50	13.10
平均上限值	10.43	10.93	11.48	12.00

数据来源: 依据模型表达式计算

由于性别因素影响女性平均余命高于男性平均余命,因而女性平均余命对应的个人账户缴费率水平最高、男性平均余命对应的缴费率水平最低、男女简单算术平均余命对应的缴费率水平居中。这就从政策含义的角度预示了依据不同平均余命标准调整个人账户缴费率会造成某种程度上的养老金权益分享的性别差异。如果按照女性平均余命调整个人账户缴费率,则女性退休人口平均余命内的基本生活权益能够获得保障;在同一缴费率下,男性因平均余命比女性短而实际享受待遇年限也短,因此男性个人账户积累额存在福利剩余可供其亲属继承。如果按照男性平均余命进行调整,则男性人口退休之后的基本生活权益能够得到保障;但在相同缴费率下,女性个人账户积累额很可能在平均余命尚未完全到达之前已经支付完毕,此后的基本生活存在福利保障不足。若以男女简单算术平均余命作为调整标准,相对于前两个方案而言,男性退休人口存在较小部分的福利剩余,女性

---

① 　李珍:《社会保障制度与经济发展》,武汉:武汉大学出版社,1998 年,第 184 页。

退休人口存在较小部分的权益受损。三种方案中,如果决策者采用女性平均余命标准调整缴费率则对女性最有利,如果采用后两种方案,则女性权益均有不同程度的受损且尤以前一种情况受损最大。在女性权益存在受损的情况下,充分考虑以适当政策进行弥补是相对合意的。比如对女性退休职工,可以在其领取完个人账户养老金后给予适当的能够保障基本生活需要的养老金补贴或提供最低生活救助等。

三、职工个人账户缴费率承受能力分析

职工个人在现行部分积累制下需要缴纳养老保险费并计入个人账户,因而在确定平均余命提高条件下的个人账户缴费率是否能被现实供给条件满足时,应充分考虑职工个人的经济承受能力。如果将职工工资收入的使用途径限定为两大部分而不考虑个人投资等其他方面,那么若其中一部分用于现期消费,另一部分则形成储蓄。假设个人工资收入为 y,个人现期消费为 C,如果职工的全部储蓄都用来缴纳养老保险费,个人养老保险缴费额为 b,则此时的个人账户缴费率 t 为职工所能承受的缴费率最大值,即有

$$t = b/y = (y-C)/y = 1 - C/y \tag{9}$$

根据西方经济学中的消费函数

$$C = C_0 + cy \tag{10}$$

则有 $\quad t = 1 - C/y = 1 - (C_0 + cy)/y = 1 - c - C_0/y \tag{11}$

选取 1992—2013 年全国城镇居民家庭人均生活消费支出和职工平均工资数据,利用 SPSS 统计软件对(10)式进行回归分析。通过协积回归(CRDW)检验,经修正后的广义差分方程(Theil-Nagar 估计的一阶自相关系数 $\rho = 0.845\,66$)处理,得到最终的回归结果:

$$C = 704.81 + 0.607y \tag{12}$$

$$t = (1.931)(5.960) \qquad Ad. \ R^2 = 0.726$$
$$p = 0.077 \quad p < 0.001 \quad df = 14$$
$$F = 35.517 \quad (P < 0.001) \quad D.W = 1.981$$

将(12)式代入(11)式,则有

$$t = 0.393 - 704.81/y \tag{13}$$

在知道各具体年份 y 值的情况下即可从(13)式测算出相应的职工缴纳个人账户费用所能承受的极限值。因为不同年份的全国城镇居民家庭人均生活消费支出和职工平均工资是随经济波动而不断变化的,因此在不同年份职工可承受的个人账户缴费率的最大限度是不同的。为与前面的参数设定保持计算口径的相对一致性和便于后面的比较分析,这里在高、低方案中假设职工平均工资增长率分别为 4% 和 3%。以 2013 年职工平均工资为基数进行高、低方案测算,可以得出 2020—2050 年相应的平均工资绝对收入和职工可负担个人账户缴费率的极限值。

现在将职工可负担个人账户缴费率的极限值与平均余命提高条件下个人账户缴费率上限和下限水平结合起来,进而考察未来职工个人是否具有承受平均余命提高条件下个人账户缴费率的经济能力。在工资增长率为 4% 时,个人账户缴费率处于上限值水平,同期高方案中的职工可负担个人账户缴费率的极限值大于前者;在工资增长率为 3% 条件下,个人账户缴费率处于下限值范围,同期低方案中的职工可承受个人账户缴费率的极限值同样高于缴费率下限水平;即使未来时期存在一种相对极端的情况,即当职工个人处于供给能力最弱的低方案中的经济可承受状态而此时平均余命提高条件下的个人账户缴费率达到最高的上限值水平,二者数值间的差距随着时间的推移而逐渐增加,这表明职工可以负担个人账户缴费率上限水平的承受能力逐步增强。

表 1-6　不同方案下职工可负担个人账户缴费率的极限值　（单位：%）

项　　　目	2020 年缴费率	2030 年缴费率	2040 年缴费率	2050 年缴费率
高方案承受极限	37.17	37.86	38.33	38.64
低方案承受极限	36.84	37.47	37.94	38.29

数据来源：作者计算整理

现实社会保险制度下的职工个人除缴纳养老保险费外,还需要缴纳占工资 2% 的医疗保险和工资 1% 的失业保险费。在剔除 3% 工资水平的社会保险费后,高、低方案中职工可负担个人账户缴费率的极限值仍远远高于个人账户缴费率上限水平。以上定量分析表明,随着职工平均工资收入的逐步提高,职工个人不但可以承担平均余命提高条件下的个人账户缴费率水平,而且其承受能力在日益增强。

四、结论与讨论

依据平均余命调整个人账户缴费率具有重要性与必要性,其目的在于保障退休人口平均余命提高条件下的基本生活需要,生活水平的不断提高和职工个人平均工资水平的逐渐增长表明这一政策建议具有可行性与合理性。但应当注意到,只有在满足一定条件的情况下依据平均余命调整个人账户缴费率才可能实现预定的合意目标。

通过测算分析可以发现,未来个人账户缴费率下限值范围在满足约束条件时可以低于8%的现行水平,这是今后制度改革需要考虑的方向;另一方面缴费率上限水平虽然在经济上可以被承受但已处于相对较高水平,如果在未来时期不能通过一系列政策措施使相关参数符合设定要求,那么这种情势下的个人账户缴费率水平将远高于预测方案中的缴费率上限数值,距离下限值目标则更远。无论从理论还是实践的角度来讲,水平过高的缴费率是不可取的,缴费率水平的确定既应考虑能够保证职工平均余命期间的基本生活需要,还应适当考虑不过度加重供款者的经济负担,进而实现切实保障与经济上可承受的双重目标。退休人口平均余命随科学技术进步、生活水平提高、医疗卫生事业发展而逐步提高的趋势是具有客观性而不可改变的,但平均余命之外的其他相关变量是可以在一定程度上适当调整的。因此,必须有效运用一系列配套政策使其他相关参数符合设定要求,从而保持未来缴费率水平在极值区间内稳定波动并向下限水平适度趋近发展。这些配套措施将涉及:严禁提前退休,逐步统一男女职工退休年龄并使之适时提高;积极发展多层次的养老保障体系以逐步降低基本养老金替代率;加强养老保险基金运营管理,探索新的投资增值途径;化解养老金隐性债务,积极作实个人账户;建立公共财政政策,调整支出结构,加大用于养老金补贴的份额,等等。解决上述问题不仅是根据平均余命调整个人账户缴费率得以顺利实施的必要保证,同时也是当前以及今后推进养老保险制度自身发展的必然需要,这是通过上述分析可以得到的有益启示。

第三节　优化城镇职工基本养老
保险个人补缴政策

城镇职工基本养老保险费补缴政策具有一定的惠民性,旨在保障中断缴费人员的养老保险权益,有助于城镇职工基本养老保险制度覆盖面的扩大和养老保险基金的正常运转。本节考察反映了天津市基本养老保险费个人补缴政策在实践运行中存在的补缴条件限制过多、滞纳金征收额度较高、个人补缴政策认知模糊、补缴初衷趋于短视化和功利化等问题,并提出了相关改革建议。

一、基本养老保险费个人补缴政策发展概况

城镇职工基本养老保险是社会养老保险制度的重要组成部分,与广大参保者的晚年生活保障密切相连,关系到经济社会的和谐稳定与可持续发展。随着社会经济的不断发展和就业结构的多样化,个人缴费群体被逐步纳入城镇职工基本养老保险制度中,个人可作为独立的参保群体参加城镇职工基本养老保险(以下简称基本养老保险)。与有单位的职工不同,个人缴费者以较低的缴费比例承担全部参保费用,以实现对自己的老年生活进行保障。2011年天津市人力资源和社会保障局发布《关于完善职工基本养老保险制度的若干意见》(津人社局发〔2011〕50号),进一步规范了基本养老保险的参保人员范围:"各类用人单位及其职工(含农籍职工)应依法参加职工基本养老保险,无雇工的个体工商户、本市户籍的非全日制从业人员以及其他灵活就业人员可以参加职工基本养老保险。"天津市基本养老保险的参保人数不断增加。截至2013年年末,天津市基本养老保险参保人数为520.7万人,比上年增长6.2%,增长率居社会保险五项险种之首。

一方面,基本养老保险的参保规模在逐渐扩大;另一方面,由于种种原因,基本养老保险中断缴费的现象也较为普遍。为了使参保者尽可能达到政策规定的最低缴费年限,避免养老金权益损失,基本养老保险补缴政策应运而生,但在个人补缴过程中,一系列问题也逐渐凸显出来。中断缴费人员主要包括企业职工、失业人员和灵活就业人员等。由于企业职工的基本养

老保险费补缴工作主要由企业负责,所以个人补缴者成为补缴群体的一大生力军。天津市关于个人的基本养老保险费补缴政策伴随着个人参保群体的出现而产生,并散见于各项政策文件之中,仍在不断进行补充调整,统一完整的补缴政策尚未出台。

早在 2002 年,个人参保者已经开始参加基本养老保险,《天津市劳动和社会保障局关于对各级各类职业介绍机构存档缴费人员和"个人缴费窗口"缴费人员缴纳基本养老保险费有关问题的通知》(津劳办〔2002〕62 号)将全部由个人承担缴费义务的基本养老保险费的费率,由原按照国有企业规定的缴费比例调整为按照个体经济组织及其从业人员缴费比例缴纳(2002 年为 21%)。《关于城镇企业职工参加养老保险有关问题的通知》(津劳办〔2003〕94 号)规定了个人参加基本养老保险的缴费基数和补缴比例,并规定个人凡在 1993 年以后各年度首次参保并缴费的,可以从首次参保缴费之月以后因各种原因中断的养老保险缴费进行补缴。至此,基本养老保险费个人补缴政策渐成雏形。

随后,天津市出台了一系列关于基本养老保险费补缴的相关政策,对个人补缴进行一系列条件限制。比如,个人补缴基本养老保险费须具有天津市非农业常住户口(不包括蓝印户口),非中断的缴费年限不可补缴,等等。在补缴费用方面,个人跨年补缴基本养老保险费还需加收一定滞纳金。① 这一系列政策规定将部分有意补缴人群限制在补缴大门之外。

天津市基本养老保险费个人补缴政策虽较为严苛,但在 2014 年出现放宽迹象,主要表现为缴费负担的减轻和个人参保、补缴人群范围的扩大。《关于个人缴费窗口参保人员缴纳基本养老保险费有关问题的通知》(津人社局发〔2013〕80 号)指出:"2014 年在个人缴费窗口参保人员补缴灵活就业期间的养老保险费,保值费用按照 2013 年补缴费标准确定。"这表明从 2014 年开始,个人补缴 2013 年基本养老保险费时无须缴纳滞纳金费用。新政策还减免了符合一定条件的中断缴费人员和高校毕业生补缴基本养老保险费时计入个人账户部分的保值费用,部分参保群体的补缴负担有所减轻。与此同时,《关于促进农籍职工参加社会保险若干规定》(津人社局发〔2013〕40 号)允许符合一定条件的灵活就业农籍职工在个人缴费窗口缴纳并补

---

① 2011 年 7 月 1 日《社会保险法》实施之前天津市称之为保值费用,之后统一称为滞纳金。

缴基本养老保险费：在天津市实际缴纳基本养老保险费累计满 10 年，在天津市用人单位就业并按月实际缴纳基本养老保险费累计满 5 年且年龄在 35 周岁及以下。基本养老保险费个人补缴政策的城镇户籍限制有所松动。

二、基本养老保险费个人补缴政策运行现状

为充分了解天津市基本养老保险费的个人补缴情况，笔者访谈了天津市社会保险基金管理中心南开分中心（以下简称南开社保中心）的工作人员和个人补缴者，获得的一手资料数据和信息有助于全面客观分析补缴政策。补缴政策的运行现状主要表现在以下四个方面。

（一）基本养老保险费个人缴费人次逐年增加

从对工作人员的访谈中了解到，南开社保中心每年的基本养老保险费个人缴费人次从 2009 年的 47 000 人次增加到 2013 年的 62 000 人次，与年俱增的缴费人次反映了个人参保群体规模的不断增大。由于个人缴费人次包含正常缴费人次和补缴人次，因此这也在一定程度上反映了个人补缴人次的增加，个人补缴者亦具有较大的基本养老保险参保需求，为基本养老保险制度注入了生机与活力。据工作人员反映，个人补缴业务约占南开社保中心每月业务工作量的 40％左右，且大体稳定地保持在这一水平，由此可知个人补缴政策的受众面较宽，有很大一部分人群都是通过自己缴纳基本养老保险费来对自己的老年生活进行保障，补缴政策关乎个人参保者的切身利益。

（二）个人缴费窗口的养老保险补征金额占据较大比重

基本养老保险费的补缴群体包括企业、事业、机关、社会团体和个人，其中个人缴费窗口成为个人缴纳基本养老保险费的主要渠道。2010—2013 年期间，南开社保中心的养老保险补征总金额在 2010 年达到最高，并且企事业、机关、社会团体和个人缴费窗口的补征金额也是四年中最高的。据工作人员反映，这深受政策因素影响，由于一开始补缴政策尤其是单位的补缴政策管理比较宽松，所以补征金额较多，后来随着补缴管理逐步严格，种种条件限制增加，能够补缴的单位和个人及其补缴额减少，补缴政策建立的准入机制对基本养老保险费的补缴人群范围和补缴金额有着直接且重要的影响。相关数据表明，个人缴费窗口的补征额在总补征额中始终占据较大比

重,并在 2012 年比重达到最高,约为 82.4%,由此可见,个人补缴者在养老保险补缴群体中占据重要分量。

表 1-7　南开社保中心养老保险补征额　　（单位：万元）

项　　　目	2010 年补征额	2011 年补征额	2012 年补征额	2013 年补征额
企事业、机关、社会团体	9 843.72	2 057.68	889.61	2 166.19
个人缴费窗口	5 423.66	3 540.08	4 152.18	3 729.71

资料来源：南开社保中心

（三）个人对补缴政策规定趋于默认

基本养老保险费的个人补缴群体主要包括无雇工的个体工商户和灵活就业人员,其中灵活就业人员需要有天津市城镇户口,且非中断的年限不可补缴,这意味着如果个人之前从未参加过基本养老保险,补缴的时间界点是首次参保之后。若达到退休年龄时基本养老保险参保年限不足 15 年,只能进行后延缴费,这项补缴条件限制等于变相延长了晚参保者的退休年龄。对于这一系列的补缴政策规定,受访者大都从个人利益角度出发,或者觉得无所谓,只要自己能退休就行;或者不愿表达个人意见,觉得"胳膊拧不过大腿";还有的补缴者比较认同,从个人效率角度依靠个人收入参加基本养老保险很正常。究其原因,一是受访者大都处于补缴政策范围之内,能够通过补缴来保障自己的养老权益,不能补缴的情况较少,补缴条件限制较少影响其切身利益;二是深受"按政策办事"的心理影响,个人补缴者的权利意识和政策反思能力较弱,完全默认政策规定。

（四）按时退休的补缴初衷较为明显

在问及补缴原因时,受访者的首要原因都是为了能够正常退休,认为是否补缴直接关系到退休后有无养老金,由此可见个人补缴者按时退休的意愿比较强烈,因接近退休年龄时最低缴费年限不足才想到补缴。这也暗示着退休时缴费年限满 15 年的个人参保者中也有一部分人可能不会选择补缴,是否补缴取决于个人意愿,与个人收入水平、保险意识等因素相关。补缴者中也有部分人表示会在经济条件允许时增加保费,以保证退休后的生活水平,意识到补缴对于自身养老保险权益的重要性,这虽属于通过补缴才意识到基本养老保险重要性的"后知后觉",但是由此也可见在基本养老保险制度运行过程中,个人参保缴费意识在逐步增强。受旧政策影响,也有极少数补缴者认为现在退休金的上涨仍为"五年一杠",[①] 为凑满工龄、日后能多领取点退休金而选择补缴,由此可知基本养老保险政策对部分参保者仍具有一定的信息滞后性。

三、个人补缴基本养老保险费存在的问题和原因分析

天津市现行的基本养老保险费个人补缴政策为中断缴费人员提供了补缴渠道,促进其及时接续养老保险关系,有利于基本养老保险费的及时征收和养老保险基金的正常运转,具有一定的惠民性。但在个人补缴过程中,政策规定与补缴者的利益存在一定冲突,一系列问题逐渐暴露出来。

(一)补缴条件限制较多,部分有意补缴者被拒之门外

个人补缴者是基本养老保险费补缴群体的重要组成部分,具有较大的补缴需求,但现行的补缴政策对补缴条件进行了一系列限制。虽然国家出于对整个养老保险基金投入产出比的考虑,而将部分人群置于补缴大门之外,但基本养老保险属于社会保险而非商业保险,具有一定的社会福利性,其制度运行不应过多地考虑盈利。基本养老保险费的补缴条件限制主要表现在对中断缴费年限和城镇户籍的限定上。

1. 非中断缴费年限不可补缴

天津市现有政策将中断缴费记录作为个人补缴基本养老保险费的必要条件,特殊情况(如之前在机关事业单位或社会团体工作、原上山下乡知识青年返城或军人退役等)除外,这意味着个人新参保者不能向前补缴。若达到退休年龄时基本养老保险缴费年限不足 15 年,个人则只能通过后延缴费来进行弥补,这项规定意味着不足最低缴费年限的人需要付出晚退休的代价,有变相延长退休年龄之嫌。

对"中断缴费年限"的限定虽然作为对未及时参保者的"过时不候",旨在激励人们尽早参加基本养老保险,但未免显得有些强硬,忽略了个人之前未参保的现实原因,如养老保险信息普及面窄、个人缴费意识淡薄、无经济能力、企业未为职工及时参保等,养老保险制度的发展成本和原应由企业承

---

① 天津市旧政策在退休人员涨工资方面实行"五年一杠",即按工龄涨工资,满五年一个标准。例如,15 到 20 年工龄涨 100 元,20 到 25 年工龄涨 130 元,25 年到 30 年工龄涨 160 元。

担的责任被转嫁到个人身上。虽然天津市在扩大基本养老保险的覆盖面方面已取得一定成果,但这种覆盖面仅限于参保人群的横向增大,实际缴费人数与参保人数仍有一定差距,补缴条件限制产生的现实激励作用(正外部性)有待考究,并且单个参保者参保年限的纵向覆盖面参差不齐。参保者起点的不公平进而导致过程和结果的不公平,虽有个人原因,但国家应尽可能将这种不公平缩小,利用再分配达到经济和社会角度的补偿性公平,保障每个人的养老保险权益。①

2. 补缴受天津市城镇户籍限制

天津市出台的一系列个人补缴政策都与户籍挂钩,明确规定以个人身份补缴基本养老保险费需具有天津市非农业常住户口,直接将外省和本市农业户口的灵活就业人员排斥在外,虽然 2013 年出台新政策,允许符合一定条件的农籍职工在个人缴费窗口缴纳并补缴基本养老保险费,但补缴基本养老保险费依然具有较大的户籍限制。一方面,外来人口成为天津市人口增量主体,为经济社会的发展作出了重要贡献。2013 年天津市国民经济和社会发展统计公报显示:2013 年天津市外来人口 440.91 万人,增加47.95 万人,占常住人口增量的 81.2%。灵活就业形式在外来人口就业方式中占据一定比例,但这部分人群却因为户籍问题而难以参加基本养老保险,其养老状况令人担忧。另一方面,对天津市农业户籍者的补缴限制也有失公平,阻碍了有条件的个人追求更高养老金的权利。

天津市对于补缴基本养老保险费的户籍限制源自我国现存的养老保险制度和户籍制度。我国的社会养老保险制度包括城镇职工基本养老保险和城乡居民养老保险。用户籍将养老保险制度进行城乡区分,容易造成以下两种局面:一是在城镇灵活就业的农业户籍者难以享受到更高水平的基本养老保险;一是有单位的农籍职工既可以参加基本养老保险,又可以参加城乡居民养老保险,出现重复参保的现象。由于这两种养老保险制度之间缺乏信息对接和良好的转换渠道,保险不足与保险重复现象并存,养老保险制度的分割限制了人们选择养老金水平的自由。与此同时,户籍制度的藩篱阻碍了参保者在两种养老保险制度间的自由转移。形成于我国计划经济时期的户籍制度在如今普遍遭受诟病,其具有的福利身份区隔和歧视性阻碍

---

① 李珍:《社会保障理论》(第二版),北京:中国劳动社会保障出版社,2007 年,第 36 页。

了城乡统筹,加剧了城乡割裂和社会分化,使劳动者的社会保障利益因户籍不同而受到区别对待。因此,户籍制度改革成为我国以人为核心的新型城镇化的重中之重,国家发改委宏观经济研究院国土开发与地区经济研究所所长肖金成指出,放开户籍制度只是农业转移人口市民化的一个方面,关键还是要让农业转移人口享受到与城市居民相同的基本公共服务,比如子女教育、医疗、社会保障、住房等方面都应纳入农业转移人口市民化的重要内容中。[1] 由此可见,淡化户籍限制,让非天津市城镇人口享受到同等的基本养老保险待遇是大势所趋。

(二)滞纳金征收额较高,补缴群体望而生畏

作为对未及时参保的一种惩罚,个人补缴基本养老保险费时需缴纳一定的滞纳金。天津市政策规定:"补缴当年养老保险费的,免收保值费用。跨年度补缴养老保险费,按以下标准加收保值费用,并按历年计账比例计入个人账户:补缴 2011 年 6 月 30 日以前养老保险费的,按照社会平均工资的增幅加收保值费用;补缴 2011 年 7 月 1 日以后养老保险费的,按日加收万分之五的保值费用。"基本养老保险费的补缴金额等于原应缴纳金额与保值金额之和。2014 年按照缴费下限补缴相应年度的养老保险费时,从 1993 年至 2014 年,下限原应缴纳的金额随着天津市社会平均工资的增长而不断增加,下限保值金额受资金的时间价值影响逐渐降低。这表明越早补缴,缴纳的滞纳金越少。下限合计金额为下限缴纳金额与下限保值金额之和,代表实际缴纳的养老保险补缴额。下限缴纳金额与下限保值金额的此消彼长使得下限合计金额居高不下,并且滞纳金成为部分低收入群体补缴养老保险费的一大影响因素,部分中断缴费时间长的人因难以负荷高昂的滞纳金不得已放弃补缴。

基于不同的立场和考虑,工作人员和个人补缴者对滞纳金的态度有所差异。工作人员认为滞纳金应该加收,但加罚力度未免过大。一方面,补缴政策是国家政策统筹安排上的一种均衡,以满足中断缴费人员的需求,而滞纳金是由社会保险精算师经统筹数据、权衡各方面利益之后得到的,以确保养老保险基金的正常运转和保值增值。政策考虑到了受益面等各方面因素,照顾的是大多数人的利益,滞纳金虽然不低,但是多缴多得,滞纳金会按

---

[1]　中国新华网:《中国城镇化将出规划,倒逼户籍制度等多项改革》,2013 - 12 - 25, http://news. xinhuanet. com/house/nj/2013 - 12 - 25/c_118695786. htm。

一定比例划入个人账户，最终使参保者受益。另一方面，作为对未及时参保的一种惩罚，滞纳金的征收虽无可厚非，但加罚力度未免有些过大，令部分有意补缴群体望而生畏，而补缴群体中有一部分属于中低收入者，他们没有稳定的经济收入保障，滞纳金无疑会令其生活雪上加霜。因此，工作人员认为，滞纳金只能减免，不能不收。

由于涉及自身利益，个人补缴者对滞纳金政策较为敏感和抵触，甚至表现出不满情绪，有很大一部分人群因为难以负荷滞纳金而不得已放弃补缴。即使有能力补缴者也是按最低档进行补缴，滞纳金成为影响人们补缴的一大因素。

（三）补缴信息普及度不高，补缴政策认知模糊

在补缴信息来源方面，来源渠道与补缴者年龄具有一定关系。30～45岁之间的个人补缴者大都从网上查询并获得相关补缴信息，并认为官网的信息具有一定滞后性。45岁以上的个人补缴者的补缴信息来源于街道、电话咨询等。由此可见，补缴信息来源趋于碎片化，且渠道较少，没有统一完整的信息公布平台，使得个人补缴者对补缴信息乃至养老保险信息不甚了解，极易导致个人参保者无意间错过参保缴费良机，无法成为补缴一族。

补缴信息的低普及度进而导致补缴政策的低认知度。现实中，个人缴费者对基本养老保险的补缴信息了解较少。受访的个人补缴者对补缴程序大致了解，但大多是被动性政策认知，因为涉及自身利益，所以在补缴时与相关部门的交涉过程中了解到补缴程序，这意味着没有实际补缴的中断缴费者对补缴政策可能存在无知状态。对补缴信息了解的个人补缴者大多也只有一种模糊性的认识，不辨补缴基数与补缴金额，也不知道具体的缴费比例，因此存在大量的补缴者误把补缴基数当补缴金额的现象，他们的补缴行为更多地表现为一种"政策指示下的行动"，不知其然，亦不知其所以然，这种情况在中老年补缴人群中表现得更为明显。补缴信息的低普及度和低认知度在某种程度上诱导补缴行为的发生，从这方面来看，社保相关部门也需为个人补缴行为结果的产生负一定责任。除此之外，天津市各个区县之间的不同政策，为个人补缴者的档案转移、办理补缴手续增加了一定难度。

（四）补缴初衷趋于短视化和功利化，满足于最低缴费年限

基本养老保险费个人补缴政策在一定程度上照顾到了中断缴费者的利益，有利于其及时接续养老保险关系，增加缴费年限的连续性，保障退休后的基本生活，具有一定的惠民性。达到基本养老保险最低缴费年限虽是补缴政策的基本目的之一，但现实中部分个人补缴者的补缴初衷过于短视化

和功利化,"仅为退休而补缴"的现象不在少数。

一般个人补缴者补缴基本养老保险费的首要原因都是为了能够正常退休,并表示在有条件的情况下会选择多缴纳养老保险费,保证退休后的生活水平。但也有一大部分人是因为面临退休,因基本养老保险最低缴费年限不足难以办理退休才想到去补缴,补缴初衷的短视化和功利化最终导致补缴意识和补缴行为的滞后性,其补缴行为更多地表现为一种"临时抱佛脚"现象。基本养老保险多缴多得的激励作用在部分补缴者身上无从体现,他们"只求退休",满足于最低缴费年限。这背后也折射出部分个人补缴者对基本养老保险制度的不信任性和低配合性,因此只能付出相应的代价(如滞纳金),部分参保群体的淡薄缴费意识与补缴政策的奖罚分明无法从根本上确保基本养老保险制度的良性运行。

(五)补缴成本发生代际转移,养老保险基金逆向流动

个人补缴者的补缴承担力与其经济收入密切相关,由于以个人身份补缴的人群大都以灵活方式就业,或者处于失业状态,因此其工作稳定性较正式单位职工较弱,工资收入也参差不齐,补缴基本养老保险费对低收入者而言负担不小,放弃补缴者不在少数。一方面,部分个人缴费群体因缴费负担较重而暂时无力补缴;另一方面,老人则默默为子女承担起补缴责任,中国式"被啃老"现象在养老保险领域初露端倪。

由于已退休老人意识到基本养老保险的重要性,在子女生活压力较大、对养老保险有心无力时,有能力的老人会主动帮助子女补缴其中断期间的养老保险费,尽力对子女进行帮衬。因而,"被啃老"现象延伸到基本养老保险领域,补缴成本发生代际转移。这虽是一种家庭成员之间的互助共济,但其背后也折射出一些问题。原本发放给老人的退休金又重新回归到养老保险基金库之中,养老保险基金发生逆向流动,受益者由老人变为年轻一代,养老保险费在逐步蚕食养老金。养老保险基金的逆向流动是补缴者对补缴负担的一种被动应对和无奈选择,从侧面反映了不同经济状况的个人对基本养老保险费具有不同的政策反映性,个人缴费基数和比例的确定对低收入者而言有些过高,因此他们只能在生存与保险之间选择生存。

四、完善个人补缴政策的对策建议

基本养老保险费个人补缴问题归根结底是国家利益与个人利益的平衡

问题,补缴问题的解决需要国家与个人双方面的努力。国家从整体养老保险权益角度出发,制定相应的补缴条件限制,维护大多数及时参保者的一种相对公平和养老保险基金的收支平衡;个人则从自身利益角度出发,一方面对补缴政策持保留态度,另一方面对补缴合意性进行估量,因此出现了认为合算的人进行补缴,认为不合算的人放弃补缴的现象。目前的补缴政策不利于养老保险制度的全覆盖和社会整体养老保险水平的提高,其社会保险再分配功能的不足也难符社会保障制度维护社会公平的初衷,最终不利于整个社会的稳定与协调发展。因此,基本养老保险费个人补缴政策的完善需要国家利益与个人利益的双向协调。

(一)制定统一的补缴政策

天津市基本养老保险费补缴政策总是在频繁补充,并且变化较快,缺乏整体规划下统一完善的补缴政策,个人的补缴行为深受政策因素影响。现有政策只是在以往政策的基础上"打补丁",补缴政策的朝令夕改造成补缴工作的相对混乱和个人补缴者的无所适从,政策认知模糊又影响了个人补缴基本养老保险费的正常进行。因此,有必要出台一项统一完善的基本养老保险费补缴政策,对补缴人群、补缴条件、补缴程序和补缴费用等进行统一规定,提高个人补缴者的政策认知度,实现有政策可依,确保补缴工作的顺利进行。此外,补缴政策内部要相互协调,与养老保险的长期发展规划相适应,避免政策间的自相矛盾和互相扯皮。基本养老保险的基本理念是为低收入者进入社会养老保险创造条件。因此,补缴政策的制定应符合养老保险制度设计的初衷,保障每个公民的社会保障权,消除不同社会阶层或者群体之间的"身份"等级差异,[①] 确保制度公平性,将补缴机制惠及更多国民。

与此同时,还应建立补缴政策完善机制。经济社会发展的阶段不同,补缴政策应随之进行相应调整,做到与时俱进。考虑到补缴结果的产生既有制度因素,也有个人因素,国家需要对基本养老保险制度普及过程中产生的补缴问题负责,补缴政策的落脚点应归于鼓励及时参保。但补缴政策不是长久之计,当其运行到一定阶段,特别是个人参保意识增强时,可渐渐退出政策舞台,仅保留部分补缴窗口以备不时之需。政策主流还是应倡导参保者及时缴费,在个人积极参保缴费的基础上争取更高的参保率,防患于

---

① 郑功成:《中国社会保障改革与发展战略》,北京:人民出版社,2008 年,第 18 页。

未然。

(二)适当放宽补缴条件限制

基本养老保险费补缴条件的制定应体现一定的灵活性和人性化。应建立补缴准入机制,国家利益做出相应让步,在维护大多数人养老权益的情况下尽可能照顾少数人,尤其是社会弱势群体的养老权益,兼顾整体社会公平,从而有助于进一步扩大基本养老保险的制度覆盖面。

首先,逐步减弱户籍限制,允许有经济条件的农业户籍人员参加基本养老保险,并补缴中断缴费期间的基本养老保险费,享受更高水平的养老保险权利。这需要建立城镇职工基本养老保险制度与城乡居民养老保险制度之间的转移接续机制,使进城务工的农籍灵活就业者享受到与城镇职工相同的养老保险参保权利和保险待遇;也需建立灵活的退休档案管理转移机制,避免因档案归属地不明而导致个人缴费者难以正常退休的现象发生;完善基本养老保险关系省际流通机制,使外省市进津务工者的养老保险关系能够完整记录并随身携带,避免因制度原因导致保险关系中断现象发生。

其次,灵活对待补缴对中断缴费年限的条件限制,允许符合一定条件的首次个人参保者向前补缴。这在政策执行方面虽然具有一定难度,但亟须进一步探索研究。对于当初确实是因为无经济承担能力、企业未及时参保等非主观故意原因而未参保的个人补缴者,通过让其提供当初的收入证明或领取低保证明、在某一企业的劳动关系证明等,允许其补缴起始缴费时间之前的一定年限,并通过社保知识教育增强其参保意识,并予以信用记录。如果日后出现故意中断缴费现象,则不再允许其补缴中断期间的养老保险费,以激励有意参保者及时参保,增强缴费意识。应对特殊未按时缴费群体核定视同缴费年限或特殊缴费年限,如照顾幼儿、年老或残疾亲属等,[①]并按一定比例(如 80%)折算为正常缴费年限,降低特殊群体的补缴年限,使补缴政策更具人性化。

(三)多渠道减免滞纳金

滞纳金作为激励个人参保者及时缴费的一项政策,其征收虽无可厚非,但考虑到补缴人群的现实承担能力,有必要对其进行一定程度的减免。

一方面,可通过包括养老保险基金结余、财政补贴等渠道进行滞纳金减

---

① 范围:《基本养老保险缴费年限制度研究》,《社会保障研究》2012 年第 2 期,第 125 - 133 页。

免。天津市基本养老保险基金累计结余呈逐年增长趋势,地方一般预算收入也在逐年增加,这些都为滞纳金的减免提供了丰富的资金来源渠道。通过将资金在不同领域内进行再分配,可以在不使任何一个社会成员境况变坏的前提下使个人补缴者的境况变好,照顾到社会弱势群体的切身利益,进而达到帕累托改进,增加全社会的福利水平。减免比例应与个人补缴者的收入水平相关,收入越低,减免比例相应越高,但不能损害及时参保的激励机制。

另一方面,可借鉴其他省市做法,变放任为主动,规定在一定时期内补缴少缴或免缴滞纳金,激励个人及时补缴基本养老保险费,享受政策优惠,以增加基本养老保险基金收入并及时进行保值增值,而不是后续放任个人的零散补缴,由个人补缴者承担基金增值费用。这样可在国家利益与个人利益之间寻找一个契合点,国家利益做出适当让步,在维护大多数人利益的基础上兼顾少数人利益,进而实现一种相对公平,促进基本养老保险费的按时缴纳。

除此之外,由于个人补缴者的缴费基数按照不低于各年度最低缴费标准且不高于各年度天津市职工月平均工资,由本人自主确定,2014 年个人缴费基数最低 2 630 元,最高 5 714 元。但考虑到个人缴费者大多以灵活方式就业,其缴费基数的核定参照在岗职工的平均工资未免有些"错位"。因此,可以参照灵活就业者的平均工资水平和最低工资标准来确定适合个人缴费群体的缴费基数上限和下限,并由个人缴费者视收入状况自主选择,适当减轻部分灵活就业群体的缴费负担,增强缴费承担力。与此同时,提高个人补缴者的就业能力,也会为补缴提供坚实的经济后盾,增强个人缴费能力,减少日后中断缴费现象产生。

(四)建立补缴政策反馈机制

补缴政策的制定应从广大参保者的切身利益出发,并结合基本养老保险的整体发展状况,切忌脱离社情民意。因此,需要在增强参保群体保险意识的基础上建立补缴政策反馈机制,从补缴者需求角度完善补缴政策。

一是,增加养老保险信息的了解渠道与可获得性,增强个人参保缴费意识,切忌将政策信息"束之高阁"。应将个人参保者固有的"要我参保"观念转变为"我要参保",为补缴政策反馈机制提供政策认知基础。社保相关部门应一如既往地重视和加强养老保险政策宣传力度,通过街道、社会保险经办机构、网上信息公布(如官网、微信服务平台)等多种媒介建立适应不同年龄参保群体的社保信息共享平台,并确保政策信息的公开透明性和随时更新性,给予参保者足够的社保知情权,减少政策无知。

二是,委托专门组织定期为参保者开展培训课程,为参保群体讲解基本养老保险的相关知识和政策信息,帮助人们办理补缴基本养老保险费的业务,了解补缴流程,熟练运用政策服务工具,使社保经办机构真正为广大参保者服务,进而使个人的参保行为更富理性与自觉,在补缴政策反馈机制中有更多的发言权与发言内容。

作为个人补缴者,应改变以往默认政策规定的被动思维,变被动为主动,结合自身的实际情况,积极向社保相关部门反馈补缴政策运行中的现实问题,形成一种良好的政策反馈机制,让政策制定者更多地了解到民情民意,进而使补缴政策的制定更具人性化和弹性化。

第四节　形成化解养老金隐性债务的责任共担机制

养老金隐性债务的化解关系到养老保险制度的健康持续发展。政府财政在道义上应该承担主体责任,且经济上也具备承受能力。考虑到财政实际,以政府主导、责任共担方式化解养老金隐性债务应是较为理性的策略选择。

一、养老金隐性债务规模的判断

养老金隐性债务,通常是指在"现收现付"养老保险制度下对在职职工和退休人员养老金待遇的承诺,是制度由现收现付向预筹积累转变过程中所要支付的过渡性费用。这笔在一定时期内所要支出的养老金费用通常不体现在政府公共部门财政状况的评估中,而是隐含在当前或未来的福利承诺中,形成所谓的隐性养老金债务。[1]

从静态观察,隐性债务包括"老人"的养老金和"中人"在新制度实施前没有建立个人账户的应计养老金数额以及增值额。从动态上看,隐性债务

---

[1]　世界银行:《老年保障:中国养老金体制改革》,北京:中国财政经济出版社,1998年,第88页。

还应包括随通货膨胀和工资增长而增加的养老金。关于隐性债务规模的评估,由于机构不同、方法、参数等诸多差异,测算结果之间存在很大差距。根据世界银行测算,我国隐性债务于 1994 年相当于 GDP 的 46%～69%,约两万到三万亿元,1998 年的债务则占到 GDP 的 94%。国家体改办的估测则达到六万七千余亿元。我国养老金隐性债务似乎数额巨大,但从中长期看,隐性债务占 GDP 比重与其他国家相比并不算很高:以 1997 年为时点,我国养老保险标准隐性债务在收益率为 6% 的条件下相当于当年 GDP 的80.8%,与经合组织国家养老保险金隐性债务处于 GDP 的 100%～200% 的比例接近,与智利、阿根廷债务占 80%～100% 的水平相当。同时应当注意到,以上估算方法均把老制度下政府的养老金待遇承诺全部划为债务,这里忽视了新制度仍保留了一块"现收现付部分",如果以此来推算"隐性债务",则总量大体要降低 50%。① 因此,我国养老金隐性债务的实际规模并非如人们想象中的那样庞大而可怕。

二、化解隐性债务的政府责任与财政能力分析

养老金隐性负债问题如果不能得到有效解决,做实个人账户会面临巨大的阻力,基金投资增值将遇到较大的困难,整个养老保险体系的健康运行将受到严重威胁。因此必须要为化解养老金隐性债务找到切实可行的出路。要寻找可行的化解出路,必须首先明确一个关键问题:谁应该并且有能力成为隐性债务的承担主体? 理论上的负担主体可能包括国家、企业和职工三方。

职工群体分为"老人""中人"和"新人"。对于"老人"和"中人"来说,他们在低工资时期把几乎所有创造出来的财富转化为社会经济建设的投资,为国家和社会作出了巨大贡献。相对于政府而言,这一群体理所当然是债权人,如果转而让他们去承担隐性负债,至少这在道义上是说不通的。另外,"老人"已经退出工作岗位不再生产创造财富而只能分享消费财富,"中人"的实际个人账户积累额又太少,由他们去分担债务同样是有失公平的。此外,如果让"新人"负担隐性债务必然造成一代人供养两代人的局面,加之日常生活成本随着消费需求层次的提高而日渐增长,这一群体所承受的现

---

① 何平:《中国养老保险基金测算报告》,《社会保障制度》2001 年第 3 期,第 56 页。

实经济负担已然不轻。

再从我国企业的实际负担状况考察,企业税赋已呈现明显加重的趋势。2002 年 5 月美国《福布斯》发表的关于世界上 30 个国家的税收调查结果显示:中国作为一个发展中国家名列第三,其负担指数为 154.5。从国内方面看,近年来我国财政收入增长持续超过国内生产总值的增速,导致税收占GDP 比重持续上升,如 2003 年在 GDP 增长 9.1% 的情况下,财政收入增速超过 20%。① 仅就企业养老保险负担而言,按照国际劳工组织规定企业负担保险率不能超过工资总额 20% 的警戒线。而根据 2000 年的统计,我国绝大多数地区的企业缴费占工资总额比重都已超过了 20% 的比例。武汉老工业基地的缴费率达到 24% 以上,辽宁省个别地区突破 25%,其中鞍山市更高达 29%。另外多数地区企业的养老、医疗、失业三项保险缴费,已达工资总额的 30% 左右。

从理论上说,由于基金模式转型而产生的养老保险隐性债务主要应由政府来承担。按照养老保险的制度规定,财政对基金收支平衡负有一定的责任,即应由财政对养老基金出现的赤字给予补贴。同时劳动者过去本该为自己年老时积累的部分必要劳动早已被转化为国有资产,而政府又是养老保障的直接责任主体,因此转制过程中产生的养老金隐性负债由政府承担补偿责任当属必然。② 就实践层次来看,目前我国财政用于养老保险补贴的比重还相对较低。国家可以考虑通过健全公共财政政策、调整财政支出结构来逐步缩小隐性债务规模并最终消化隐性债务。如果制定相关政策,将养老保险支出纳入财政预算,每年按照一定比例提供养老保险补贴,至少可以消除部分隐性债务,减轻养老保险支付压力。下面将采用定量方法考察这一思路是否具有现实可行性。选取 1990 年到 2013 年的财政支出和GDP 数据,计算出各年的财政支出增长率与 GDP 增长率,利用一元回归模型可以预测未来五年的变化趋势。设 Y_t 为财政支出增长率与 GDP 增长率的比值,X_t 为时间序列,利用上述数据可得估计的回归方程:$Y_t = 0.996 + 0.193X_t$。回归方程的相关系数为 0.859,判定系数为 0.738,表明回归拟合

---

① 叶响裙:《中国社会养老保障:困境与抉择》,北京:社会科学文献出版社,2004年,第 261 页。

② 郑功成:《中国养老保险制度:跨世纪的改革思考》,《中国软科学》2000 年第 3期,第 79 页。

较好。假设未来五年中国 GDP 增长率为 7%,那么依据回归式可以估计未来五年财政支出增长率的变动趋势。根据何平的估计,2001—2005 年的基金缺口分别为 596 亿元、879 亿元、998 亿元、949 亿元、759 亿元。① 如果经济增长保持平稳,将财政支出的 5%用于养老保险转移支付,那么财政转移大体上可以偿付隐性债务。

三、政府主导下的责任共担策略

通过以上分析可以得到初步结论,由职工和企业承担养老金隐性债务在一定程度上不具有相对合理性,政府财政在道义上应该承担主体责任,且经济上具备可行性。但还应清醒地认识到问题的另一方面,我国 1990 年到 2000 年财政支出已明显高于财政收入、累计财政赤字达 8 360 亿元,这将在今后严重影响可预期的财政支出向养老保险制度转移支付的倾斜程度。当然,这并不是说应该取消政府的主体责任或者政府可以推脱责任,恰恰相反,应该更加明确的是政府承担隐性债务的主导作用非但不能削弱反而需要在一定条件下逐步加强。在我国社会保障改革和制度建设的过程中,理性的思路是政府主导、责任共担,理性的策略是不能急于求成而是需要渐进式地推进。因此,化解隐性债务同样需要这种理性,既应避免个人和企业遭受沉重负担,也不应对政府财力造成过大压力,应在政府主导的条件下认清完成任务的艰巨性和长期性,并坚持责任共担地多途径解决问题。

责任共担即是主要通过对现行制度的调整达到增收减支的目的,具体包括:扩大养老保险覆盖面,严格退休条件,积极探索基金保值增值途径等。政府主导即是要求政府承担隐性债务的较大比重。政府化解隐性债务可以通过以下的主要途径来实现:一是加大调整财政支出结构的力度;二是变现部分国有资产,利用出售中小企业、国有土地和厂房等进行筹资;三是可以考虑发行社会保障国债、彩票以及开辟一些特殊税种来筹集资金。其中考虑建立公共财政政策调整支出结构以加大养老金补贴份额更具有一定的现实操作性。从目前的财政支出项目安排来看,我国财政用于养老保险补贴的份额相对较低。在经济发达国家,社会保障和福利支出占财政支出的比

---

① 何平:《中国养老保险基金测算报告》,《社会保障制度》2001 年第 3 期,第 56 页。

重已达到 30%～50%,而我国 1997 年的此项支出仅为财政支出的 1.5%,相当于 GDP 的 0.2%。2002 年虽然总量有所增加,但"抚恤和社会福利救济费""社会保障补助支出"与"中央专用基金"方面的支出只占财政支出的 7.8%,占 GDP 比重为 1.68%,大大低于发达国家 10% 左右的水平。随着我国经济体制改革的整体深化,财政的经济建设功能将逐步弱化,此项财政支出将逐步债务化,机构改革后行政管理费用也可以适当压缩,因此通过财政结构调整来化解养老金隐性债务的空间相对较大。

第二章　城乡居民养老保障的统筹协调发展

转型期我国社会保障体系建设的稳步推进有赖于城乡居民养老保障的统筹协调发展。客观掌握新型农村养老保险制度和城镇居民养老保险制度的运行状况、推动新农保与城镇职工养老保险的转移接续、明确政府在公共养老金制度中的职能定位是促进城乡居民养老保障统筹协调发展的重要方面。

第一节　新型农村养老保险制度运行状况及发展对策

新农保是我国政府在农村实施的又一项民生举措,对于构建和谐社会和更好更快地建设社会主义新农村有着十分重要的现实意义。本节结合调查数据重点考察了河北省试点地区新型农村社会养老保险制度的实际运行状况,指出目前制度的实践成效以及政策宣传不到位、养老金待遇偏低、领取条件缺陷等问题,并提出若干政策建议以期对新农保制度的改革完善提供参考依据。

一、新农保制度的主要成效

"三农"问题一直是我国政府关注的重大社会问题。继"免交农业税"和"农村合作医疗"政策之后,2009 年 9 月 1 日,国务院颁发了关于开展新型农村社会养老保险(以下简称新农保)试点的指导意见的文件。应国家号召,河北省在青龙、抚宁、滦平、鹿泉、迁安、遵化、怀安、唐海、大厂、涿州、任丘、青县、肃宁、枣强、沙河、武安、涉县、邯郸县等 18 个地区开展了新农保试点。

为客观反映此项制度在实施过程中的具体运行状况和出现的新问题,进而提出相关解决方案和政策建议,笔者于 2010 年 8 月选取了河北省沧州市的任丘和肃宁若干村庄进行问卷发放和访问调查。此次调查是以任丘和肃宁的若干村庄为调查对象,采取定性(结构访问)与定量(偶遇抽样)相结合的方法进行分析调查。其中用偶遇抽样选取样本,样本容量为 200 人。实际发放问卷 200 份,回收有效问卷 150 份,有效回收率为 75%。结构访问主要包括与当地村支书进行深层访问、与村民交谈,以了解新农保的实施现状、实施标准和村民对新农保的认识和反馈。

(一)新农保制度使广大农村居民参保受益

1991 年 6 月民政部颁布的《县级农村社会养老保险基本方案》规定:农村养老保险金的筹集,"坚持以个人交纳为主,集体辅助为辅,国家给予政策扶持"。实践中我国大部分地区的农民是在没有任何补贴和补助的情况下参加传统农村社会养老保险的,这使得旧农保制度完全退化为农民的自愿储蓄制度,不具有社会性和保障性。与之相比,2009 年的新农保基金由个人缴费、集体补助、政府补贴构成。政府规定基础养老金为 55 元,地方可以根据自己的具体情况适当提高基础养老金数额,中央财政予以支持。这在很大程度上调动了村民参保的积极性,从而保证了制度的平稳顺利推行。调查数据显示,仅在任丘市西环路乡就有 38.47% 的村民参加了新型农村养老保险。这表明新制度得到了一部分农村居民的认可与支持。

表 2-1　任丘市西环路乡新农保参保状况

村　名	应参/人	已参/人	未参/人	参保率/%
思　贤	5 226	2 415	2 811	46.21
宋　庄	674	333	341	49.41
前长洋	2 966	1 116	1 850	37.63
后长洋	1 913	663	1 250	34.66
南五里	264	104	160	39.39
肖　楼	733	337	396	45.98
长洋淀	4 680	1 363	3 322	29.12
褚　庄	928	320	608	34.48
大于庄	606	250	356	41.25

（续表）

村　名	应参/人	已参/人	未参/人	参保率/%
小于庄	742	277	465	37.33
哑巴庄	648	249	399	38.43
白　塔	1 564	632	932	40.41
合　计	20 949	8 059	12 890	38.47

数据来源：任丘市西环办事处提供

（二）一定程度上改变了农村的传统养老观念

农村传统养老观念主要是土地防老、家庭防老。自从新农保制度推行之后，许多农民在了解和参与这项制度之后，所期望的养老方式已经是养老保险和家庭养老相结合。调查数据显示，村民希望将来的养老模式依靠子女和依靠新农保的人群各占到了约40%，依靠自己积蓄的占到了约18%左右。虽然农民仍然在很大程度上受到农村"养儿防老"观念的影响，但这已充分反映出村民们对新农保的发展前景还是寄托了很高的期望，制度在一定程度上改变着农村传统养老的观念，这在思想上是一种积极的进步，并且增加了农民对政府的信任和对未来生活的信心。

（三）一定程度上减轻了农民的养老负担

政府的补贴和自己个人账户的养老金，使得老人每个月都有自己的固定收入，年轻人等到年老时同样可以享受自己缴费时期所积攒的养老金。并且基金存入全国社会保障基金，在保证基金收益率的情况下，农民的切身利益能够得到保障。此项制度实施后，村民们从中得到了很大的实惠。当访谈到新农保制度带来的好处和收益时，村民们都非常高兴地说这项制度真的缓解了村民的养老压力，给自己的孩子减轻了负担，并且每个月的养老金已经基本能够维持自己在农村的生活，再加上孩子给的养老钱，生活很幸福。同时这还改善了老人在家庭中的地位，减少了以前许多家庭为了养老而发生的兄弟不睦、婆媳不和、夫妻反目、老人无依等问题。

二、新农保制度存在的主要问题

（一）宣传方式不到位导致多数农民对新农保认识不足

村民对新农保的了解程度非常不乐观。在问卷中，超过3/4的村民选择了"非常了解"和"比较了解"。可是通过具体询问发现,村民所谓的了解只不过是知道现在国家有这项制度,村民每个月可以领到多少钱,多大年龄的人可以领到钱,对于其他内容了解甚少。并且了解这些的村民主要是村委会成员,普通村民其实并不是很了解,尤其上年纪的村民、文化程度在初中以下的村民和女性村民这三个群体是了解最少的,基本一问三不知。这与村里的宣传不到位有很大的关系,村里主要采取喇叭广播的形式宣传,可是真正认真听和能听到广播的、听清广播的受众人群相对有限。另外一个很重要的问题在于,作为主要政策宣传者的村委会成员对制度的某些问题都是模糊不清,所讲解和回答的问题前后矛盾,这更为村民了解制度产生了不利影响。同时当地村民的文化水平比较低,大多为小学水平,这也为政策的宣传加大了难度。

由于对具体政策认知不清、了解不充分,部分农民对于几十年以后能否领到养老金一般持怀疑态度,即使在当前农村人口老龄化日益严峻的情况下,农民明明知道现有的家庭养老方式并不十分理想,仍不愿意参加新农保,而是常常采用诸如减少日常消费、减少风险投资、增加安全有保障的储蓄存款等方式,以此来防范今后可能面临的养老风险。这为参保率的进一步提高和新农保覆盖面的扩大埋下了潜在的隐患。

(二)养老金待遇水平偏低

养老金待遇由基础养老金和个人账户养老金组成,支付终身。中央确定的基础养老金标准为每人每月 55 元。[1] 个人账户包括个人缴费,集体补助及其他经济组织、社会公益组织、个人对参保缴费的资助,地方政府对参保人的缴费补贴。而实地调查发现,政府支持、地方及集体补助、社会资助不足,特别是集体补助普遍缺失,只有个人缴费部分能够保证,致使个人账户大大缩水。此项政策形同虚设,即使任丘市这样经济实力属于河北省五强县之一的县市,也没有一个村集体会实行集体补助,更没有其他组织提供资助。

政府规定农民基础养老金额不低于 55 元,这个标准在实践中并不算高。加之地方、集体补助和社会资助这个环节又大打折扣,使得在社会物价不断上涨、平均生活水平不断提高的今天,农民即使参加了新农保,生活还

---

① 杨立雄:《新型农村养老保险制度及其改革思路》,《重庆社会科学》2009 年第 12 期,第 20 页。

是很艰苦,更谈不上抵抗疾病、自然灾害等。从替代率角度看,55 元的基础养老金待遇水平较低。2008 年我国农村居民家庭人均纯收入为 4 760.6 元,而新农保中每年 660 元的个人基础养老金补贴占家庭人均纯收入的比例为 13.86%,远远低于当前我国城镇职工基本养老保险不低于 20% 的基础养老金替代率。因此,参保农民潜在的老年贫困风险依然较大。

(三)获得基础养老金的限制条件有待完善

这主要体现在 60 周岁以上的老人得到基础养老金的前提是其符合条件的子女必须参加新农保的限制性条件。比如在任丘市宋庄村的调查得知,65 岁老人可以不用缴费直接领取养老金,但是其符合条件的直系子女必须参加养老保险。而在被访问的肃宁县梁村镇张家庄村规定,65 周岁以上的农民可以不用缴费,直接领取每月的基础养老金,而其儿子、儿媳和女儿必须参加养老保险,这个条件对户口要求很严格,女儿和儿媳必须是张家庄的户口。这在一定程度上带有强制性参加保险的性质,与国务院文件中的自愿性原则相冲突。笔者在调查中还发现了由于这个限制性条件而引发的其他问题。

其一,如果老人与子女或者儿媳关系不和,其子女或者儿媳有一个人没有参加养老保险,老人就不能得到养老保险金,原本无子女尽到赡养义务就已处境不佳,这样的相关规定所导致的后果无异于雪上加霜。其二,由于老人领取养老金的前提条件是自己的子女都要入保,所以户口问题就凸显出来。如果子女外出打工定居,但是户口没有在定居地还在自己的家乡,也必须参加新农保。当然在子女定居地参加的新农保也同样适用,但如果子女定居地不是新农保试点,这就造成很大的不便。其三,出嫁的女儿如果户口没有迁出,也必须参加新农保。这同样造成了很大的不便。

三、政策建议

通过对此次调查的分析,笔者发现新农保政策的实施总体上还是比较乐观的。广大村民能够意识到该项政策有利于自身养老,参保热情还是较为高涨的,但在具体实施过程中,依然存在一些亟待解决的问题。针对这些问题笔者提出如下三点建议。

(一)努力加大社会各方对新农保的投入

我国政府财政收入连续大规模增长,年均环比增长率超过 19%,而现实中我国社会保障支出规模偏小且结构不合理,这迫切需要政府还利于民,加大财政投入比例。我国社会保障支出远远低于国际社会保障支出占财政支出比重的平均水平,并且大部分资金用于城镇社会保障,用于农村社会保障的极少。要补偿农民的利益,切实改善民生,国家首先应建立零支柱养老保险提供最低限度保障的非缴费性的养老计划,[①] 从而保障老年人最基本的生存权益。此外,国家还应该也有义务鼓励地方政府、集体切实落实补贴政策,鼓励经济组织尤其是企业投入一定资金支持新农保制度的运行与发展。

(二)拓宽政策的宣传渠道加大宣传力度

对于新农保政策的宣传,不应仅仅依靠于喇叭广播,还应加大村内的公示宣传,上门走访讲解,发放宣传材料,等等。在加强制度宣传的同时,应加强基层新农保的机构建设,设立专门的基层机构负责宣传新农保政策,解决农民关心的问题。设立专门的监督机构,监督养老金的收取、发放工作,并且培养专业的人才,进行专业的管理。此外,在调查过程中笔者发现农村居民的文化水平仍然较低。这严重导致了村民对于政策的理解不够深入,限制了许多的宣传方式,致使很好的政策不能发挥应有的作用。所以,加强教育、努力提高村民素质,继续坚持贯彻九年义务教育制度是辅助新农保顺利实施的有效途径。

(三)及时总结各地试点经验并完善和修正"新农保"方案

目前"新农保"制度尚未定型,"新农保"试点首批在全国 10％的地区开展,这些地区经济发展水平不同,新农保制度实施的具体方法各异,制度仍有较大的完善空间。新制度在试行阶段产生的成效说明了这项制度的有效性,在执行过程中产生的问题可以为制度的全面展开提供科学评估的依据。国家农保部门应建立跟踪调查研究机制,紧密关注各地试点状况,及时发现问题、总结经验,逐步完善和修订"新农保"方案,为扩大试点范围和推进新农保工作提供经验与参考。

第二节　城镇居民养老保险制度
运行状况及发展对策

随着我国经济的迅速发展,养老问题越来越受到社会的普遍关注。尤

---

① 世界银行:《21世纪的老年收入保障——养老金制度改革国际比较》,北京:中国劳动社会保障出版社,2006年,第4页。

其在人口老龄化冲击和城市化进程加速的双重挑战下,公众对养老保障提出了更高的要求和期望。2011年7月我国开始推行城镇居民社会养老保险试点工作,并逐步实现全覆盖。城镇居民社会养老保险制度在推进过程中虽然取得了很大的成绩,但同时也暴露出一些问题。本节在问卷调查的基础上,结合相关文献资料,考察和分析了河北省城镇居民社会养老保险制度的发展状况,反映和总结制度运行中存在的突出问题,并提出相应的对策建议,具有一定的现实指导意义。

一、城镇居民社会养老保险制度概况

社会保障是保障人民生活、调节社会分配的一项基本制度,而养老保险更是社会保障制度的关键环节。经过多年的改革探索,我国养老保险制度发展日新月异并取得了骄人的成绩。但其中依旧存在着许多亟待解决的问题。近年来,我国城镇社会养老保险制度建设取得了长足的进步。其中政府机关公务员、企业事业单位工作人员等大多数人群均被划在了城镇社会养老保险制度的覆盖范围之内。在此背景下,社会各界开始普遍关注和呼吁加快建立城镇居民社会养老保险体系的步伐,以便进一步解决城镇非从业人员的养老问题。对此,党中央、国务院给予了高度重视。党的十七大明确提出了"建立覆盖城乡居民的社会养老保险体系,使全体人民老有所养、老有所终"的战略目标。国务院常务会议决定自2011年7月1日起,启动城镇居民社会养老保险试点且试点范围覆盖全国60%的地区,目标是2012年基本实现全覆盖。党的十八大会议更是在全面建成小康社会和全面深化改革开放的目标中,明确提出社会保障全民覆盖的战略决策。我国向来主张民本思想,以人为本始终是各项方针政策贯彻实施的基本思想。城镇居民社会养老保险制度的实施弥补了我国社会养老保险体系中的空缺,使得城镇户籍非从业人员也能从养老保险制度体系中受益。

城镇居民社会养老保险是覆盖城镇户籍非从业人员的养老保险制度,这项制度和职工基本养老保险制度、新型农村社会养老保险制度共同构成基本养老保险制度体系。城镇居民养老保险实行社会统筹和个人账户相结合,与家庭养老、社会救助、社会福利等其他社会保障政策相配套,旨在保障城镇非从业人员的老年基本生活。2011年6月,国家发布了《国务院关于开展城镇居民社会养老保险试点的指导意见》(国发〔2011〕18号,以下简称《指导意见》），明确了我国城镇居民社会养老保险制度的基本框架。

（一）城镇居民社会养老保险制度的基本原则

城镇居民社会养老保险工作是以中国特色社会主义理论体系为指导思想，从深入贯彻科学发展观尤其是以人为本的核心出发，旨在逐步解决城镇非从业人员的老有所养问题。这项制度的基本原则是"保基本、广覆盖、有弹性、可持续"。

首先，坚持一切从实际出发，根据城镇居民实际情况并结合我国具体国情，将城镇居民的实情与国家的承受能力相适应，养老保险制度以低水平起步。每月55元的基础养老金标准相对于我国当前经济的发展水平和CPI指数来说是处于较低层次的，但这样却使制度从无到有，使全民覆盖的养老保险制度建立了起来。考虑到我国各地区经济发展不平衡的具体国情，这是不得不经过的阶段。

其次，权利与义务相结合，政府和家庭（个人）合理分担责任。这一点和新农保的制度设计存在相似之处，都是在国家政府宏观主导下建立的养老保险制度，而个人必须承担相应责任实行个人缴费，同时与政府补贴相结合。个人缴费越多，所得越多，体现出权利与义务的对等。此外，政府的责任还表现在对养老保险制度的财政资金投入和经办管理上。

再次，政府主导和自愿参保相结合，注重激励机制。政府引导城镇居民参保，不进行强制要求。针对不同层次人群的经济状况，在缴费标准上增加弹性，设置不同档次的缴费标准，并用财政资金补贴吸引城镇居民主动参保，从而达到广泛覆盖的硬性指标。

最后，实行属地管理。中央政府在宏观上给予基本原则和政策上的统筹指导，而地方要做到一切从实际出发，因地制宜。各个地区经济发展不均衡是我国的国情，这导致各地区提供给养老保险发展的财力条件不同。所以在城镇居民社会养老保险制度的缴费标准和给付标准上必须实行属地管理，做到因地制宜。

（二）城镇居民社会养老保险制度的基金筹集

按照《指导意见》中所述，个人缴费和政府补贴是城镇居民社会养老保险基金的主要构成部分，同时国家也鼓励社会上的其他组织机构为制度提供资金支持。所以，这项制度的基金筹集模式主要还是政府和个人（家庭）共同承担。

第一，个人缴费。符合条件的参保城镇居民应当按照规定缴纳相关费用。当前所设置的缴费标准分为十个档次,依次为每年100元、200元、300元、400元、500元、600元、700元、800元、900元、1 000元。国家需要将经济发展状况和城镇居民人均可支配收入增长状况作为调整缴费档次的依据,同时各地方人民政府还需坚持因地制宜的原则,适时调整缴费档次。

第二,政府补贴。符合制度待遇领取条件的参保者的基础养老金由政府全额支付。考虑到我国各地区经济发展不均衡的实情,中央财政对东部地区给予50%的补助,而对中西部地区给予全额补助。政府的主要职责是保证参保者养老金的支付,对弱势群体、困难户及无力承担个人责任的群体提供代缴。各地方政府根据实际情况对参保者缴费给予补贴,但补贴标准不得低于每年每人30元。总体上,政府扮演主导者角色,在参保者缴费和养老金待遇给付这两个基本环节上给予相应的财政补助。

(三)城镇居民社会养老保险制度的养老金待遇给付

根据《指导意见》规定,养老金待遇领取条件主要分以下几种情况:如果参保者在制度实施时已经年满60周岁且没有参加城镇职工基本养老保险待遇及其他国家所规定的养老保险待遇的,不用缴费即可按月领取基础养老金;如果参保居民距离养老金领取年龄不足15年的,应该按年缴费同时允许补缴参保费用且累计缴费年限不高于15年;如果参保居民距离领取年龄超过15年的,同样应该按年缴费,但累计缴费年限不得低于15年。由此可以看出,制度实施严格按照权利与义务相对等的基本原则,这样有利于引导适龄人群积极参保,在一定程度上避免了年龄未满60周岁的城镇居民不长期参保和缴费,体现出制度设计的公平性,有益于制度的长期可持续发展。

符合养老金待遇领取条件的参保者可以享受相应的养老金待遇给付。养老金待遇给付包括基础养老金和个人账户养老金,并且支付终身。第一,每人每月55元是中央确定的基础养老金标准。当然,各地方人民政府还要坚持因地制宜原则适时调整基础养老金标准,其中根据实际情况增发的资金由各地方财政支出。第二,个人账户养老金的月计发标准为个人账户储存额除以139,与当前城镇职工基本养老保险和新农保个人账户养老金计发系数保持一致。这一点充分体现出制度设计的高瞻远瞩,为日后与新农保、城镇职工基本养老保险制度等养老保险的整合、转移、接续做好了铺垫。另外,当参保人死亡,除去政府的补贴外,个人账户中的所有余下资金均可依法继承。这一点充分体现出制度设计过程中的细心之处。这样的设计迎合了我国家庭注重代际关系的特点,有利于制度的实施和长远发展。

二、城镇居民社会养老保险制度运行状况调查分析

城镇居民社会养老保险制度是一项利国惠民、促进社会和谐的好政策。但我国城镇居民社会养老保险制度刚刚起步,城镇居民社会养老保险制度在各个地区的具体实施中有很大区别,不断出现新情况和新问题。为更深入地了解城镇居民社会养老保险制度的实际发展状况与存在的突出问题,笔者及课题组成员采用问卷调查和深度访谈的方式对石家庄市部分城镇户籍非从业人员就相关问题进行了实地调研。本次调查所设计的问卷主要涉及公众对城镇居民社会养老保险现状的满意度、了解程度、制度发展的现存问题和公众对该项制度发展的期望和建议等方面的问题。在此次调查中,实际发放问卷数量为 130 份,回收问卷 117 份,问卷回收率为 90%。最后通过仔细筛选,选出 100 份有效问卷作为样本数据进行分析。

（一）城镇居民社会养老保险制度的了解程度

通过调查发现:有 62% 的受访者表示"基本了解"城镇居民养老保险制度,知道这项制度是什么;28% 的受访者只是听说过这项制度并不知道具体含义;4% 的受访者根本没听说过这项制度;仅仅有 6% 的受访者十分了解这项制度并且知道它的具体含义是什么。由此可见,政府和媒体对于城镇居民社会养老保险制度的宣传力度还很不够,亟须加强相关的宣传工作。

（二）公众对养老方式的选择意向

对于"您最希望通过哪种方式实现养老?"一题,有 44% 的受访者回答希望通过城乡居民社会养老保险进行养老,这体现出公众对这项制度的期望值是比较高的;40% 的受访者希望通过自我储蓄来进行养老;10% 的受访者希望通过子女赡养来进行养老;只有 6% 的受访者希望通过购买商业保险来进行养老。可见,公众对于这项制度有所希冀,只有博得了公众对制度的认同感,这项制度才能顺利地进行下去,所以在探索实施过程中,应该不断提高制度的待遇水平,尽可能地满足公众的需求。

（三）公众对城镇居民社会养老保险制度的满意程度

受访者中有 48 人表示对现行的城镇居民社会养老保险制度基本满意,这说明其中还存在着些许差强人意的地方;46 人选择了不满意,对这项制度表达出不满之情;选择非常满意的只有 4 人,还有 2 人表示根本不满意。由

此可以看出,多数人集中选择了"基本满意"和"不满意"这两个选项,说明现行城镇居民社会养老保险制度确实还存在着许多亟待解决的问题和一些不令人满意的地方。

(四)城镇居民社会养老保险制度存在的突出问题

针对"现行的城镇居民社会养老保险制度发展过程中存在着哪些问题?",41%的受访者认为相关部门缺乏监督,服务不到位;39%的受访者认为养老保险制度保费偏高而待遇水平偏低;选择这两项的人数占到了总人数的80%,可见政府对这项制度的调控、运行方式是绝大多数人所担心的问题,公众更多地希望政府可以尽快完善这项制度。另外,16%的受访者认为工作人员专业素质还有待提高;其余4%的受访者认为城镇居民社会养老保险制度运行过程中还存在着其他问题,比如城镇居民社会养老保险制度各地区差异大、制度间的转移接续、相关法律法规尚需完善等。

(五)公众对城镇居民社会养老保险制度的期望和建议

有54%的受访者希望养老保险资金管理更加透明;26%的受访者希望制度建设更加完善、制度实施更加有效;12%的受访者希望政府组织相关活动让百姓更清楚了解这些政策;还有8%对相关工作人员的专业素质提出建议,希望加强监督。由此看来,公众对城镇居民社会养老保险制度的期望还是很高的,制度具有一定的群众基础,公众希望政府能够不断建设完善这项制度,使之更好地惠民利民,让百姓满意。

三、城镇居民社会养老保险制度推进过程中的难点问题

前文在阐述城镇居民社会养老保险制度的发展现状和问题时,主要是基于本次问卷调查所搜集的数据进行的分析,而在现行的城镇居民社会养老保险制度中还存在若干难点问题亟待关注。

(一)城镇居民社会养老保险制度的参保激励问题

与其他社会养老保险通常要求强制参保不同,城镇居民社会养老保险实行的是自愿参保方式。在这种情况下,如何才能激励和吸引符合条件的城镇居民参保就成了尤为关键的问题。前文阐述过养老金待遇的领取条件,其中应该引起注意的是不同年龄段的参保激励问题。根据《指导意见》所述,参保者缴费年限满15年,年龄满60周岁即可领取每人每月55元的基础养老金。显然,这就忽略了参保者缴费年限对养老金待遇水平的影响,可

能会造成 16 周岁至 45 周岁人群不愿意提前参保或按时缴纳费用。这样一来,制度"全覆盖"的目标也会受到阻力。

此外,政府补贴数额也成为可能影响城镇居民参保积极性的潜在因素。根据现行规定,如果政府按每人每年 30 元的统一标准发放补贴,就会导致绝大多数参保者倾向于选择较低的缴费档次,即使经济能力较强的参保者也会趋于选择偏低的档次。这样在一定程度上可能使制度设计所设置的十个缴费档次失去了原有的意义和价值。鉴于这种情况,各地在推行城镇居民社会养老保险制度时,应着眼于尽快从"制度全覆盖"走向"人群全覆盖",唯有如此才是真正的全覆盖。[①]

(二)城镇居民社会养老保险制度的因地制宜问题

各地区经济发展不均衡是我国的基本实情,改革开放以来,尤其在实行市场经济后,我国东部、中部、西部地区经济发展十分不平衡,地区性差异日益显现。其中相应的参考指标如产业结构、基本工资、社会保障事业的发展态势各异。城镇居民社会养老保险自 2011 年 7 月实施至今,国内尚无成型的模式可以拿来参考。但从以往其他养老保险实施的经验来看,一些经济欠发达地区基本上生硬照搬国家出台的相关政策或经济发达地区的政策来推行实施,而忽略了本地区的经济发展水平、人口构成、产业结构、当地文化等现实因素。这样推进制度的实施,可能在短期内不会出现严重问题,但不能保证在长期发展过程中仍然适用。

(三)城镇居民社会养老保险基金的保值增值问题

根据我国现行的法律法规,社会养老保险个人账户基金仅可以用于购买国债或银行储蓄。这样,养老保险个人账户基金的保值增值状况就与银行利率、国债利率息息相关,而市场利率是制约国债、银行利率的主要因素。目前,我国 CPI 指数连续高位运行,这势必会影响到市场利率,进而制约养老基金的保值和增值能力。我国 2009 年开始推行的新农保和城镇居民社会养老保险在制度设计上存在许多相似之处。就新农保而言,从 2009 年至今其个人账户基金累计数额已高达 387 亿元,基金累计量逐年攀升。可以预见,未来城镇居民社会养老保险基金的增值保值压力也会日益加大。所以,如何更好地实现该制度基金的保值增值是未来必须着力应对的重要问

---

①　刘军民:《推进城镇居民社会养老保险制度建设的要点与要领》,《社会保障研究》2011 年第 5 期,第 26 - 30 页。

题之一。

（四）城镇居民社会养老保险与其他养老保险的制度衔接问题

城镇居民社会养老保险制度和职工基本养老保险制度、新型农村社会养老保险制度共同构成我国的基本养老保险制度体系。随着我国城乡一体化的发展，不同人群、不同地区间的流动性会与日俱增，这无疑对三者之间如何进行合理衔接和整合提出了挑战，对养老保险制度实施的灵活性提出了更高要求。此外，如何在三者之间进行转移接续一直是历史性难题，这需要在不断推进、整合的过程中探索出解决办法。在制度设计上，城镇居民社会养老保险与新型农村社会养老保险制度基本保持一致，故二者之间转移衔接预留着接口。而日后这二者如何与城镇职工基本养老保险制度进行整合、转移的问题还需进一步探索研究。

四、完善城镇居民社会养老保险制度的对策建议

城镇居民社会养老保险制度是一项利国惠民的好政策，对推进城镇养老保障体系有着深远的影响。制度建设过程中出现的问题不容忽视，本研究在实际调研的基础上结合相关文献资料提出以下建议措施，以期为城镇居民社会养老保险制度的进一步完善发展提供参考。

（一）加大对制度政策的宣传力度，提高城镇居民参保意识

随着社会经济的不断发展，人们的生活节奏也随之加快，城镇居民将大部分时间消耗在工作学习上，对于政府发布的政策措施不能保证及时了解。从前文的调查分析中也可以看出，城镇居民对政策了解程度不足是影响城镇居民参保的重要制约因素。因此，政府和媒体的引导和宣传就显得必不可少。要用公众乐于接受的方式加强制度政策宣传，从而增强城镇居民对政策的认识度和认同感，促使居民自愿参保，形成一种良好的宣传氛围。

（二）完善制度的建设和管理，政策实施应因地制宜

深入贯彻城镇居民社会养老保险制度的基本原则，就要坚持一切从实际出发，根据城镇居民实际情况并结合具体国情省情，使制度设计与相关方面的承受能力相适应。我国各地区经济发展不均衡，导致各地的养老保险制度发展程度更是大不相同。基于属地管理，中央政府应在宏观上给予基本原则和政策上的统筹指导，而地方要做到一切从实际出发，因地制宜。各地方切忌生搬硬套中央或经济较发达地区所推行的养老保险政策，而应在

中央制定的基本框架的指导下,根据当地的经济发展水平、产业结构、人员分层、地区文化等因素切实制定政策,为当地量身制作一套更适合本地区发展的城镇居民社会养老保险体系。同时,政府应提高对经济欠发达地区的缴费补助和基础养老金水平,加强相关制度建设和管理,出台法律法规确保城镇居民社会养老保险制度的可持续发展。

(三)努力确保基金的保值增值能力

未来制度的保险基金必然大量积累,这关系到城镇居民的切身利益,因而城镇居民社会养老保险基金的增值保值迫在眉睫。为此,国家应稳定市场利率和银行利率,稳定物价水平,警惕通货膨胀带来的风险。应提高保险基金投资运营的效率,创新管理机制,开拓出多渠道的投资模式。此外,还可以发行社会保障基金的专项国债,适当调整国债利率,提高基金管理的运营层次,确保基金保值增值。

(四)处理好各养老保险制度间的转换衔接问题

城镇居民社会养老保险制度和新型农村社会养老保险制度在基本框架和模式上趋于一致,这为两项制度的整合提供了有效的衔接口,一旦条件具备就可以建立起城乡统一的社会养老保险制度。制度间在转换、整合时尽量只进行叠加而不进行冲销或扣减。已符合新农保或城镇居民社会养老保险制度养老金待遇的应直接纳入城乡统一的社会养老保险;两制度间缴费年限可以互相转换,未达到缴费时间的参保人员应该继续参保缴费;其养老金待遇水平可以根据实际情况适当调整。针对已经参加了城镇职工养老保险的人员,如果其缴费时间不足 15 年,还不具备领取城镇职工养老保险金的要求,这个阶段可以将其个人账户中的养老基金转移到城乡居民社会养老保险来接续,根据相关规定计发养老金。如果参加城乡居民社会养老保险制度的人员在日后符合了城镇职工养老保险待遇领取条件,也应该允许其城乡养老保险个人账户的资金转移到职工养老保险之中,并且以后按照城镇职工养老保险待遇水平计算和发放基础养老金。

第三节　推动新农保与城镇职工 养老保险的转移接续

新型农村基本养老保险制度与城镇职工基本养老保险制度的转移接续,是提高统筹层次和解决流动人口养老保险待遇公平问题的客观需要。

本节首先重点阐述新农保制度与城镇职工养老保险制度转移接续存在的难点,然后对目前各地的一些实践模式进行简要总结,最后就新型农村基本养老保险制度与城镇职工基本养老保险制度如何转移接续提出具体的设计思路。

一、新农保与城镇职工养老保险制度转移接续的必要性

我国社会保障制度未来的发展趋势是建立统一的、覆盖全民的大一统制度。从长远角度看,城乡统筹中养老保险问题的解决,最好的方法是改革户籍制度。但是要做到这一点,必须要有足够强大的经济实力作保障。目前我国的区域差别较大,财政分税制之下的改革成本巨大,因此户籍改革很难一蹴而就。进而言之,即使户籍改革实现了户籍的统一,也需要解决以前存在的不同养老保险制度的转换问题。因此,要实现社会保障制度的大一统,解决制度碎片化问题,制度整合势在必行,而做好制度间的转移接续工作,将是整合制度的有效方式之一。

目前城市养老保险主要以城镇职工基本养老保险制度为主导。做好新型农村社会养老保险制度与城镇职工基本养老保险制度的转移接续工作,将会促进城乡统筹中养老保险问题的解决,也有助于促进劳动力市场和谐健康的发展。随着城市化进程的不断加快,城乡劳动力流动变得日趋频繁,进城务工的农民越来越多。清华大学教授毛其智在《中国城市发展报告》中指出,2010 年我国流动人口达 2.21 亿人。如果我国人口流动迁移政策没有大的变化,到 2050 年我国流动人口规模可达 3.5 亿人左右。在我国的流动人口中,数量最大的是外出农民工。2010 年,全国农民工总量为 2.42 亿人,其中外出农民工数量为 1.53 亿人。在农民工中,16～30 岁的新生代农民工总数在 1 亿人左右,大多数人不再"亦工亦农",就业主要集中在制造业,在我国经济社会发展中日益发挥主力军的作用。在流动过程中农村居民会经常转化身份,但目前我国城乡实行不同的养老保障制度,即当农民在城镇企业就业时,实行城镇职工(或农民工)基本养老保险制度;当农民在农村务农时,实行新型农村社会养老保险制度,因此劳动者的社会保险关系在流动过程中也要随之转移。

2006 年国务院出台了《国务院关于解决农民工问题的若干意见》,各地纷纷开始为农民工参保。但由于农民工流动性较强,社会保障制度统筹层

次低,转移接续难,退保现象严重。2009年12月人力资源和社会保障部又出台了《城镇企业职工基本养老保险关系转移接续暂行办法》,以期解决这个问题。《办法》规定了农民工可以在城镇与城镇间进行转移接续且农民工不得退保。这些政策措施为农民工权益的保护奠定了基础,解决了农民工在城镇之间流动时养老保险转移接续的问题。但《办法》并未规定城镇职工基本养老保险制度与新型农村基本养老保险制度之间如何衔接。由于城乡户籍制度所限,城乡实行的这两种养老保障制度在诸多方面都存在不同,因而制度转移接续较难。这直接致使农民工群体在社会保障权上与城镇居民不平等,同时也是农民工参保率不高的原因之一。如何实现这两种制度间的转移接续关乎着农民工养老权益的实现,也关乎着城乡基本养老保险制度的统筹协调发展。只有真正实现城镇职工基本养老保险制度与新型农村基本养老保险制度的转移接续,才能全面解决流动人员的养老保险问题。

二、两种制度转移接续难点分析

由于农村与城市的物价、居民收入均不同,同时考虑到城市反哺农村政策,使得新型农村基本养老保险制度具有较强的普惠性,这与城镇职工基本养老保险制度的强激励机制无形中形成抵触。具体来说,目前城镇职工基本养老保险制度与新型农村基本养老保险制度转移接续的难点主要体现在以下六个方面。

（一）责任分担结构不同

新型农村基本养老保险制度的责任主体为个人、集体和国家,但考虑到我国很多地区尤其是中西部地区集体经济实力有限的现状,新型农村基本养老保险责任主体主要是国家和参保者个人。城镇职工基本养老保险制度责任主体为国家、企业和个人,企业和个人的责任主要体现在为参保者缴纳养老保险费方面,国家的责任主要体现在做实城镇职工基本养老保险个人账户、提供财政支持等方面。新型农村基本养老保险制度与城镇职工基本养老保险制度责任分担结构有差异,这为城乡社会养老保险关系的转移接续设置了障碍。

（二）统筹部分出资方不同

城镇职工基本养老保险制度的统筹部分由企业缴费和财政补助积累而成。而新型农村基本养老保险制度的统筹部分,中西部地区全部由中央财政负担;东部地区由中央财政负担 50%,其余部分由地方财政负担。

责任分担结构与统筹部分出资方不同,直接造成国家的身份界定模糊,政府在新型农村基本养老保险制度中既是缴费人又是支付人,这与城镇企业职工基本养老保险有很大区别。由于统筹部分的出资主体不同,造成的一个现实问题是:如果两种制度转换,农民基础养老金的资金是由财政继续承担还是由当地城镇统筹账户出资,没有明确规定。若由财政承担,那么"国家新型农村基本养老保险"就没有得到实质性的转化;若由当地城镇统筹账户出资,必然会侵犯城市参保人口养老基金部分利益。

(三)个人账户资金产权的非私有性

新型农村基本养老保险制度中参保农村居民的个人账户由个人缴费和地方财政补贴组成。《指导意见》中指出参保人死亡,除政府补贴资金外,个人账户中的资金余额可依法继承。即参保农村居民个人账户中地方财政补贴的部分在某种程度上仍然属于政府所有。这个规定违背了个人账户资产产权的私有性特征。个人账户资金产权的非私有性,直接导致新型农村基本养老保险个人账户与城镇企业职工基本养老保险个人账户对接程序较为繁琐。

(四)缴费标准不同

城镇职工基本养老保险制度中,企业每月按照企业工资总额的 20%缴费(2009 年《农民工参加基本养老保险办法》征询意见中规定:对于农民工,用人单位缴费比例为工资总额的 12%),个人每月按上年度月平均工资的8%缴费(2009 年《农民工参加基本养老保险办法》征询意见中规定:对于农民工,个人缴费比例为 4%~8%)。新型农村基本养老保险制度实行个人缴费、集体补助、政府补贴的原则,参保居民每年按 100 元、200 元、300 元、400元、500 元分 5 个档次缴费。城镇企业职工基本养老保险的缴费标准较高,具有强制性,积累额较高;新型农村基本养老保险的缴费形式灵活但缴费标准偏低,且为自愿性,积累额远低于城镇企业职工基本养老保险。

(五)年限计算不同

对于参加城镇职工基本养老保险制度的职工缴费年限累计满 15 年的,退休后按月发给基本养老金。对于新型农村基本养老保险制度,新农保实施时年满 60 周岁、未享受城镇职工基本养老保险待遇的农村有户籍的老年人,可以按月领取养老金,但其符合参保条件的子女应当参保缴费;距领取年龄不满 15 年的,应按年缴费,也允许补缴,累计缴费年限不超过 15 年;距领取年龄超过 15 年的应按年缴费,累计缴费不少于 15 年。可以看出,城镇企业职工基本养老保险的规定严格明确,而新型农村基本养老保险较为宽泛。这为制度间转移接续的精算问题带来了一定难度。

(六)基础养老金计算方法不同

两种制度的养老金待遇均由基础养老金和个人账户养老金组成。但两种制度下的养老金计算方法不同,这种不同主要体现在基础养老金部分。新型农村基本养老保险基础养老金 55 元由国家财政全部承担,与农民缴费多少和缴费时间长短关联不大;城镇企业职工的基础养老金月标准以当地上年度在岗职工月平均工资和本人指数化月平均缴费工资的平均值为基数,按"多缴多得,长缴多得"的原则设计。而且,由于城镇职工基本养老保险实行按月缴费,积累额较高,新农保实行按年缴费,积累额较低,所以,城镇职工基本养老金待遇比新农保高。这就使得两种制度的转移接续存在养老金待遇的比较利益问题。[1]

三、两种制度转移接续的实践模式

对于制度间的转移接续方法,已有经济实力较强的地方通过实践探索形成了一些具有特色的地方模式。有的地方通过建立适应本地特点的新农保,实现了与城保的无缝对接,如南京模式。有的地方在新农保的基础上建立了城乡居民养老保险,对城乡居民养老保险与城保如何转移接续做出了规定,如北京模式。这些模式,从实践上为解决城镇职工基本养老保险制度与新型农村基本养老保险制度转移接续问题提供了很好的借鉴,有助于实现养老保险的城乡统筹。

(一)北京模式

北京模式在制度上实现了城乡衔接。这主要体现在新农保与城镇基本养老保险、农民工养老保险的衔接:允许将参加农保的缴费和年限折算为城保的缴费与年限,打通了城乡保障体系衔接的通道;针对农民工参加城保不符合按月领取条件的,允许农民工将个人账户资金转入农保,享受农保待遇,在一定程度上维护了农民工的合法利益。

---

[1] 苏海:《关于新农保与城保转移接续方法的思考》,《石家庄经济学院学报》2010年第 6 期,第 101 - 103 页。

2009 年出台的《北京市城乡居民养老保险办法实施细则》第九项对养老保险制度的衔接做了详细规定,其主要内容如下。

一是,对已参加新农保还未达到领取年龄的人员,应该参加城乡居民养老保险并继续缴费,其新农保个人账户资金并入城乡居民养老保险个人账户,新农保缴费年限计为城乡居民养老保险缴费年限。

二是,对于在城乡居民养老保险和城镇基本养老保险都有缴费记录的人员,达到退休年龄时,分如下情况处理:

(1) 若符合基本养老保险按月领取条件的,则应领取基本养老金,同时根据以前年度城乡居民养老保险缴费(农村养老保险缴费)折算基本养老保险缴费年限;[①]

(2) 若不符合基本养老保险按月领取条件的,经批准,可将其按城镇基本养老保险规定计发的待遇转入其户口所在地的城乡居民养老保险个人账户。

折算的城乡居民缴费年限等于基本养老保险每满一年的缴费年限,并按以下规定计发城乡居民养老保险待遇。

达到城乡居民养老保险领取年龄,符合城乡居民养老保险按月领取养老保险待遇规定的人员,在达到城乡居民养老保险领取年龄 6 个月内,将按照基本养老保险规定计发的待遇转入户籍所在区县经办机构的,从达到领取年龄的次月享受城乡居民养老保险待遇;超过领取年龄 6 个月以上,将按照基本养老保险规定计发的养老待遇转入区县经办机构的次月起享受城乡居民养老保险待遇。

不符合城乡居民养老保险按月领取养老保险待遇规定的人员,可以延期缴费,最长延期缴费 5 年,在延长缴费期内达到规定缴费年限的,在达到规定当年生日的次月计发城乡居民养老保险待遇;延长缴费 5 年累计缴费年限仍不符合规定的,按照不低于上一年度最低缴费标准,一次性补足差额年限保险费后,计发城乡居民养老保险待遇。

三是,同一年度在城乡居民养老保险和基本养老保险都有缴费的,折算年限时不累计计算缴费年限。

(二)苏州模式

苏州模式,采取一个社会保险体系的两种社会养老办法,即将农村企业

[①] 此处省略了折算的城保缴费年限公式。

及其从业人员纳入城镇企业职工社会保险范畴,在实施步骤上采取分步过渡、逐步并轨的办法;对以从事农业生产为主的该市户籍农村劳动力建立农村基本养老保险制度,确立了务农人员作为新农保的参保主体。2004 年《苏州市农村和城镇基本养老保险关系转移接续办法》解决了农保向城保转移过程中的接续问题,其主要规定如下。

1. 由农保转移到城保时,操作如下。

(1) 农保经办机构负责将其农保各年的缴费金额,统一按所对应的历年城保缴费工资下限以及单位和个人的合计缴费比例,换算为城保的缴费年限。

令各年城保换算年限为 N,则

$$N = \sum \frac{A_n}{B_n}$$

其中, A_n = 各年农保缴费金额; B_n = (对应年度城保最低缴费基数)×(对应年度单位和个人合计缴费比例)。

在资金转移上,要将各年农保缴费金额全额划入接收地城保基金。

(2) 城保经办机构应根据城保有关规定和农保经办机构出具的清单,为转移职工建立缴费记录、记载缴费年限、推算个人账户。城保缴费年限的记载应将各年的换算年限分别记入农保缴费对应的年度,各年的城保缴费月份以每个对应年度的起始月为基准点向后推移的办法予以确定记载,月数实行见尾进月。1996 年后个人账户的推算公式为:各年个人账户储存额=(对应年度城保最低缴费基数)×(当年的换算缴费年限)×(个人账户记账比例)。职工到达法定退休年龄时,缴费年限不足城保按月领取养老金条件的,如按城保规定补缴其换算的城保年限与原农保缴费年限之差的基本养老保险费后,符合城保按月领取养老金条件的,经批准,可办理补缴手续后享受城镇企业职工养老保险待遇。

2. 参加城保后因各种原因中断缴费的,其城保缴费记录和个人账户储存额予以封存。同时,经本人申请,农保经办机构核准后可参加农保。在参加农保期间到达退休年龄时,原则上应按农村基本养老保险规定计发养老待遇。同时,对其封存的城保缴费年限和个人账户储存额(含原从农保换算部分),参照一次性养老金计发办法处理,并终止其城镇企业职工养老保险关系。

如本人申请，要求按城镇企业职工办法计发养老待遇的，由农保经办机构按上述第 1 项的办法进行换算。换算后符合城保按月领取养老金条件，或换算并按城保规定补缴其换算的城保年限与原农保缴费年限之差的基本养老保险费后符合按月领取养老金条件的，应按上述第 1 项第(1)点办法将农保经办机构换算的缴费年限及其在其他地区参加城保的缴费情况，转至农保关系所在地的城保经办机构，由城保经办机构按本办法上述第 1 项第(2)点的规定办理。

3. 同一人员不得同时参加农保和城保，也不得同时享受按月领取的待遇。

（三）无锡模式

无锡模式的特点是对农保与城保进行了双向转移接续，并且在新农保转为城居后，城居转为城保可以有两种选择(折算缴费年限或者补齐差额)；对一些城乡融合较快、就业和社保制度已实现城乡一体化的地区，推行城保为主的道路。

1. 2004 年《无锡市农民基本养老保险与企业职工基本养老保险、被征地农民基本生活保障、原农村社会养老保险转换衔接办法》的主要规定

(1) 城保转新农保

对于参加城保的人员因职业变动从事农业生产的，可保留城保关系并继续缴费；或者经本人申请、户籍所在地村、镇同意并经当地社会保险经办机构批准后，转为参加新农保，终止城保关系，个人账户随同转移。

折算的新农保缴费年限

$$N = 2n_1 + \sum \frac{A_{n2}}{B_{n2}}$$

其中，$n_1 = 1991$ 年年底前的城保缴费年限；$A_{n2} = 1992$ 年 1 月 1 日后的历年城保缴费基数；$B_{n2} = $ 对应年度当地农民人均纯收入。

(2) 农保转城保

对于参加新农保的人员因职业变动需要被纳入城保范围时，应转入城保，并终止新农保关系，个人账户随同转移。

折算的城保缴费年限

$$N = \sum \frac{A_n}{B_n}$$

其中,A_n = 新农保历年缴费基数;B_n = 对应年度城保缴费基准数。

由原农保转入新农保、再转入城保时,原农保缴费时间按原农保历年缴费本金之和除以当地城保缴费比例(单位和个人缴费比例之和)、再除以自缴费之年起至转入新农保止当地城保缴费基准数的平均数,折算为城保缴费年限,并与新农保折算的城保缴费年限合并计算。

2. 2010年《无锡市居民养老保险暂行办法实施细则》的主要规定

(1) 对已参加农民基本养老保险(以下简称新农保)且未领取养老待遇的人员,从《办法》施行之日起,转为参加居民养老保险,其新农保个人账户全部储存额转入居民养老保险个人账户,同时终止新农保关系。新农保缴费年限计算为居民养老保险缴费年限。居民养老保险待遇包括基础养老金和个人账户养老金,个人账户养老金标准为原新农保个人账户养老金标准。

(2) 参加城保人员达到退休年龄时,如不符合按月领取城保待遇条件时,经申请批准,可将一次性城保待遇转入居民养老保险个人账户。

折算的居民养老保险缴费年限

$$N = \sum \frac{A}{B}$$

其中,A = 一次性城保待遇;B = 转入当年居民养老保险年平均缴费额。

(3) 居民养老保险个人账户的储存额转入企业职工基本养老保险时,可由本人选择折算缴费年限或补齐基本养老保险差额。

第一,关于折算缴费年限。自转入之月起,按照企业职工基本养老保险缴费标准,将居民养老保险个人账户储存额向前折算成基本养老保险缴费年限和个人账户。对应的企业职工基本养老保险缴费标准为:以市区历年职工平均工资为基数、以20%为比例,计算本金;按历年基本养老保险利率计算利息。折算的缴费年限起始时间早于1996年1月1日的,超出部分的居民养老保险个人账户储存额不再折算,由市社保中心退还本人。折算后的企业职工基本养老保险个人账户按照折算年限内市区职工平均工资乘以规定的个人账户记账比例,加上按基本养老保险利率计算的利息。

第二,关于补齐基本养老保险差额。按上项企业职工基本养老保险缴费标准,计算居民养老保险缴费年份(不含补缴年限)的基本养老保险缴费额,以居民养老保险个人账户储存额抵冲基本养老保险缴费额并补足差额后,其居民养老保险缴费年份(不含补缴年限)可以计算为基本养老保险缴费年限,且两者交叉的年限不能重复计算。

(四)南京模式

2008年出台的《南京市新型农村社会养老保险办法》为养老保险城乡统筹确定了"可衔接"的道路。城乡统筹的养老保险的建立基础在于未来城乡之间养老保险的无缝衔接,要做到这一点就应该从农村实情和农民特点出发,做到个人缴费与政府补贴相结合,加大政府投入力度,以较低的缴费标准合理确定养老金计发办法。

《南京市新型农村社会养老保险办法》第31条规定:新型农村社会养老保险参保人员参加企保的,保险关系可按以下规定转接。第一,可将个人账户储存额转入企保,按南京市企保相应结算年度基准缴费基数计算的个人账户记账本息,从本人企保参保之月起向前折算企保缴费年限。将新型农村社会养老保险个人账户储存额转入企保个人账户后,终止新型农村社会养老保险关系。第二,到达法定退休年龄,符合企保按月领取养老金条件的,其新型农村社会养老保险个人账户储存额由经办机构一次性退还本人,终止新型农村社会养老保险关系。第三,到达法定退休年龄,不符合企保按月领取养老金条件的,可将企保个人账户储存额转入新型农村社会养老保险个人账户,企保缴费年限视同新型农村社会养老保险缴费年限,按新型农村社会养老保险待遇计发办法执行。

(五)天津模式

天津市委、市政府于2009年5月出台了《天津市城乡居民基本养老保障规定》。其重点解决了两个问题:一是对60岁以上的城乡老年人,按照60岁、70岁、80岁的年龄段,分别给予每月60元、70元、80元的生活补助;二是按照自愿选择比例的原则,对城乡居民实行个人账户和基础养老金相结合的参保模式,基础养老金每人每月150元。这一重大突破性的政策和措施不仅彻底实现了城乡居民多年的愿望,给百姓带来了更多实惠,而且标准统一,基本实现了养老保险的城乡一体化。在养老保险关系转移接续方面,其具体规定如下。

1. 缴费年限的相互折算

(1)城乡居民、农籍职工基本养老保险缴费年限折算为城镇企业职工基本养老保险缴费年限。

折算的缴费年限

$$N = \sum \frac{A_n}{B_n}$$

其中，A_n = 各年城乡居民基本养老保险或农籍职工基本养老保险缴费额；B_n = 对应年度城镇企业职工基本养老保险灵活就业人员的最低缴费标准。

同时，第22条规定，对于城乡居民、农籍职工基本养老保险缴费年限折算为城镇企业职工基本养老保险缴费年限并享受城镇企业职工基本养老保险待遇的，以折算年度的城镇企业职工基本养老保险灵活就业人员的最低缴费标准作为计算其折算年度平均工资指数的依据。

（2）城镇企业职工基本养老保险缴费年限折算为城乡居民、农籍职工基本养老保险缴费年限。

折算的缴费年限

$$N = \sum \frac{A_n}{B}$$

A_n = 各年城镇企业职工基本养老保险全部个人缴费与企业缴费50%之和；B = 申请领取养老金当年城乡居民基本养老保险最低缴费额或农籍职工基本养老保险缴费额。

（3）城乡居民基本养老保险缴费年限折算为农籍职工基本养老保险缴费年限时，城乡居民基本养老保险缴费年限与农籍职工基本养老保险缴费年限可相互视同。

2. 资金的相互转移

第一，城镇企业职工基本养老保险折算缴费年限满15年的，应享受城镇企业职工基本养老保险待遇，可将其城乡居民或农籍职工基本养老保险个人账户储存额的40%转入城镇企业职工基本养老保险个人账户，其余的60%转入城镇企业职工基本养老保险统筹基金。

第二，城镇企业职工基本养老保险折算缴费年限不满15年的，如本人申请享受农籍职工基本养老保险待遇，将其城镇企业职工基本养老保险全部个人缴费与企业缴费50%之和，以及其城乡居民基本养老保险个人账户储存额，一次性转入其农籍职工基本养老保险个人账户。

第三，城镇企业职工基本养老保险折算缴费年限不满15年的，如本人申请享受城乡居民基本养老保险待遇,将其城镇企业职工基本养老保险全部个人缴费与企业缴费50%之和,以及其农籍职工基本养老保险个人账户储存额,一次性转入城乡居民基本养老保险个人账户。

(六)小结

北京模式的特点是将新农保等同并转化为城乡居民社会养老保险后,再与城镇职工基本养老保险制度进行衔接。但由城保转换为城乡居民社会养老保险时,基本养老保险每满一年的缴费年限视同城乡居民养老保险一年的缴费年限,而城乡居民养老金待遇水平低于城保,这显然不利于保护城保参保人的养老权益。而且其对城乡居民养老保险个人账户资金如何计入基本养老保险的个人账户和统筹基金缺乏明确规定。

无锡模式的特点是对农保与城保进行了双向转移接续,并且在新农保转为城居后,城居转为城保可以有两种选择(折算缴费年限或者补齐差额),这为参保人提供了较大的选择空间。但"1991年年底前的城保缴费年限,按每1年折算为2年新农保缴费年限"缺乏充分的计算依据,不利于保护城保参保人的养老权益,新规定中将"转入当年居民养老保险年平均缴费额"作为折算缴费年限的基础,也同样不利于保护城保参保人的养老权益。

南京模式最大的特点是,将新农保与城保的接续情况按照是否到达法定退休年龄为基础进行转移接续。但新农保转移为城保时,对于缴费年限和基金转移如何确定,缺乏确定具体的规定。另外,城保转移为新农保时,"企保缴费年限视同新型农村社会养老保险缴费年限"显然也不利于保护城保参保人的养老权益。

苏州模式的特点是在转移接续中,对历年的缴费情况分别按照历年的标准折算,最后加总。但其只规定了农保如何转移至城保,对城保如何转移至农保,缺乏明确规定。

天津模式对折算的具体方法做了细致具体的规定,但在资金量的转移方面缺乏具体精算依据,并且对重复参保问题欠明确规定。

从各地不同的模式中我们可以看出,由于各地的模式是结合本地特点形成的,所以各模式之间存在很大的不同。比如,针对的对象、年限折算等一些具体规定存在明显的差异。但是,我们可以从中借鉴一些比较成熟的做法,并从共性中概括出大致的思路:在实施步骤上采取分步过渡、逐步并轨的方法,科学地对城乡居民基本养老保险缴费年限进行折算,合理地针对不同身份的农民采取不同的接续方法,从而使转移接续方便且不损害原有累计权益。

四、两种制度转移接续具体设计思路

上述模式为新农保与城保的转移接续提供了具体操作经验,但对于新农保与城保转移接续工作的具体设计思路,在理论上并未形成较为成熟的思路。关于新农保与城保的转移接续问题,学界的理论研究并不多。其中,陈敏、崔晓等从理论上提出的城乡间社会养老保险制度的合理衔接具有典型意义,其具体内容如下。其一,新农保与农民工在城里享有的各种养老保险之间的衔接。农民把城保转为新农保时,除将个人账户中的全部资金转入新农保的个人账户外,还应把企业为农民工所缴部分资金一并转入新农保中,剩余资金可返还给农民工,不足的部分由农民工补足。其二,城保与新农保的衔接。在农民转为城镇户口享受城镇社会养老保险时,应将新农保中的全部资金一次性转为城镇职工社会养老保险。若不够,可进行补缴;若出现盈余,则对个人账户中超出的部分予以退还,国家补助和集体补助则不予退还。在账户管理方面,新农保的个人账户中包含了农民个人缴纳和村集体缴纳两部分,可以按照比例转化为城保中的个人缴费和单位缴费。[①]上述思路基本上可取,但仍有不足之处:在城保转新农保时,没有充分考虑到新农保与城保在统筹出资、责任分担等方面的不同;在城保转新农保时,没有科学合理地细分企业缴费部分在向新农保转移接续时的折算比例;两种制度间如何转换,并未做详细的规定。

解决新农保与城保的转移接续问题,应在制度转移接续的原则指导下,充分考虑缴费年限的折算问题,以及账户资金的转移问题。展望未来,该思路既能适应时代发展的要求,同时也能为社会保险制度的大一统作出贡献。

(一)关于制度转移接续的原则

其一,新农保与城保转移接续应遵循公平原则。在两种制度间进行转移接续,既不能损害新农保参保者的利益,也不能损害城保参保者的利益。在转移接续过程中,必须坚持和贯彻好公平原则,公平公正地对待不同的参保者。其二,新农保与城保转移接续应遵循简便原则。不同制度的转移接

---

① 陈敏、崔晓:《城乡统筹视角下的我国农村社会养老保险研究》,《哈尔滨商业大学学报》(社会科学版)2011年第1期,第10-11页。

续设计,是一个严密复杂的过程,但操作过程一定要坚持简便原则。这样既有利于基层工作人员操作,同时也方便参保人轻松转移接续。因此,简便原则对转移接续工作十分重要。其三,新农保与城保转移接续应遵循保护参保人利益的原则。制度转移接续设计的目的是为了方便参保人灵活就业,充分保障参保人的合法利益。在转移接续中,要坚持保障参保人的权益不受损,以充分保障参保人的合法权益。

(二)关于缴费年限的折算

制度的转化必然造成转制成本,显然由财政全部承担或由城镇统筹账户全部出资都不是最可取的方法,建议采用折中的方式由财政与城镇统筹账户合理分担比例。合理分担应考虑三种情况:要规定什么情况下能由财政全部负担,什么情况下应全部由城镇统筹账户出资,什么情况下两者以何种比例合理分担。制度的转移接续必须明确新农保制度中参保人个人账户部分的产权私有化,尤其是新农保个人账户中的政府补贴部分应可以依法继承。结合上述难点以及参考各地模式的优点,具体的转移接续工作设计如下。

由于两种制度的缴费标准与统筹部分的出资方不同,所以必须折算两种制度的缴费年限。从严格意义上讲,新农保制度的统筹部分由财政负担,对于参保人而言,体现不出互济性,相当于没有统筹账户。而且,基础养老金由国家根据经济发展和物价变动等情况适时调整,其在相对稳定的时期内是一个固定不变的值,与参保人的缴费年限没有直接关系。但在具体的转移接续中,城镇职工基本养老保险制度的基础养老金部分与缴费年限密切相关。因此,只有对两种制度的缴费年限进行合理换算,才能进行转移接续。申请领取基本养老金时,新型农村基本养老保险与城镇企业职工基本养老保险缴费年限,可按以下方法折算。

1. 由新农保转接到城保时,折算缴费年限有两种思路:一是通过公式具体计算折算年限;二是补足差额后,两者缴费年限等同。

(1)新农保经办机构负责将新农保各年的缴费金额,统一按所对应的年度城镇最低工资标准以及单位和个人的合计缴费比例,换算为城保的缴费年限。考虑到新农保缴费金额较低,在年限折算中采用城镇最低工资标准作为基数,可以合理兼顾两种制度的特性,同时确保资金价值在转移接续中保持稳定。

计算公式为:各年城保换算年限

$$N = \sum \frac{A_n}{B_n}$$

其中，A_n = 各年新农保缴费金额；B_n =（对应年度城镇最低工资标准）×（对应年度单位和个人合计缴费比例）。

新农保经办机构应将转移职工确定的各年的新农保缴费金额和换算的城保缴费年限打印出清单送城保经办机构，并终止新农保关系。

（2）除了可以选择折算缴费年限外，还可选择补齐基本养老保险差额。即按企业职工基本养老保险缴费标准，计算新型农村基本养老保险缴费年份(不含补缴年限)的基本养老保险缴费额，以新型农村基本养老保险个人账户储存额抵冲基本养老保险缴费额并补足差额后，其新型农村基本养老保险缴费年份(不含补缴年限)可以计算为基本养老保险缴费年限，两者交叉的年限不能重复计算。

2. 由城保转接到新农保时，折算方法应主要考虑下列因素。新农保制度中包括集体补助、政府补贴部分，因此城保转农保时企业缴费部分只转50%，这样就保证了城乡资金的局部均衡。对于分母部分，新农保有多个缴费档次，应选择全部缴费档次的平均数，而非最高缴费档次或最低缴费档次。这主要是因为选择全部缴费档次的平均数对大部分群众而言比较实际，过高有损转移接续者利益，过低则有损新农保参加者利益；同时城保对于新农保而言，积累额较高，分母过低会导致新农保给付困难。

综上，具体计算公式为：折算的缴费年限

$$N = \sum \frac{A_n}{B_n}$$

A_n = 各年城镇企业职工基本养老保险全部个人缴费与企业缴费50%之和；B_n = 对应各年新型农村社会养老保险全部缴费档次的平均数。

新型农村基本养老保险缴费年限与城镇企业职工基本养老保险缴费年限相互折算时，折算的缴费年限按满"年月"计算，不足一个月的天数不计入。

3. 关于重复参保的缴费年限折算问题

由于我国社会养老保险制度实行部分积累制，其社会统筹部分(基础养老金)体现了较强的共济思想。若同一参保人同时参加两种(或两份)养老保险，将来领取两种(或两份)养老金，或者能将其中一种(或一份)养老制度的缴费折算为另一种(或一份)养老制度的缴费年限,实质上就会让此参保人比一般参保人额外多享受了社会共济资源。因此,当参保人在新农保和城保中重复参保缴费时,为体现社保制度的公平原则,其两方面的缴费年限不应相互折算,并且在其达到退休年龄时,应只能按其中一方面的标准领取养老金。

若同时满足城保与新农保领取条件,为保护参保人权益,则按照城保的待遇领取养老金,同时将其新农保个人账户资金累计额一次性返还给参保者;若不满足城保领取条件,而满足新农保领取条件,则按新农保规定领取养老金,同时将其城保中由个人缴费形成的个人账户累计额一次性返还给参保人;若不满足新农保领取条件,而满足城保领取条件,则按城保规定领取养老金,同时将其新农保中个人缴费累计额一次性返还给参保人。

若参保人既不满足城保领取条件又不满足新农保领取条件,应视具体情况而定。若参保人距离新农保的待遇领取年限相差较小,则应选择新农保,并一次性补缴齐差额,同时将其城保中个人账户累计额一次性返还给参保人。参保人也可用城保累计返还资金冲抵新农保差额。若参保人距离城保的待遇领取年限相差较小,应选择城保,并一次性补缴齐差额,同时将其新农保中个人缴费累计额一次性返还给参保人。参保人也可用新农保累计返还资金冲抵城保差额。

(三)关于账户资金的转移

由新型农村基本养老保险转到城镇企业职工基本养老保险时,由于新农保制度账户只能转移个人账户的资金,所以不涉及统筹部分转移。城镇企业职工基本养老保险折算缴费年限满 15 年的,应享受城镇企业职工基本养老保险待遇,可将其新型农村基本养老保险个人账户储存额的 40% 转入城镇企业职工基本养老保险个人账户,剩余 60% 转入城镇企业职工基本养老保险统筹基金。之所以要将新型农村基本养老保险制度个人账户的资金拆分为两部分,60% 转移到城镇职工基本养老保险制度统筹账户,是因为城镇职工基本养老保险制度的基础养老金在支付结构中所占比例较大。若不满 15 年,考虑到新农保制度下个人账户所缴交的金额较少,积累额较少,个人账户部分可进行全部转移不再进行年限区分。

由城镇企业职工基本养老保险转到新型农村基本养老保险时,城镇企业职工基本养老保险折算缴费年限不满 15 年的,如本人申请享受新型农村基本养老保险待遇,将其城镇企业职工基本养老保险全部个人缴费与企业缴费 50％之和,一次性转入其新型农村基本养老保险个人账户。这里,将企业缴费的 50％转移到新型农村基本养老保险制度个人账户,主要是出于以下几点考虑。一是,从公平性角度看,对于参加城镇职工基本养老保险制度的农民工而言,企业所缴部分进入统筹账户,而新型农村基本养老保险制度没有统筹账户,如果只转移个人账户部分,参保人的实质权益必然受损。如果企业所缴交部分全部转移到新型农村基本养老保险制度个人账户,则必然损害到城镇参保职工的养老权益。企业缴费的 50％与新农保每月 55 元的国家补助,两者加起来实质上是一种平衡。二是,从替代率角度看,55 元的基础养老金待遇水平远远低于城镇职工基本养老保险的基础养老金替代率(不低于 20％)。转移企业缴费的 50％体现了城镇职工基本养老保险制度统筹账户对新农保制度统筹部分的一种补偿。三是,转移部分统筹资金能够缓解新型农村基本养老保险制度资金给付不足的情况,起到平衡资金的作用。农民工在城镇流动就业参保缴费达到国家法定退休年龄,累计缴费年限满 15 年或以上的,由城镇企业职工基本养老保险统一进行支付。

展望未来,我国将逐步缩小城乡二元差距,并通过逐步废除户籍制度等方式方法,最终实现各项社会制度的城乡统筹,这其中也包括养老保险制度。伴随着城镇化的发展趋势,农村人口会越来越少,再经历一段时间,我国城乡差距将逐步缩小。因此新农保会逐步过渡为城乡居民养老保险,城乡居民养老保险将把城市与农村融为一体,不进行具体户籍区分。城乡居民养老保险的缴费、待遇模式可以综合参考北京模式与天津模式。当建立起城乡居民养老保险时,应充分考虑与新农保平滑衔接,新农保的缴费年限与个人账户应视同城乡居民养老保险的缴费年限与个人账户。这样就可以使新老制度在转移接续中相对保持稳定,进而有利于城乡居民养老保险的长远建设与发展。

第四节　明确政府在公共养老金
制度中的职能定位

公共养老金制度是指由国家直接立法建立,并在财政上给予最终支持和担保的养老保险,是国家从法律和财政层面上对公民社会权利的一种确立和保障。新型农村养老保险制度、城镇居民养老保险制度和城镇职工养老保险制度是我国公共养老金制度体系的重要组成部分。政府职能是指政府在干预养老保险制度过程中所体现出来的职责范围及其作用,是养老保险制度中政府行为方向与实质的体现。① 政府养老保障职能的定位受本国政治、经济情况及国际性组织因素的影响。发达国家在公共养老金制度建设方面,通过明晰政府制度设计责任、经济与财政支持、制度实施与管理监督等职能边界,促进制度的稳定与健康发展。借鉴国外有益经验,我国政府应在转变职能的改革契机中根据国情厘清自身养老责任边界,通过加强公共养老金制度的顶层设计、建立并实施持续有效的法规和监管安排、发展多层次的养老保障体系等优化措施,在养老保障职能的重构中促进国家能力建设,从而为城乡居民养老保障的统筹协调发展提供有力支撑。

一、公共养老金制度中政府职能定位的一般规律

在现代社会,为国民提供风险保障服务、免除老百姓基本生存的后顾之忧是政府的基本职责。由政府直接举办的公共养老金制度已同安全保障一起成为一国政治的两大重要领域。信赖与安心的养老金制度已关系到国民究竟在多大程度上可以相信政治家与政府的问题。② 21 世纪以来,世界上大多数国家和地区的公共养老金制度都面临着财务危机问题。于是,各国纷纷进行制度层面的改革,重构政府在公共养老金制度中的职能定位。近年来,我国政府积极推进政府职能转变,逐步强化政府在养老保障领域的相关职能。2014 年《政府工作报告》着重指出,政府要坚持建机制、补短板、兜底线,把扩大养老保障制度覆盖面和提高养老金待遇水平作为重要工作。实现更好的养老金治理的先决条件在于政府管理。特别是在我国目前养老金财务压力持续加大且退休金成为绝大多数老年人的唯一收入来源的条件下,分析国外典型福利国家的政府养老保障职能进而归纳出其定位与责任边界规律,对于促进我国政府职能转变、明确公共养老金制度中的政府责任和提高国家建设能力具有重要的理论和实践意义。发达国家对政府养老保障职能的定位各有不同,其改革方向也大相径庭,但仍可从中寻找到一些共有的规律。

（一）与本国的政治传统、阶层力量紧密相关

公共养老金制度中政府的介入程度受一国政治制度、国家意志和阶层

---

① 段家喜:《养老保险制度中的政府行为》,北京:社会科学文献出版社,2007 年,第40 页。

② [日]高山宪之:《信赖与安心的养老金改革》,上海:上海人民出版社,2012 年,第107 页。

主导力量等因素影响,因而各国养老保障职能也就相应地有所区别。埃斯平·安德森①认为影响福利国家体制形成的是植根于国家中的阶级联盟、政治传统和工人阶层力量的强弱,越强调市场经济的国家,其国家养老责任也就越低。如美国和加拿大由于自由主义的霸权地位决定了其政府介入水平较低;德国俾斯麦时期的国家本位主义思想导致政府在养老保障职能中起主导作用;而社会民主主义在政治上占优的丹麦、挪威、瑞典等国,由于其自由主义模式已被破坏,政府介入养老保险制度的水平最高。

(二)受本国社会经济状况的影响

受 20 世纪 30 年代经济危机和 70 年代滞胀危机的影响,西方社会形成了三种不同的政府干预方式的理论学说,与之相对应的政府养老责任也有大小之分。政府干预主义是作为弥补市场缺陷的一种重要手段登上历史舞台的,包括德国新历史学派、福利经济学派、瑞典学派等强调政府应在养老方面起主导作用,其职能主要包括立法、制度设计、经济和财政支持、组织管理责任等。② 之后,西方经济受到滞胀的影响而自由主义再度兴起,其理论认为政府责任仅限于提供最基本的福利。而后来的"第三条道路"则试图弥补完善和整合前两种政府干预手段,以实现社会公正。

(三)受国际组织的影响逐渐加深

近年来,世界各国的养老金制度设计越来越多地受到国际机构政策导向的影响。国际劳工组织和世界银行均积极倡导政府合理干预养老金制度。2012 年 6 月国际劳工大会通过的《关于国家保护底线的建议书》(第 202 号)中的"扩大社会保障覆盖面、给老年人提供最低收入保障是政府首要职责"的倡导得到了大多数国家的认可。世界银行通过贷款政策倾斜的方式对各国养老金的运营也产生了重要影响。其倡议政府不应干涉养老金的运营,各国要有自己的标准和机构运行养老金,同时要起到整合、监督、促进其合理发展的作用以保障其稳定可持续。这具体包括:一是政府相关机构应在养老金制度基础方面做好准备,并有实施和运行方面的能力;二是建立法规、监管安排和机构并在可接受的风险范围内运行;三是改革必须涉及足够

---

① [丹麦]安德森:《福利资本主义的三个世界》,北京:商务印书馆,2010 年,第41 页。

② 曹信邦:《新型农村社会养老保险制度构建》,北京:经济科学出版社,2012 年,第26 - 32 页。

的建设和执行能力,包括政府的管理方式、缴费征收、数据保存、参保人信息、资产管理、法律规章和监督等方面。①

综上所述,国外政府养老责任模式根据其介入程度可分为有限政府、责任政府和无限政府三种类型。政府在公共养老金制度中的职能可归纳为立法责任、制度设计、经济和财政支持、制度实施和管理监督。尽管各国政府承担的养老保障职能内容有所区别,但其共同点是政府的责任目标清晰明确,即满足基本养老需要是制度构建的首要目标。

二、政府在公共养老金制度中的责任边界

政治经济意义的边界是指国家有权力管理的范围。本研究的政府养老保障职能边界主要是指政府应根据国情、社情、民情合理地界分自身在养老保障领域的职能权责,不越界也不缺损。分析不同福利模式中的典型国家政府养老保障职能边界具有代表性意义。

(一)在法定范围内进行

政府应在法定的养老保障职能范围内行使权力。发达国家无疑都遵循立法先行,其养老保障规则、具体项目均通过立法来保障职能的正确行使和有所约束。早在 19 世纪末 20 世纪初,早期的工业化国家就陆续以立法的形式建立了公共养老金制度。1889 年德国《老年和残疾保险法》、1913 年瑞典《全国养老保险法》、1923 年日本《恩赐年金法》、1935 年美国《社会保障法》、20 世纪70 年代美国福特总统推出的《雇员退休收入保障法》、英国《2004 年养老金法案》及《2008 年养老金法案》等均通过立法保障了公共养老金制度的执行和实施。

(二)制度设计责任的边界

1. 制度改革始终未偏离国家定位

瑞典、德国和美国作为社会民主主义、保守主义和自由主义三种福利模式的典型"理想类型",② 其主要的养老金改革始终未偏离其国家定位。美国 1983 年养老金制度的改革依然优先考虑市场效率。而瑞典 1984 年到

---

① [英]霍尔茨曼:《21 世纪的老年收入保障》,北京:中国劳动社会保障出版社,2006 年,第 63 页。

② [丹麦]安德森:《福利资本主义的三个世界》,北京:商务印书馆,2010 年,第41 页。

1994 年的公共养老金改革重点仍是以民权因素为主导,注重公民的权利保障。2008 年德国"李斯特养老金"改革计划尽管调整了养老金制度中三个层次的比例,但国家主导的法定养老保险依然占据主导地位。

2. 制度设计趋向"统一化、保基本"

从国际养老金改革的趋势看,政府越来越趋向于统一的养老金制度设计,以适应劳动力的流动性。瑞典于 1913 年建立了世界上首个全民一体化的公共养老金制度,提供满足基本养老需求的替代率设计,规定只有国民基础养老金不缴费。而美国和日本也逐渐改革其分割的养老金制度,在保基本的基础上全面覆盖国民。二十世纪七八十年代,美国公共养老金制度(OASDI)和日本的国民年金在很大程度上形成了一体化的公共养老金制度,其保障对象逐渐覆盖几乎所有国民,没有任何制度漏损,均只负责保障基本生活层次,避免了劳动力市场的扭曲。

(三)经济与财政支持职能边界

从经济学角度看,政府的经济行为边界是指同样的交易通过政府组织比通过市场组织的边际成本小。最优的政府财政行为应符合边际财政收益大于边际财政成本,并尽量在最优点波动。[1] 世界上比较成熟的养老保险制度,都仅对"基础养老保险"部分进行国家财政补贴,只为基本养老金进行财政兜底。如英国政府只对国家基本养老金承担最后责任,并针对面临的财政可持续性风险,不断调整养老金三个层次的比例,以便使政府财政责任降到合理的范围之内。美国、瑞士和荷兰的公共养老金所占份额均未超过50%。而德国为缓解法定养老保险所面临的财政压力,将法定养老保险从原来占退休人员总收入 85% 的主要支柱性角色逐渐转变为基础性角色,以避免类似希腊等国因养老金支出过高而陷入债务危机的危险。

(四)制度实施和管理监督边界

1. 推动经办机构全国统筹以避免不正当干涉

世界银行认为政府不能为了追求自己的目标和履行自身职责而不正当地干涉公共养老金计划。[2] 公共养老保险经办机构的全国统筹则避免了地

---

① 段家喜:《养老保险制度中的政府行为》,北京:社会科学文献出版社,2007 年,第40 页。

② [英]霍尔茨曼:《21 世纪的老年收入保障》,北京:中国劳动社会保障出版社,2006 年,第 63 页。

方政府的不正当干预。美国和日本的公共养老金制度均实现了经办机构全国统筹、垂直管理。美国社会保障总署(SSA)统筹负责全国公共养老保险有关法律的制定和对全国政策业务的指导。2007 年,日本由新的特别公共机构——"日本年金局"管理年金保险的各项业务,为国民提供养老保险管理服务,取得了很好的管理效果。

2. 强化多维度监管以确保养老保险基金安全

为保证基金安全,美国和日本公共养老保险基金在管理、运行方面的规定边界清晰,均实行国家统筹管理、收支两条线、统一运营。基金主要投资于政府债券以确保安全性,并建立由多个部门组成的基金监督委员会加强监管。同时,通过基金的精算管理,在社会和经济承受能力和各项政府收支活动的资金需求之间实现了最优平衡。2005 年,英国组建养老金监管局指导养老金监管工作。通过引进专业裁判或者仲裁者,代表委托人的利益对受托人的不当行为进行有效约束。此外,还通过提供可发表意见的渠道等辅助性监管机制,使政府监管与社会监督相结合,增强了基金监管的有效性。

三、我国政府养老保障职能的优化

借鉴国外有益经验,我国政府应立足于自身政治、经济和社会情况,对养老保障职能行使中的"越位"行为进行归位,对"缺位"进行补充。

(一)加强政府养老保障职能的顶层设计

顶层设计就是要进一步强化中央政府的制度设计责任,从地方的摸着石头过河的长期试验状态走向定型、稳定和可持续的阶段。政府机构要在制度基础方面做好准备,具备制度的良好实施和运行方面的能力。

1. 管理机构的统一

一方面,应建立统一的国家养老金管理机构。通过实行基本养老保险经办管理体制的垂直管理,进而提高中央调控能力,以维护政令畅通、避免多头管理和信息不对称等问题。另一方面,基础养老金要逐步实现中央统筹。在推进基本养老保险全国统筹的过程中,应按照责权利对等的原则明确各级政府间责任的最优分担,促使各级政府在基本养老金制度发展过程中发挥各自的积极性和能动性。

2. 建立保基本、全覆盖的统一性公共养老金制度

政府应在养老金制度建设中起主导性作用,但只需对基础养老金部分

负财政责任,以减轻负担。同时,针对我国碎片化的养老金制度,政府应加强制度整合,逐步建立起统一的覆盖全体国民的公共养老金制度,适时将公务员群体纳入其中以确保制度的公平性。此外,应在养老金计发办法中建立缴费激励机制,这对扩大覆盖面和更全面的承诺更为有效。政府还要对城镇养老保险制度中的历史债务部分进行补偿,以承担政府应尽的责任。其资金来源渠道包括引入特殊税、国有资产的出售、发行可认购的债券等。

3. 廉洁高效的管理队伍和法定执行力

第一,应建立廉洁高效的管理队伍。高度透明的政府及其有能力的雇员群体是适当运营和实施公共养老金不可缺少的保障。因此,政府内部应着重培养养老金管理指针的制订、监督和规制工作方面的专家,以提高政府养老金管理方面的权威性和科学有效性。

第二,法定机构必须具备有效的执法权力。雇主有关工资的完整报告,与参保人完全吻合的缴费义务,由独立机构保存的准确记录、准确及时的养老金支付及信息公开等,所有这些都是养老金制度良好治理和有效实施的基础。[①] 因此,养老保险法定机构必须有权去检查用人单位的记录和获取诸如雇主的银行报表、所得税纳税申报表等;有权评估和收集到期未付的缴费信息和评估需要强制执行处罚的社会保障债务;可以优先于其他债权人获得雇主的资产报表附件等,以保障其工作的有效开展。

(二)建立和实施持续有效的法规和监管安排

1. 养老金政策的实施应以法律为保障

目前,我国现行养老金制度的运行主要是依靠行政法规和规范性的政策文件来指导。政府在社会保障领域仅颁布了《社会保险法》《军人保险法》等几部法律,与养老金制度直接相关的法制尚不健全。因此,政府应借鉴其他国家的立法经验,同时在尊重我国传统、兼顾现实国情的基础上,积极制定出台养老金制度相关法律,尽快弥补这一法律短板。

2. 政府应建立和实施持续有效的法规和监管体系

通过法规和监管体系检查和控制公共部门及私人机构在制度管理、义务履行及投资方面的情况。这包括改革是否充分实现了养老金制度的主要

---

① ［日］高山宪之:《信赖与安心的养老金改革》,上海:上海人民出版社,2012 年,第 107 页。

目标、是否合理保障了老年人的基本生活和避免了老年贫困等。还应对养老金制度长期收支情况进行全面的预测分析和评估,对预测期内经济状况任何可能的变化进行严格的监测,确保改革所需的支出水平不超出政府和个人可承受的合理限度。[①] 同时,还要加快建立健全养老金预算制度进而实现养老金精算,以加强对公共养老保险基金的监管。

(三)发展多层次的养老保障体系

我国绝大多数的老年人主要依靠政府实现养老保障,如果太多的目标被要求通过公共养老金这一单一的政策工具来实现,其结果必然是不可持续的。因此,单纯依靠公共养老金制度的基本支柱为老年人筹资的思维定式亟须加以改变。

1. 积极发展企业年金制度

企业年金是我国城镇职工养老保险体系的"第二支柱"。2012 年年末,我国有 5.47 万户企业建立了企业年金,参与年金计划的比率不足 1%,一些有能力建立企业年金计划的企业仍在制度覆盖之外,企业年金成为三支柱养老保险体系中明显的短板。因此,我国政府应积极扩大企业年金的覆盖面;实现企业年金的保值增值;借鉴美国 401K 计划,尽快出台明确的企业年金税收优惠政策,使其真正成为养老保障的重要补充性支柱。

2. 积极探索建立个人退休储蓄账户(IRA)

美国的 IRA 作为养老保障体系的第三支柱,自 1974 年开设以来不断发展完善。由于其可以为没有被退休计划覆盖的个人提供税收优惠性储蓄计划,当雇员工作变动或退休时允许雇员将雇主发起的退休计划资产转入 IRA,这使其成为美国私人退休金市场上与 401K 计划并驾齐驱的退休产品。2005 年,IRA 在美国私人退休金市场占有最大份额。借鉴美国经验,我国政府可建立适合国情的以家庭或个人为单位的 IRA,并在部分养老负担较重、公共养老金支出压力大的一线城市先行试点积累经验。此外,应鼓励和支持有条件的企业通过商业保险建立多层次养老保障计划,通过税收优惠提高个人购买养老保险的积极性。

3. 完善养老金融体系

在目前养老基金积累相对不足的情况下,应充分发挥金融市场的作用。

---

① 杨健:《中国养老金水平协调研究》,上海:世界图书出版公司,2014 年,第130 页。

通过养老金融创新(如以房养老服务中的"住房反向抵押贷款")开发出更多的老年保障性投资产品。政府财政、政策性金融、商业性金融三方应有机结合,形成与我国养老文化相适应的养老金融体系。同时,还要加强和改进养老基金的投资与监督管理,实现养老资金的保值增值。建议将国有资本经营收益充实全国社保基金,各级地方政府也可以考虑在地方国资控股企业上市时划拨部分股权给当地社保基金。

第三章 城乡居民医疗保障的全覆盖发展

转型期我国社会保障体系建设的稳步推进有赖于城乡居民医疗保障的全覆盖发展。努力改善新农合制度实施效果、探索农村医疗救助的创新模式、将大学生纳入多支柱医疗保障体系是促进城乡居民医疗保障全覆盖发展的重要方面。

第一节 努力改善新农合制度实施效果

当前,我国越来越重视社会医疗保障体系的建立与完善。在农村地区推行新型农村合作医疗制度是构建全民医疗保障体系的关键,其实施效果不仅关乎全体农民的根本利益,更关系到国家的经济发展和社会稳定。本节主要利用问卷调查法和访谈法,结合对河北省永清县的实地调研,从资金筹集、理赔程序、政策宣传、农民满意度等方面分析归纳新型农村合作医疗制度的运行状况及实施效果,并针对实际存在的突出问题提出相应的对策建议,以期促进新型农村合作医疗制度的持续健康发展。

一、改善新农合制度实施效果的必要性

党的十八大以来,我国越来越重视覆盖城乡居民的社会保障体系的建立与发展,构建完善的医疗保障体系是其不可或缺的一部分。我国是一个农业大国,三农问题与经济繁荣、社会和谐休戚相关。截至 2013 年,中共中央已经连续十年把"三农"问题作为党和政府各项工作和决策的核心之一。农村医疗卫生保障体系的构建和完善是广大农民健康质量不断改善的基础

条件,同时也是农业发展、农村稳定的重要前提。2003 年年初,国务院转发了《关于建立新型农村合作医疗制度的意见》,给出了有关新农合体制的试点设置以及其他具体规定。自实施以来,新型农村合作医疗使农民群众获得了很多好处,但农村居民的医疗保障问题并未得到充分而有效的解决,制度运行的实施效果与农民群体的现实需要仍然存在一定差距。

　　2014 年,河北省卫生和计生工作会议明确提出:本年度我们国家要加倍凸显"构建体制",加倍强化医疗体制改革,以使新型农村合作医疗体制不断地牢固完善。可见,新农合推进工作的重点已经转移到提升制度成效的层面。因此对新农合制度实施效果的研究也就变得极为重要。要研究新农合制度的实施效果,必须深入农村对农民群体进行实地调查。永清县位于我国农业大省河北省中部,隶属于廊坊市,是京津冀及京津保的核心地带。永清县于 2007 年 1 月 1 日开始实施新型农村合作医疗制度。为了更好地践行新农合,河北省永清县特别组成了新农合政策实施领导班子,出台了《永清县新型农村合作医疗制度实施方案》以及《永清县新型农村合作医疗报销范围及支付标准管理办法》等相关配套文件,为永清县各个村落全部展开新农合给予了政策上的支持和保障。[①] 当前在政府各项政策的扶持下,永清县参合人数不断攀升,新农合制度建设取得了一定的成绩。在此背景下,本研究结合对永清县新农合制度实践情况的实地调查,深入分析研究新农合的实施效果并根据其存在的突出问题提出对策建议,以期提升新农合的制度成效和增进广大农民的满意度。

二、新型农村合作医疗制度的主要内容

　　新型农村合作医疗制度从总体上来说是一种能够给农民带来真正利益的好政策,是我国社会进步与经济发展的重要体现。下面主要从新农合的内涵、筹资渠道、筹资顺序、筹资方式和补偿机制等方面阐述新农合制度的主要内容。

　　(一)新型农村合作医疗制度的内涵

　　1978 年后,我国进入了经济体制改革的历史时期。这期间,我国由计划

---

　　①　李慧:《对河北省永清县新型农村合作医疗制度实际运行情况的研究》,《法制博览》2014 年第 3 期,第 302－303 页。

经济向市场经济转型,农村集体机构逐步瓦解,各个村落开始实行家庭联产承包责任制以适应农村生产发展的现实需要。同时,国家财政体制改革使得基层政府的财政状况雪上加霜。传统农村医疗制度离开了其经济基础自然也无法维持,这使得农民看病难的问题再次凸显出来。为保证农村地区每一个居民的医疗需求都得以满足,必须要对传统的合作医疗进行大刀阔斧的改革。

新型农村合作医疗制度简称新农合,它是由政府组织、支持和引导的,是政府、集体、个人多方筹资的,是以大病为主要保障内容的医疗互助共济制度。我国政府于 2002 年明确提出要建立一个与以往不同的、新式的农村合作医疗制度,并且这种制度要以大病为主要保障内容。2009 年,国家又进一步强调农民群众医疗卫生保障的重要性,并且针对此前新农合的实施状况与效果制定了一系列的改革措施,以保证参合农民获得实实在在的好处。

(二)新型农村合作医疗制度的筹资渠道

新型农村合作医疗的健康和医疗基金主要由各级政府给予的财政补贴、农村集体组织给予的适量资金支持以及个人缴纳的医疗费用构成。

第一,政府提供的财政补贴。在医疗卫生服务的资金募集上,新农合首次提出由各级政府提供充足的资金补贴,直接把资金补助给参加新农合的农民,这种方式冲破了旧合作医疗资金筹集方法的局限。

第二,集体经济组织给予的资金支持。《意见》规定:"集体经济组织在资金状况良好的情况下,应对本地的医疗卫生服务机构提供一定的经济支持。"国家明确规定:由各个地区的县政府来确定给予新农合支持的集体机构的类别以及支持的力度。同时,乡镇集体的出资不能够再向农民征收。

第三,个人缴纳费用。农村住户自主参与新农合,政府不会违背其意愿、强制其参加。新型农村合作医疗坚持一切从实际出发,针对不同地区制定不同的缴费指数,并且以家庭为基本单位加入。

(三)新型农村合作医疗制度的筹资顺序和筹资方式

在新型农村合作医疗制度践行初期,中央对地方提供的资金补贴以地方给予的资金补贴为前提;而各级地方政府对参合农民给予的资金补助也有一定标准,以每一个参合农民每年所交纳的费用为基础。[①] 即新农合募集

---

① 朱民田:《新农合的运行机理以及其制度困境》,《经营管理者》2013 年第 4 期,第 321 页。

资金的次序在早期是自下而上的。2007 年我国政府实施了"本年度全部支付,第二年照实清算,多退还少补偿"的办法。由中央财政根据农村地区居民的人口数先行拨划出新农合的医疗卫生服务基金;再由地方各级政府根据中央财政拨出的医疗基金,做出相应的配套;最后按照已有的中央和地方的政府补贴征缴个人应缴纳的费用。

新型农村合作医疗主要有上门收集、滚动融资、委托协议和主动缴费四种资金筹集方式。上门收集是指由各级村委会或其代表上门挨家挨户地收取参加新农合农民的资金;滚动融资是指参合农民到指定医疗机构就医时,享受一定的费用补偿,在自愿的基础上参合农民可以用这部分补偿费用预付第二年的参合费用;委托协议是指政府与参合农民达成协议,允许信用社等机构代为收缴参合农民的资金;主动缴费指的是各个地区农民积极自觉主动地将参合所用资金交到当地指定地点。

(四) 新型农村合作医疗制度的补偿机制

2013 年,河北省财政厅、卫生厅印发了《2013 年新型农村合作医疗统筹补偿方案基本框架》。[①] 参加新农合的住户获得政府补助的最低限额、封顶限额和各级医疗单位的补偿比例在该框架里都有非常明确的规定。我国政府要求各个地区的各级政府务必确保医疗保障基金的充分使用和专款专用,以保证农民群众在此项政策之下收益达到最大化。近年来,国家不断地对参加新农合的住户获得政府补助的最低限额、封顶限额和各级医疗单位的补偿比例进行调整,以保证参合农民获得实实在在的好处。

表 3 - 1　2013 年河北省参合农民住院补偿起付线和补偿比例

医 疗 单 位	起付线/元	补偿比例/%
乡级医疗机构	100～150	85～90
县级医疗机构	300～400	70～80
市级医疗机构	800～1 200	60～68
省级医疗机构	1 500	55
省外三级以上医疗机构	3 000～4 000	45～55

资料来源:摘自《2013 年新型农村合作医疗统筹补偿方案基本框架》文件

---

① 秦嵘:《新型农村合作医疗制度的补偿机制探析》,《经济师》2013 年第 2 期,第110 页。

三、新型农村合作医疗制度的实施效果分析

（一）永清县新农合的基本参保情况

河北省永清县新型农村合作医疗的参加者以容易患病的儿童和老年人居多,部分身体健康的青年人没有参加新农合。调查显示,在0~14岁这个年龄段,参加新农合的人数很多,这是因为处于这一阶段的儿童年龄较小,免疫力较低,较容易患病;15~45岁的人群大都处于青壮年时期,身体各项机能较好,参保人数也相应降低;而45岁之后人群的身体各项机能开始变差,因此参合率又开始攀升;60岁之后的人群身体素质变得很不好,非常容易患病,因此参合率升至顶峰。总体来看,0~14岁和60岁以上这两个年龄段参加新农合的人数比重相对最高,接近参保总人数的2/3。

表3-2　新型农村合作医疗参保情况　　　（单位：%）

项　目	0~14岁占比	15~29岁占比	30~44岁占比	45~59岁占比	60岁以上占比
参　保	82	48	43	78	97
构　成	21	7	9	20	43

资料来源：根据调研数据整理计算得出

（二）新型农村合作医疗制度的筹资状况分析

河北省的新农合从2003年开始践行,该制度规定由政府、集体、个人多方筹资;但由于近年来集体经济组织力量的不断削弱,村民的收入水平较低,资金实力有限,致使新农合的筹资主要依靠政府补贴。永清县于2007年开始实施新型农村合作医疗制度。与全省的整体情况相一致,自2009年以来,为不断增强对新农合的保障,永清县新农合逐步形成了政府补贴始终保持在个人缴费4倍之上的筹资结构。

由统计数据可以看出,2003年以来新型农村合作医疗个人缴费标准不断增长,尤其是2009年以后增长较快,但与个人缴费相配套的政府补贴也在不断增加(见附表4)。因此从参合农民的视角看,他们是获益的,永清县的参合农民也从不断增加的政府补贴中获得了更多的好处。

（三）新型农村合作医疗筹资机制运行中的问题

第一,对于具有不同收入水平的农民来说按同样的标准缴费是不公平

的。永清县各村之间经济发展程度存在不可忽视的差距,但在新型农村合作医疗实施初期,其缴费标准是统一的,这对于一些贫困地区的农民来说参保是非常困难的。最终,收入水平较高的农民得到了新农合的保障,一些的确有医疗卫生服务需求的穷苦人群却被挡在了参保大门之外,贫困地区的农民依旧没有从新农合制度获益。由此可见,为确保贫困人群能够真正享受到新农合带来的好处,建立一个公平、可行的缴费机制是十分必要的。

第二,自愿原则引致"逆向选择"。通常,贫困人口的疾病风险往往高于富裕人群。新农合制度建立的基本初衷是用多数健康人群的资金去补偿少数患病人群的损失,以实现再分配调节和增进健康权益的公平性。永清县新型农村合作医疗着重强调农民自主自愿参保。此外,永清县新农合的政府补贴最终是以农民参保为前提的。这样,自愿原则使永清县有参保能力的富裕农民成了制度的最大受益者,贫困农民因无力参保反而无法得到各级政府的补助、不能有效化解自身的疾病风险。因此,这与新农合制度建立的初衷严重背离。

第三,筹资主体的责任亟待进一步落实强化。由于国家没有具体规定各级政府之间筹资责任的承担比重,因此永清县可能会出现一些财政补贴不能够按时全额到位的情况。同时,中央政府为各级地方政府提供财政补贴,通常按照规定的人均补贴标准进行,而没有充分顾及贫困地区的实际收入状况。集体经济组织的扶持也是新农合筹资中的一个方面,但由于永清县农村地区改革税费机制,所以集体对新农合的扶持力度变得非常薄弱。新农合的各项政策实际上都是为农民服务的,同时农民也是筹资主体之一,因此如何增强永清县农民的缴费能力和缴费意愿同样至关重要。

(四)新型农村合作医疗制度的理赔程序问题

河北省永清县的登记和理赔程序较为繁琐:新农合首先要求农民先行支付医疗费,出院时持医疗证、入院凭证、医药费收条等有关凭据到新农合报账中心申报;根据批准的有关规定,经联合管理办公室核定后,转乡镇(街道)共同管理办公室根据条例报销,由参与人员(或亲人)持自己的证件到乡镇(街道)共同管理办公室领取。[1] 另外,这种制度要求先垫付、再报账,一些贫困农民没有钱或是暂时借不到钱,还是看不了病,因此这种理赔程序没有

---

[1]　王霜:《对河北省新型农村合作医疗费用报销制度的反思及其改善方法》,《法制博览》2013 年第 2 期,第 53 - 58 页。

给农民带来切实的好处。

调查显示,有29%的参合农民认为新型农村合作医疗的赔偿程序太过麻烦,52%的参合农民认为较为繁琐,16%的参合农民认为一般,只有3%的参合农民认为不繁琐。由此可知,新型农村合作医疗制度的理赔程序没能获得参合农民的广泛认可,大多数参合农民认为其程序繁琐、不易实施,并且先垫付再报销的理赔程序未能从根本上解决农民的看病难、看病贵问题。

(五)新型农村合作医疗制度的宣传问题

河北省永清县新农合的宣传主要侧重于制度给农民带来的好处,而不是使农民群众真正了解该制度的内涵,有很多农民并未真正理解体会到新农合参保的重要现实意义。许多农民以为自己正处于青年时期、身体健康、不容易得病而没有加入新农合。还有一些年轻的村民虽然一开始参加了新农合,但他们身体各项机能较好,没有生病,所以第二年就拒绝加入了。此外,新农合实施以来主要是对农民住户进行宣传,以便使其加入到新农合制度中,但却缺少对没有参加人群的相关系统研究。再者,新农合关于理赔标准的宣传工作没有做到位,农民看到有大量的药费不能进行赔付,从而对其真实性、可靠性和安全性产生了质疑。

从永清县农民了解新农合政策的途径方式来看,政府入村宣传(占45%)和电视报纸宣传(占36%)的相应比重均不高,还有很大部分的村民依靠他人介绍(占14%)或其他途径(占5%)获得相关政策信息。对新农合政策内容表示非常了解的受访者仅占15%,表示较为了解的占46%,还有8%的人群表示完全不了解。因此,政府还需加大宣传力度,从而使农民对新农合有一个较为清晰的认识,而不能仅仅停留在"一般了解"(占31%)的层次上。

(六)农民对新型农村合作医疗制度的总体评价

有51%的受访参合农民对新农合的总体评价表示"非常好",40%的参合农民认为一般,6%的参合农民认为不好,3%的农民对此不太了解。即超过半数的参合村民对其总体感觉很好;但也有一小部分人认为其不好,有待完善;同时还有很小一部分人对此不关心、不了解。

2013年河北省新农合对参合农民的报销比例较以往有很大的增长,能够在较大程度上减轻农民看病的经济压力。调查显示,有20%的受访参合农民对新农合的报销比例表示非常满意,66%的参合农民较为满意,但仍有8%的参合农民表示不满意,6%的参合农民很不满意。就参合农民对医疗单位服务质量的满意度而言,有21%的参合农民表示非常满意,69%的参合农民基本满意,7%的参合农民不满意,还有3%的参合农民表示非常不满意。医疗单位的服务质量是影响新农合制度有效实施的重要因素,虽然大多数参合农民对医疗服务单位的服务质量表示基本满意,但不可忽视的是表示不满意的人群比例占到10%,其服务质量仍有待提高。另外,新型农村合作医疗制度是以严重疾病为主要保障内容的,像感冒、发烧、胃病、头晕、外伤等常见疾病并不在保障范围之内。所以部分永清县农民反映新农合制度没有给他们带来预期的好处,新农合的保障水平和范围仍需进一步提升。以上信息表明新农合的各项工作还有不到位之处,新农合制度还亟须继续完善。

四、完善新型农村合作医疗制度的对策建议

(一)努力做好新农合制度建设的基础性工作

第一,应致力于设定不同样式、不同层级、科学的医疗保障体制。我国各地区的经济发展水平存在不可忽视的差距,各地区的农村医疗保障制度的发展与改革会受到实际财政收入、生产经营方式、风气文化等方面的限制。面对这样的现实状况,我国应该具体问题具体分析,建立与当地实际相适应的医疗保障体系。第二,应构建专业化的监督管理机制。新型农村合作医疗制度的运行离不开科学完善的监督管理机制,只有健全监督管理机制才能保证医疗卫生基金如期到位,并且保证其资金使用的有效性。与此同时,还应进行相关医疗机构的配套改革,从而为政策的可实施性提供保障。

(二)确立科学合理的筹资机制

一是,要强化落实各方筹资主体的责任。新农合是由政府、集体、个人多方筹资的,要想构建科学的资金筹集机制必须明确各方的责任,使各方都能恪守自己的职责,牢记自己的使命。应明确政府和集体所承担的责任,尤其是使政府财政补贴的责任制度化和常规化,以防止因二者之间责任的模糊而出现医疗保障基金不能及时到位的现象。新型农村合作医疗制度说到底是为农民服务的,是要为农民带来真正的利益的,因此也应该明确指出农民个人所应承担的责任。二是,实施多层次的筹资标准。新农合践行的初始时期,各个地区的筹资标准是一致的,这对收入水平较低的村民来说不公

平。要想使新农合切实给贫困地区的农民带来好处,必须要依据当地的实际状况制定一个科学的缴费准则。

(三)设计高效惠民的理赔程序

新型农村合作医疗理赔流程非常复杂,由农民先行垫付医疗费,然后携带凭证到新农合报账中心报账,最后到相关机构领报销款,这在一定程度上抑制了广大农民住户加入新农合的热情。因此,应简化新农合的理赔程序,使农民的理赔更加容易。另外,先垫付再理赔的顺序使得一些没有钱或借不到钱的人看不了病,得不到切实的制度保障。城镇居民医保是可以垫付一部分医药费的,即先在卡上支付,事后再进行结算。这样可以在一定程度上保证居民在患病时及时就医,不会因为没钱或借不到钱而耽误诊疗。新农合制度的优化设计也应该从广大农村居民的根本利益出发,通过参考借鉴城镇居民医疗保险的相应经验制定科学合理的理赔机制,简化理赔程序,以保障患病农民及时就医。

(四)健全相关的法律法规

目前,我国农村地区的医疗体制改革措施中有许多只是停留在卫生部门颁发的各项规定和条文上,而缺乏与其相关的法律法规,致使许多政策措施未能获得预期成效。我国从 2003 年就在全国各地选取试点实行新型农村合作医疗,到目前为止已经有 11 年,但与其相关的法律条文仍未健全完善,使得新农合的许多政策措施缺乏法律保障,进而影响其在实施过程中的效果。因此要改善新农合的实施效果,促进农村医疗保障的健康发展,必须使各项政策措施都能够以健全的法律法规体系为后盾。只有切实地做到了以法律为依据、以法律为保障,才能确保新型农村合作医疗体制顺利、高效地运转。

第二节　探索农村医疗救助的创新模式

作为农村居民医疗保障的最后一道防线,医疗救助的作用无可替代。本节以河北省承德市滦平县为例,分析当前农村医疗救助中覆盖范围、救助水平、资金筹集、救助程序等方面存在的问题,尝试建立一个多维度的农村医疗救助新模式,以期解决农村居民看病难题,真正惠及农民的健康利益。

一、农村医疗救助模式创新的必要性

生命健康权是公民的基本权利,是我国医疗保障事业的根本落脚点。我国农村目前已经建立起比较完善的新型农村合作医疗制度。但随着近年来医疗费用的大幅上涨,广大农村居民看病难、看病贵的问题愈发凸显,仅靠新农合的医疗费用补偿远不足以应对村民不断增长的医疗花费。研究农村医疗救助,通过救助的二次介入,建立医疗保障的最后安全线,对于进一步减轻农民医疗负担,捍卫其健康权利意义重大。

2003 年,民政部、卫生部、财政部联合发布《关于实施农村医疗救助的意见》,这一文件的出台标志着农村医疗救助工作开始在全国展开。十年间,政府不断完善救助制度,农村医疗救助从理念到实施都取得了很大的进步。学术界对医疗救助领域的研究也愈加关注,但多数研究都集中在城市医疗救助,对农村地区的关注较少。同时针对如何构建一个系统有效、涵盖范围广泛的救助模式探讨较少,因此形成的专门指向农村医疗救助的成果不多。本研究通过实地调查河北省滦平县三个农村地区的医疗救助情况,并查阅相关的文献资料和统计数据,分析农村医疗救助制度在对象界定、内容设计、资金筹集、实施效果等方面存在的问题。同时,借鉴发达国家和国内农村医疗救助先进省份经验,有针对性地构建一个维度较广的农村医疗救助新模式,从而为农村医疗救助工作的有效开展提供思路。

二、相关概念的界定

医疗救助是一个系统、动态的过程,不同的分类方式和研究角度使得医疗救助相关概念的界定呈现多元化的特点。

(一)医疗救助

目前对于医疗救助的定义,学术界主要通过将其与新农合对比进行阐述。首先,二者的制度属性不同。医疗救助属于社会救助的范畴,而新农合属于社会保险范畴。其次,制度主体不同。医疗救助的主体是政府,由政府承担制度建立和监管等责任,而新农合需要农民缴费,政府只负责辅助性管理事务。再者,二者的保障方式也不同。新农合是农民在发生医疗费用时,按规定比例报销,而医疗救助要严格遵循资格审查等程序。最后,二者在保障对象、标准和权利义务关系方面也存在差异。简单地说,医疗救助是国家专门针对特殊贫困群体建立的医疗保障制度,是社会救助体系的重要一环,是多层次医疗保障系统的最后一道屏障。

(二)医疗救助对象

救助对象,顾名思义,就是医疗救助的直接受益人群。对医疗救助对象的确定关系到救助政策的直接实施效果。医疗救助对象的确定包括贫困人口身份的界定和他们中哪些疾病患者可以成为救助的受益者。在这一问题的探讨上,学术界有许多不同的界定标准。王曙光认为,医疗救助对象有贫困人口和弱势群体两种提法。这两种提法既有交叉部分又存在区别,贫困人口必然是弱势群体,其衡量的标准为经济收入,任何收入低于某一标准的人群都可以纳入其中,但贫困人口并非都是疾病患者,因此健康的贫困人口被排除在医疗救助对象之外;而弱势群体未必是贫困人口,其衡量标准为人们的社会地位和生存状况,妇女、儿童也可以划入这一群体,因此其范围要远远大于贫困人口。他认为医疗救助对象是因疾病陷入贫困并有可能遭受生活无法维持甚至生命无法延续后果的人群。[1]

(三)医疗救助模式

采用何种方式救助急需帮助的困难群体是医疗救助体系的关键环节。目前我国并没有统一的医疗救助模式,而是每个省份根据自身的特点和需要自行设计,大体上可以分为三种模式。

一是按病种救助模式,以辽宁、上海、湖南、甘肃等为代表,这些省区明确规定了救助的疾病种类。例如,上海市《关于对农村最低生活保障对象患大病重病者实施医疗救助的通知》规定,救助病种包括艾滋病、尿毒症透析、恶性肿瘤等9类重病。辽宁省《关于在全省建立农村医疗救助制度意见的通知》规定,患有慢性肾衰竭、重症肝炎和心脑血管疾病等8种重大疾病的农村患者,都可以申请医疗救助。

二是大病和常见病兼顾的模式,这是一种混合救助的模式,以河北、山西、陕西等省为主。以《陕西省医疗救助暂行办法》为例,除恶性肿瘤、急性心肌梗、重症慢性病等20类大病外,还特别规定小额门诊疾病同样纳入救助范围。山西省《关于建立农村医疗救助制度的实施意见》对门诊救助进行

---

[1] 王曙光:《社会参与、农村合作医疗与反贫困》,北京:人民出版社,2008年,第102-106页。

了特别说明,患者如需药物维持和长期院外治疗,可以通过定点药店购药或发放救助卡的形式给予其定期定额救助。

三是以常见病救助为主的救助模式,以青海、宁夏为代表,这些省区主要补偿门诊费用,同时兼顾大病救助。《青海省城乡医疗救助实施办法》规定:60岁以上的低保人员、长期卧床病人和重度残疾人等弱势群体每人每年可获得240元的门诊救助;新增的恶性肿瘤患者的门诊救助,每人每年500元;一般保障对象每人每年获得120元门诊救助,可兼顾大病救助,对患癌症、心血管疾病等大病的居民个人承担费用超过10万元的(不含自费药品),可享受一次性重大疾病医疗救助。

除以上三种不同模式外,还可以从管理主体、医疗救助与其他医疗保障方式的结合等不同层次来划分救助模式。例如从管理主体方面划分,可以将医疗救助分为以政府救助为主和以部门救助为主模式;从医疗救助与其他医疗保障形式结合来划分,可以分为医疗救助与新农合结合模式(如新农合试点县)、医疗救助与基本医疗保险结合模式(如东部发达省市)、医疗救助与商业保险结合模式(东部少数地市)和医疗救助独立运行(西部没有开展新农合的地方)四种模式。①

三、农村医疗救助的现状

本研究主要采用问卷调查和个别访谈相结合的方法,选取河北省滦平县地区的农村居民,通过问卷调查方法来了解农村医疗救助在该地区的运行情况。同时,在走访村委会和当地民政部门获取信息和数据时,采用个别访谈的办法,通过相关部门负责人的介绍和帮助,获取滦平县农村医疗救助的关键信息。最后,运用相关统计软件对收集的数据进行分析处理。

本次调查选取的对象主要是滦平县巴克什营村、火斗山村和两间房村的村民(包含这三个村中的五保户、特困户和接受过农村医疗救助的村民),此外,对滦平县医疗机构和村委会、民政局等相关部门也进行了走访调查。本次调查问卷主要分为三个部分:第一部分为村民的基本情况,如年龄、职业、年收入和一年的医疗花费等;第二部分是受访村民所患常见病、常见大

---

① 柳拯:《全国农村医疗救助工作现状、问题与思路》,《社会福利》2004年第10期,第34页。

花销疾病和常见大病等情况及其相应的医疗花费；第三部分主要侧重调查村民对医疗救助的了解程度和医疗救助在分担村民医疗费用方面的效果。本次调查共发放了 185 份问卷，回收了 181 份，回收率达 97.8%。同时，收集了滦平县自 2011 年到 2013 年三年间农村医疗救助的救助人数、救助金额等最新的数据，掌握了滦平县农村医疗救助的基本政策，包括救助的对象、内容、标准以及申请和报销的程序等，对滦平县农村医疗救助的情况有了清晰的了解。

（一）农村医疗救助的发展历程

河北省农村医疗救助的发展经历了三个阶段，即制度的初步建立阶段、救助的全面推进阶段和救助的完善改进阶段。在发展过程中，河北省不断总结经验，有步骤地扩大覆盖人群和救助病种，积极探索一站式救助，在缓解农民因病致贫、返贫问题方面取得了重要突破。

1. 医疗救助制度的建立阶段（2000—2003 年）

河北省于 2000 年颁布《河北省五保供养实施办法》，开始对农村五保户、特困户等群体给予关注。2003 年年底《中共河北省委、河北省人民政府关于进一步加强农村卫生工作的决定》的出台标志着河北省医疗救助基本框架的建立。该文件对农村医疗救助的病种和对象条件进行了初步界定，确定了以五保户、特困户为主要救助对象，将终末期肾病、先天性心脏病等 6 类大病纳入保障范围。各项农村医疗救助工作开始步入正轨，救助制度初步建立。

2. 医疗救助制度的全面推进阶段（2003—2007 年）

河北省于 2004 年颁布农村医疗救助工作的实施细则，对救助的实施、基金筹集和管理、制度的监督等各方面进一步细化。2005 年，河北省在初步建立的基本医疗救助制度基础上，拓宽了救助的病种范围，将食道癌、胃癌等 7 类病种纳入救助范围。同时，河北省积极开展扩大救助对象范围的试点工作，将五保户、特困户以外的困难群体逐步纳入救助体系，并于 2007 年建立了专门针对农村儿童的大病专项医疗救助金，迈出了保障农村特困家庭儿童健康的重要一步，医疗救助工作在全省全面展开，方兴未艾。

3. 农村医疗救助制度的完善阶段（2007 年至今）

2007 年，河北省各地相继颁布适合各市情况的具体救助规定。2007 年石家庄市颁布《河北省石家庄市人民政府关于建立城乡医疗救助制度的意见》，进一步完善制度管理。2008 年唐山市颁布《城乡特困群众大病医疗救助管理办法(试行)》,探索救助新方案。各地不断创新医疗救助管理,唐山市积极推行"一站式"救助结算,尝试取消病种限制政策,张家口市努力探索政府部门间信息平台的搭建,实施效果显著。

目前,河北省的农村医疗救助模式采用按病种救助。经过十年的发展完善,河北省已确定了以先天性心脏病、宫颈癌等6类大病病种作为基本救助病种,同时各地根据自身实际和救助工作的开展情况,逐步将结肠癌、甲亢和急性心肌梗塞等14类其他大病病种纳入救助的范围。河北省根据不同病种的花费,确定相应的报销比例。对于实行最高限额的病种,超过限额部分由定点医疗机构承担,未超过部分按医疗费用的20%补偿。对于单病种定额费用的报销,在新农合补偿的基础上,剩余费用救助资金以20%的比例进行补偿。随着救助制度的不断完善,未来将更多的慢性病种和其他疾病纳入救助范围是农村医疗救助政策发展的主要趋势。

(二)投入经费不断增加,救助水平显著提高

十年来河北省农村医疗救助工作不断发展,救助投入的经费和受助人群的数量逐年提高。政府在降低起付线、提高封顶线方面也做出了很大的努力,取得了若干成果。从资金投入量看,2010—2013年间,河北省农村医疗救助资金投入明显提高。资金投入取得的重大成效直接推动了救助水平的提升,使农村医疗救助工作得以持续展开和全面推进。河北省近四年的救助资金投入基本呈上升趋势,这说明河北省对农村医疗救助的发展比较重视,并且贯彻了逐年提高救助经费投入的政策目标。但同时必须看到,河北省救助资金投入水平与全国平均水平相比还存在一定的差距。近三年,河北省农村医疗救助资金投入基本处于全国平均水平之下,这说明河北省农村医疗救助资金的投入力度仍需进一步加强。

(三)救助人数总量大,增速快

2009年,河北省接受农村医疗救助的人数约为14.3万人,省民政部门资助参加新农合人数约135.8万人。经过四年的发展,截至2013年,接受农村医疗救助的人数达到34.5万人,年增长率为62.3%,民政部门资助参加新农合人数突破170.97万人,年增长率接近50%。河北省救助人数的不断增长表明享受救助优惠政策的群体范围的扩大,农村医疗保障初见成效。与此同时,河北省民政部门资助参合人数一直高于全国同期平均水平,成绩显著。但河北省民政部门直接救助人数与全国平均水平相比同样存在较大差距,医疗救助工作任重道远。

表 3-3　河北省民政部门直接救助人数与全国平均水平对比　（单位：万人）

项　目	2009 年	2010 年	2011 年	2012 年
全　国	23.5	32.9	47.5	47.9
河北省	14.3	16.2	37.1	34.5

数据来源：根据中国统计年鉴相关数据整理

（四）救助病种不断增加

河北省全面推进农村医疗救助工作以来，在扩大救助人数和病种范围方面取得了良好的效果。2013 年 10 月颁布的《河北省关于开展重特大疾病医疗救助试点工作的指导意见》中明确规定，各地在继续巩固推进儿童白血病、先天性心脏病等 6 大救助病种的基础上，将胃癌、肺癌、慢性粒细胞白血病等新增的 14 个病种纳入医疗救助制度。这进一步完善了病种界定的科学性，客观上也刺激了救助人数的增长，减轻了困难群体的医疗负担。

（五）村民对农村医疗救助政策了解程度较低

河北省农村医疗救助政策已经运行十年，但救助政策的实施效果并不理想。实施效果评价的两项重要指标——村民的了解程度和救助资金承担医疗费用情况都不容乐观。以滦平县为例，调查过程中令人惊讶的发现是，受访地区有 90.61% 的村民没有接受过医疗救助，33.70% 的人表示完全没有听说过。这凸显了当地民众的政策了解程度之低以及政府相关部门的工作不到位。通过访谈了解到，有关医疗救助政策的申请程序、救助人群、报销比例等基本信息，村民也较少听说，一旦发生重大疾病，大部分人也没有想到要通过医疗救助寻求帮助。由此可见，农村医疗救助政策在滦平县并未取得令人满意的实施效果，政策的认识程度普遍偏低。令人略感欣慰的是，在接受医疗救助的农村居民中，64.71% 的人认为医疗救助基本可以解决其医疗费用。这说明在当地部分接受过医疗救助的人群确实享受到了政策的福利，这一政策的实施潜力巨大。但同时仍有近 30% 的人认为救助政策没有解决他们的医疗负担。

四、农村医疗救助模式存在的问题分析

河北省自 2003 年正式实施农村医疗救助政策以来，虽从总体上取得了可观的成果，但在制度的设计、实施和管理方面仍存在着一些不容忽视的问

题,这在一定程度上影响了救助工作的有效开展。

(一)救助对象覆盖范围小,救助内容过窄

农村医疗救助制度设计的根本目标是以村民的医疗需求为导向。根据河北省现行有关救助对象和内容的界定,农村医疗救助的覆盖人群包括患重特大疾病的低保户、五保户、低收入老年人和重度残疾人。但现实情况是,许多因患慢性病等其他大病而致贫、返贫的村民并没有被纳入救助范围内,这一群体同样数量庞大,他们享受医疗救助权利的缺失,在一定程度上使得这一制度的公平性受到挑战。[①]

在滦平县受访农村地区,本次调查的对象不仅包含患有常见大病(救助病种)的村民,同时也包含患常见大花销疾病(非救助病种)群体。调查显示,当地村民的医疗花费主要集中在诸如高血压等常见大花销疾病上,但因现行救助政策规定的限制,他们不能得到对等的医疗补偿,使得医疗救助政策束之高阁,不能发挥应有的作用。因此,扩大救助对象和病种范围显得十分必要。

(二)各地区救助水平参差不齐

从救助水平来看,河北省农村医疗救助存在的突出问题是各市水平差距较大。经济发达地区的救助水平高,经济落后地区的救助水平低,医疗救助分担医疗费用的情况不理想。

唐山市规定,个人在扣除新农合和救助费用后自负住院费用的起付线为1万元,超过部分低于1万元的按20%比例救助,超过部分在1万到3万元的,按30%补偿,超过部分在3万元以上的,按40%的比例补偿。唐山市救助的封顶线设为每人每年不超过2万元。2013年上半年,唐山市农村医疗救助人数为2 248人次,支出资金792万元,为河北省救助水平最高的地区。

张家口市农村医疗救助的封顶线为每人每年不超过1万元,农村低保户家庭患重病成员在扣除新农合和救助费用后,本人住院费自负部分累计超过1万元时,统一按自负费用的20%救助,不分医疗费用区间。

通过比较可以发现,唐山市无论从报销的比例和封顶线的设置上,水平都要高过经济相对落后的张家口市。河北省各地对救助水平的规定不尽相

---

① 王黎、张滨、湛勇:《确定农村特困人口医疗救助受益人群公平性研究》,《中国卫生事业管理》2010年第5期,第316页。

同,没有统一的标准,导致各地救助水平不均,缺乏公平性和互济性。

（三）医疗救助程序繁琐,各地不统一

河北省的医疗救助对救助人申请、资格审查、救助审批等各项程序做了详尽的规定,但救助程序普遍处于较为繁琐的状态。救助涉及的步骤繁多,审理周期长,且存在重复审核的低效率行政管理,这使得许多亟待医疗救助的人群因冗杂的程序设计不能得到及时的救助,从而延误病情,增加了政府农村医疗救助的隐形成本。

同时,河北省各地在救助程序的设计上存在很大差异。目前河北省大部分市县采用了上述繁琐的救助程序,如石家庄、保定、邢台等。但近两年来,河北省的其他城市如唐山、张家口、承德等坚持探索医疗救助的"一站式"服务。以唐山为例,目前农村医疗救助程序把以前制定的个人申请、乡级审核、县(区)审批的程序全面废除,改为当地医疗机构直接垫付,民政部门按季度划拨模式,直接提高了救助工作的效率。

（四）经费投入水平低下

从政府救助经费投入的绝对量看,河北省从 2003 年政策实施以来是逐年增加的,但从投入的相对量看,政府投入经费的增长速度远低于同期卫生费用的上升速度。由此可见,河北省政府在农村的卫生投入依然不足。政府财政投入的相对不足直接导致部分农村地区医疗机构设备陈旧、人才短缺、治疗经费匮乏,严重影响了农村医疗救助的水平和效果。

从政府医疗救助投入占财政总投入的比例看,河北省最突出的问题是政府对农村医疗救助事业的投入占财政总支出的比重偏低。2007—2009年,河北省政府医疗卫生投入占财政总支出的比重分别为 5.18%、6.41%、7.46%,全省平均水平尚且如此,那么分摊到农村的经费就更少得可怜。[①]另外,与全国其他省份相比,河北省政府救助资金的投入水平处于中等偏下的水平。以重庆市为例,重庆市各区县,除享受市级下拨的救助资金,区县财政必须以不低于市级财政补助的 15% 给予配套。同时,为了充分利用农村医疗救助专项资金,重庆市规定各区县当年筹集的医疗救助基金结余量不得超过 15%。从救助水平看,重庆市对于救助对象经新农合报销后产生的自付费用,按不低于 50% 或 70% 的比例给予补偿,救助的封顶线不低于每

---

① 李素枝、于向辉:《河北农村医疗卫生保障体系存在的问题与解决对策》,《经济研究导刊》2012 年第 25 期,第 41 页。

年 10 万元。由此可见,重庆市政府资金的投入力度之大,救助水平之高。河北省救助的封顶线虽然在逐年提高,但基本维持在每年 1 万元的平均水平上,与重庆市对比实在是相形见绌。

(五)资金筹集途径单一

河北省过度依赖中央划拨的救助资金投入,对企业、个人的社会捐赠和国际组织的资金未能充分运用。尽管河北省各地鼓励社会捐赠,最近几年也涌现了包括农村特困大病患儿医疗救助金、贫困重症肝病医疗救助基金等社会资金,但从总体上看,通过社会捐赠筹集的专项救助资金依然微乎其微。同时河北省利用国际组织资金的案例多集中于利用国际金融资金扶持本省中小企业发展,偏重于经济外贸,对农村医疗救助专项国际资金的利用寥寥无几。

与之形成鲜明对比的是,重庆市在运用外来资金的渠道、数量和利用率方面都明显胜过河北省。来自企业、个人的捐赠(如重庆瑞安房地产、华国人寿、李嘉诚基金三峡库区医疗扶贫项目等)积极介入,来自国际组织如世界银行针对发展中国家农村医疗救助的专项资金、易瑞沙慈善赠药项目等为其所用,重庆市政府还专门设立了社会捐助接收办公室统筹管理社会捐赠资金。重庆市被世界卫生组织作为社会资金筹集的范本在亚洲特别是中国地区推广。河北省在这一方面显得尤为闭塞,医疗救助资金筹集的趋势必将是社会资金的作用越来越明显,河北省亟须紧跟这一不可逆转的潮流。

(六)政策执行不到位

首先,农村医疗救助政策宣传不力,相关部门缺乏有效的宣传手段。即使向农民及时传达了相关政策,对于政策的调整和跟进宣传却不能同步,这也是民众认识度低的一个原因。其次,农村医疗救助监督制度不健全,救助资金经常存在被挪用和占用的风险。政府对资金监管不力,直接影响资金的安全和救助水平,使原本有限的资金雪上加霜,不能及时足额地报销医疗费用,减轻农民医疗负担。最后,政府相关部门权责不明确,管理混乱,不能实现部门间的信息共享,这些都制约了农村医疗救助制度的进一步发展。

五、构建农村医疗救助新模式的具体措施

河北省医疗救助存在诸多问题,迫切需要建立一个有针对性的内涵丰富的救助新模式以解决农民的看病难题,捍卫农民的健康权益。新模式应

继续巩固政府作为救助主力军的基础地位,同时调动企业、社会组织、公民等其他群体加入医疗救助的队伍,集合各方力量,形成合力。政府要着力搭建一个有效的信息平台,整合资源,建立政府部门与社会群体间的联动机制,并为各方主体参与救助提供良好的政策运行环境。企业和社会组织可以为农村医疗救助的资金筹集提供新途径,以配合政府救助工作的展开,提高农村医疗救助的水平。

(一) 构建农村医疗救助新模式的理念原则

新模式的理念作为救助的指导思想和灵魂,从整体上指导整个救助工作的开展,确保医疗救助沿着正确的轨道运行。公平是现代社会保障制度的核心价值观,要建立一种不因身份、性别、民族、地域等差异而歧视或者排斥任何人的新型医疗救助模式,以此捍卫每一个公民的基本生命健康权。在这一方面,我们可以借鉴德国医疗制度的成功经验。德国医疗保险的宗旨是富人帮穷人,团结互助,社会共济,体现公平。其缴纳保险费的多少取决于投保人的经济收入,收入高的人多交,收入低的人少交。但从缴费者享受的医疗水平看,所有人都依法享有同等的医疗健康待遇,是公平、均衡价值观成功践行的典范。河北省可以借鉴德国公平均等、互助共济的原则,推动医疗资源在城乡间的公平分配。将低收入、患重病的弱势群体尽快纳入医疗救助制度中,循序渐进地推进覆盖更多人口、质量更高的国民医疗保障制度,保证农村居民享受平等的医疗资源,进而推动基本公共服务均等化尽早实现。

(二) 重视市场的作用

在社会主义市场经济条件下,筹集的救助基金的保值增值环节亟须市场的介入,以提高资金的利用率。我们可以学习美国的先进经验,重视运用市场的作用,将医疗保障与商业保险有机结合起来,扬长避短,建立起具有中国特色的医疗救助新模式。美国的医疗保障体系主要由两部分组成,即政府承办的社会医疗保险和私人或企业举办的商业医疗保险。其中政府承办的社会医疗保险主要针对贫困者、老年人和无工作能力者等,承担全国医疗保障事业的兜底工作。美国的医疗保障制度以商业医疗保险的运行为主体,商业保险公司承担医疗保障的责任,商业保险、雇主自保计划以及双蓝计划(蓝盾计划与蓝十字计划)作为三大支柱支撑整个商业医疗体系的运行。[1]

---

[1]　张奇林:《美国医疗保障制度研究》,北京: 人民出版社,2005 年,第 123 - 125 页。

对弱势群体的关怀无论从人性还是制度的设计上都是不可忽视的环节,对这部分群体的医疗救助,政府应承担起主要责任。但对于相对有一定自保能力的群体,政府应积极引导市场的介入,鼓励他们参加商业保险,以享受到更高层次的医疗保障。

(三)扩大救助对象、救助内容的范围

当前河北省农村医疗救助的对象主要针对五保户、低保户,其他因病致贫、返贫的群体被排除在救助范围之外。针对这一问题,河北省应根据当前社会经济发展水平,有步骤、分阶段地逐步扩大医疗救助的覆盖范围。首先覆盖亟须医疗救助的特殊弱势群体,再加大对因病致贫、因病返贫群体的扶助力度,最后逐步取消病种限制,将常见的大花销疾病纳入救助范围。

第一阶段:扩大弱势群体的覆盖范围。与目前河北省农村医疗救助界定的对象五保户、低保户相比,社会弱势群体中的重症病患者、残疾人等更需要及时的医疗救助,但这部分制度外的弱势群体的救助覆盖比率仍然很低。此外,失业者群体、城乡接合部土地丧失者和以精神病患者为代表的特殊弱势群体,同样需要优先被纳入医疗救助的覆盖范围。

第二阶段:覆盖因病致贫、因病返贫的农村居民。在覆盖大部分弱势群体之后,医疗救助已经基本可以保障当前最困难群众的生命健康权。然而,依然有一些收入仅仅满足温饱需求的群体,一旦发生大病,毫无储蓄的他们便会立刻返贫。因此,可以在第二阶段将这部分群体纳入医疗救助覆盖范围。界定这部分群体可以运用最低工资标准指标,因为它相对最低生活保障标准来说水平较高,操作的空间和可能性较大。以唐山市为例,2013年唐山市农村居民最低生活保障标准为每人每月367元,而劳动者月最低工资标准为1 320元;2013年邯郸市农村居民低保标准为332元,最低工资标准调整为1 260元。从以上数据大致可以看出,将覆盖范围扩大到最低工资标准以下,而不是最低生活保障标准以下,能够将更多的低收入者纳入医疗救助的保障范围。

第三阶段:取消病种限制,扩大救助对象。扩大医疗救助病种的范围也是扩大医疗救助对象、内容的重要方式。因此,第三阶段可以要求各地根据其自身情况逐步放开医疗救助病种的限制,将常见大花销疾病逐步归入救助的范围并分阶段推进,最终全部放开取消病种限制,从而使弱势群体和低收入群体再无后顾之忧,充分享受农村医疗救助的政策红利。

（四）拓宽农村医疗救助资金的筹集途径

纵观目前河北省救助资金的筹集方式,81.3%的资金来自政府的拨款。同时,在政府的资金来源中,57.2%的救助资金来自中央的拨款。随着近年来我国公民社会参与意识的增强和企业捐助理念的普及,越来越多的企业和个人加入慈善医疗的队伍,形成了医疗救助资金来源的新途径,积聚了农村医疗资金筹集的新力量。因此,河北省应在以政府财政保障农村医疗救助资金筹集的基础上,通过税收优惠鼓励企业、个人社会捐赠,从而建立一个政府财政为根基、企业捐赠为主体、充分利用国际组织资金、鼓励个人参与的金字塔形的资金多元化筹资体系。

1. 政府调整税收政策,鼓励社会捐赠

我国目前企业、个人在救助资金筹集过程中的参与程度远落后于发达国家。特别是企业目前的捐助多为重大灾难后的事后慈善,目的是宣传企业形象,商业公关色彩浓重,根植于企业慈善的责任价值观并没有融入企业社会捐赠的理念中,造成其捐赠的形式大于内容。从政府税收政策的角度看,我国社会捐赠处于初级化的原因包含以下方面。[①] 我国《企业所得税暂行条例》规定,在计算企业捐赠享受的税收优惠金额时,用于公益、救济性的捐赠部分,在年度应缴税额 3% 以内的部分,可以准予扣除。超过国家允许扣除部分的,不得享受此优惠。同时,纳税人通过中国境内非营利性社会团体、国家机关进行的捐赠可享受税收优惠,直接向受赠人的捐赠不予享受,这不可避免地降低了企业捐赠的积极性。在发达国家如加拿大,公司无论是向经营性还是非营利性慈善组织捐赠,企业都能得到同样的税收优惠。美国公司法人捐赠享有经调整后所得税额 10% 的税收优惠。即使同为发展中国家的印度,任何个人或团体向免税组织捐赠,都可享受其捐赠额 50% 的免税优惠,若其向农村发展工程捐赠,可获得 100% 的减免税,足见政府支持企业捐赠的力度。

因此,我国在制定企业捐赠的税收优惠政策时,可以考虑以下三个维度。第一,从国家的利益来看,税收制度要保证国家的经济利益,政策制定应与经济发展水平和财政承受能力相协调,"打肿脸充胖子"会影响税收优惠政策的实施效果。第二,从纳税人的利益讲,由于我国目前的经济发展水

---

① 顾昕、高梦滔、张欢:《医疗救助体系与公立医疗机构的社会公益性》,《江苏社会科学》2006 年第 3 期,第 83 页。

平所限,不可能一蹴而就地将扣除比例扩大到50%的额度,但分阶段逐步扩大比例对于鼓励企业捐赠的积极性是十分必要且可行的。第三,从非营利组织与官方的关系看,按照现行制度,未经官方特许的非营利组织接受企业捐赠的,企业捐赠方不能享受税前优惠。这对许多民间中小型非营利组织和企业来说是不公平的,会使意欲捐款的企业望而却步。所以,必须弱化非营利组织与官方的连带关系,给民间非营利组织以更大的发展空间。

2. 建立弹性筹资比例

我国目前的农村医疗救助筹资结构主要是中央资助为主,省市县三级按比例分担救助资金。通过此次调查走访滦平县的民政部门、财政部门发现,该地农村医疗救助资金的分配比例为:中央70%,地方30%(以省市县10%、25%、65%的比例分担)。同时,河北省各地区的财政筹资比例没有统一的标准,各地区差异较大。以承德市为代表的经济相对落后地区的县级财政的负担较重,省市两级的财政负担比例过小。而唐山市作为河北省财政实力最强的地区,主要是以市级财政的补助为主,市级财政资金比例达到56%,相比而言,其县级的财政负担较轻。

从以上各地救助资金的分配特点不难发现,河北省较贫困地区的县级财政压力过大,省级、市级财政资金严重缺位。而财政情况较好地区对省级的财政资金需求并不如经济欠发达地区强烈。因此建立弹性财政融资比例,合理配置资源是十分必要的,具体的操作方式可以采用如下思路。河北省根据不同地区财政承担医疗救助资金能力的不同,可将各地划分成三个不同梯度,即地方财政承担能力强、承担能力一般和承担能力弱三个层次。对于地方财政资金充裕的地区(如唐山市、石家庄市),可将其对应的省级拨付资金额减少,然后分配到地方财政资金不足、财政负担较重的承德等地区。这样以地方财力为导向的弹性筹资方式能使资金利用更加高效,避免财政资金的浪费和短缺。同时政府可以从宏观层面指导,对各地弹性筹资比例的实施效果进行实时监督,以实现科学管理救助资金的目标。

3. 充分利用国际组织的资金

目前,世界银行、IMF等国际机构为发展中国家提供专门的农村发展贷款。以农村医疗救助这一领域为例,云南省在利用世界银行资金方面取得了显著的成果。世界银行贷款——云南省妇幼卫生扶贫资金项目为项目县农村地区的3岁以下儿童和特困孕产妇提供医疗救助。该项目包括中重度3岁以下儿童腹泻、肺炎门诊和住院治疗,高危产妇的住院分娩,严重产科合并症孕妇的救助等。在世界银行 5 年的项目周期内,云南省农村通过其资金支持和技术培训,降低了当地农村孕产妇、婴儿的发病率和死亡率,为其他省市的资金渠道拓宽起到了很好的示范作用。

截至 2010 年 6 月 30 日,我国各省份中,世行资金利用率最高的前五位分别为四川、浙江、河南、上海、湖北,其总额占中国世行贷款利用总额的46％。而河北省在利用世界银行资金方面参与度不够,申请的农村医疗救助项目过少,政府的财政负担远高于其他充分利用世界银行资金的省份。因此,河北省应积极申请诸如世界银行等国际组织针对发展中国家农村医疗项目的资金。河北省在利用国际组织资金开展农村医疗救助工作时,最重要的是加强政府农村医疗救助管理能力,为国际组织项目在河北省农村地区的开展提供良好的实施环境,提高国际资金申请中标率。

(五) 构建农村医疗救助信息互动平台

构建一个包含政府政策信息、慈善组织救助信息、媒体支持信息的互助平台对于农村医疗救助新模式的确立至关重要。这样的信息平台可以将村民能够利用的资源全部整合,同时有助于媒体和社会慈善组织的宣传和政府信息政策的及时传达,对于各参与主体来说都是互利共赢的。

其一,政府应主导信息平台的建设。这个信息平台的搭建主体是政府。因为政府信息收集的权威性及资源的可靠性,是其他社会参与主体所不能媲美的。政府可以建立农村医疗救助的专门网站,并对以下几个方面进行操作指导。首先,政府将需要救助的农村居民的信息进行分类整合,在对民政部门和村委会进行调查核实的基础上,将需要救助群体的名单和救助病种发布到这个平台,以方便各类社会组织选择救助对象。同时,政府通过信息编程操作,设置专项的申请救助程序,保证需要救助的农村居民能够在网上方便、快捷地填写申请表,并将申请表及时提交到其目标组织,为后期社会慈善组织的审核、救助打下基础。其次,政府发布与农村医疗救助相关的政策文件信息以及相关的医疗救助常识,帮助农村居民普及医疗救助知识,鼓励村民自主寻找救助途径,充分利用信息平台上一切可能的资源解决自己的难题。最后,政府设置实施效果评分表,在村民通过信息平台接受救助后,设置专门的打分页面,村民通过分数评价实施救助的效果,避免信息平台沦为形式化的工具。

其二,社会慈善组织、企业、公民应积极参与信息平台建设。各种社会组织和企业可以将信息发布到该平台上,以方便需要医疗救助的农村居民有的放矢,及时找到其需要的救助组织。相关信息包括各社会组织医疗救助的条件、对象、病种内容、救助金额、后期反馈等各项信息。公民的参与主要包括两方面的内容。一是,需要医疗救助的农村居民可以根据信息平台上的申请表,及时将自己的疾病情况、经济能力和需求发布到该信息平台以方便社会各方救助活动的展开。二是,公民在接受救助活动后,及时在该信息平台上对政府、社会各方的救助工作进行评价,通过打分和主观评价的方式进行监督,以推动各项救助工作的不断改进和完善。

(六)明确责任主体,建立一站式服务

其一,做好一站式衔接的准备工作。首先是要建立相关部门之间的沟通协调机制。医疗救助的一站式服务涉及民政、卫生、财政、医疗机构等多个部门,应建立部门间的信息共享机制,使得各部门均能及时、全面地了解相关信息,从而实现高效合作。这个信息共享机制主要依托前面构建的医疗救助信息平台,各部门把涉及医疗救助的相关信息及时发布到这个平台上,从而实现各部门信息共享,并通过信息平台及时了解救助接受者的反馈、评价,完善服务质量。

其二,明确责任主体,实现报销与支付环节对接。农村医疗救助的支付与报销环节涉及民政部门、定点医疗机构和财政部门的工作,需要清晰地划分相关各部门的职责。民政部门要与定点医疗机构建立协作机制,循序渐进,将目前的事后救助转为事前救助。即定点医疗机构事先垫付医疗救助费用,如患者的医疗费用达到新农合起付线,患者只需支付经新农合和医疗救助报销后的剩余医疗费用;如患者治疗费用并未达到新农合的起付线,则由医疗机构事先垫付所有花费,患者无须承担。民政部门可以按季度或年度与医疗机构进行费用结算。财政部门负责根据本年度医疗机构救助人员的数量和医疗经费向民政部门划拨救助资金,并对资金使用情况进行及时的跟进、监督。同时,在对接的过程中,民政部门要对医疗机构提供的医疗服务进行监督和约束,避免医疗机构过度提供医疗服务,滥用医疗资源,损害患者利益,造成救助资金浪费。

第三节　将大学生纳入多支柱医疗保障体系

大学生群体医疗保障是社会保障体系不可忽视的重要组成部分。我国早在 1953 年就开始实行高校公费医疗制度,2008 年出台的政策又将大学生纳入城镇居民医疗保险之中。本节结合问卷调查分析考察天津市大学生医疗保障的基本状况,指出目前大学生群体的制度受益范围相对有限、非强制性原则背离制度设计初衷、校医院职能严重缺位,同时借鉴发达国家的制度建设经验,提出未来完善的相关建议。

一、大学生医疗保障现状分析

大学生群体是国家未来发展的生力军。他们的健康状况不仅关系到祖国的前途和命运,而且成为检验"全民医疗"改革目标是否真正实现的客观尺度之一。因此,大学生医疗保障是建立覆盖城乡居民社会保障体系不可或缺的重要组成部分。我国的大学生医疗保障大致经历了单一的高校公费医疗模式阶段、多样化的医疗保障模式探索阶段和逐步纳入统一的城镇居民医疗保险模式阶段。[①] 2008 年,国家四部委对国务院《关于将大学生纳入城镇居民基本医疗保险试点范围的指导意见》做出部署。2009 年《国务院关于印发医药卫生体制改革方案(2009—2011 年)的通知》提出,将在校大学生全部纳入城镇居民医保的范围。此后,各地相继出台政策将大学生纳入城镇居民医疗保险制度。天津市于 2009 年发文贯彻落实《国务院办公厅〈关于将大学生纳入城镇居民基本医疗保险试点范围的指导意见〉》,并于同年发布了《关于建立学生儿童意外伤害附加保险制度有关问题的通知》。但是,由于各种复杂因素的影响,时至今日针对大学生群体的功能完善的医疗保障体系尚未形成,医疗保障在政策实施方面仍然存在诸多问题,保障大学生充分享有医疗卫生服务权利依然任重而道远。

为进一步考察分析高校大学生群体医疗保障的发展现状,总结出大学生医疗保障制度存在的突出问题,进而提出未来我国大学生医疗保障的相关发展对策,本节以天津市内全日制普通高等学校中接受普通高等学历教育的全日制本科生和研究生为对象,对 N 大学、L 大学、S 大学、F 大学、Z 学院等五所高校进行了随机抽样调查。受访对象涵盖了从大学一年级到四年级以及研究生阶段的大学生群体。本次调查共发放问卷 200 份,回收有效

---

① 吉莹、周绿林:《江苏省大学生健康状况与医疗保障需求调查研究》,《中国卫生学校》2010 年第 5 期,第 90 页。

问卷 190 份,回收率为 95%。调查对象的年龄范围为 19~26 岁。其中来自城市的有 110 人,所占比例为 57.9%;来自农村的有 80 人,所占比例为42.1%。本次调查问卷的主要内容涉及大学生群体参加医疗保险情况、医疗卫生服务利用情况、对现行医疗保障的评价与期望等三个方面。所有资料采用 SPSS 软件建立数据库并进行统计分析。

（一）参加医疗保险情况

受访的大学生中有 72 人参加了天津市城镇居民医疗保险,所占比例为37.9%;未参保人数约占 61.1%;还有 2 人不清楚自己是否参保。在未参保的大学生中,有 64 人是因为不了解城镇居民医疗保险政策,所占比例为 55.2%;有 28 人是因为已在家乡参保,所占比例为 24.1%;还有部分大学生因为参保缴费高或者自己身体健康而未参加城镇居民医疗保险,所占比例为 20.7%。

在商业医疗保险的参保方面,被调查的大学生中有 34 人参加了商业医疗保险,所占比例为 17.9%;未参保者的比例为 82.1%。参保的原因涉及多个方面:家长主张购买、保障项目适合需要、购买后有安全感、保险公司的营销得力、学校强制统一购买等。而未参保的原因主要集中于"身体健康,没有必要"和"宣传不够,对险种不太了解",前者所占比例高于 1/3,后者所占比例超过 50%。

表 3-4　未参加城镇居民医疗保险的原因

未参加原因	人数/人	所占比例/%
缴费太高	8	6.9
身体健康,医疗费用少	16	13.8
不了解城镇居民医疗保险	64	55.2
在家乡参保	28	24.1

资料来源:根据调查数据整理

（二）医疗卫生服务利用情况

对现有医疗服务利用情况的调查,涉及去医院的就诊次数、患常见病的就诊机构以及对校医院的满意程度等问题。

83.2%的被调查大学生表示在近一年内去医院就诊的次数在 2 次以下,其中 37.9%的学生表示在近一年内未去过医院就诊;而仅有 16.8%的大学生近一年内去医院就诊的次数在 3 次以上。未去医院就诊的多种原因中,自感病轻(占 76.8%)、医疗费高(占 26.3%)、就诊程序繁琐(占 18.9%)分列前三位,成为主要致因。

受访的大学生中大多数人(占 51.6%)表示患常见病会去校医院就诊,其他人会选择去综合性医院、私人诊所或者社区医院就诊。大学生患常见病选择就诊场所的标准主要是方便程度和医疗价格,两者的比例分别为 63.2%和32.6%,这也在很大程度上解释了大学生患常见病选择去校医院就诊的关键原因。与此同时,有 23.2%的大学生表示校医院不能满足自身的现实需求;校医院的不足之处表现在医疗技术差、药品差、医疗保险报销不方便等方面。

(三)对现行医疗保障的评价与期望

大学生群体对现有医疗保障不足之处的评价主要涉及:城镇居民医疗保险缴费高;保险报销程序繁琐;保险起付标准高、小额医疗费不能累计;如果患大病就无法保障。在以上四个项目中,55.8%的受访者提出了至少两点不足。

就大学生的医疗费用负担状况而言,由于城镇居民医疗保险起付标准高、小额医疗费不能累计,超过 3/4 的大学生表示自付医疗费给自己带来了或轻或重的负担,其中 8.4%的人认为医疗费负担重或很重,仅有 24.2%的大学生表示自付医疗费不会给自己带来任何程度的负担。

表 3-5 解决大病医疗的对策途径

选　　项	人数/人	所占比例/%
政府建立救助基金	158	83.2
慈善机构救助	118	62.1
社会自愿捐款	78	41.1
学校强制参加医疗保险	30	15.8

资料来源:根据调查数据整理

关于大病医疗,56.8%的受访对象表示学校里发生过同学因患重病而陷入生活绝境的例子。在解决这一问题的四个对策选项中(学校强制参加医疗保险、政府建立救助基金、慈善机构救助、社会自愿捐款),选择单一答案的学生仅占 37.9%,大部分人认为应该从多个方面以综合性政策措施解决大病导致大学生陷入生活绝境的问题。超过 83%的人认为政府应建立大病救助基金,62.1%的人认为慈善机构应出面解决该问题,41.1%的人认为解决这个问题可以依赖社会公众的爱心捐款。

二、大学生医疗保障存在的突出问题

目前,我国大学生医疗保障处在两种制度(即公费医疗制度和将大学生纳入城镇居民医疗保险制度)进行衔接的临界点,同时针对大学生群体的商业医疗保险发展得还不太成熟,大学生医疗保障体系暴露出许多亟待解决的现实问题。

(一)制度覆盖范围相对有限

制度覆盖范围比较有限表现在两个层次,其第一层含义是制度保障对象的覆盖有限性。一方面,我国传统的公费医疗制度覆盖的大学生范围相对有限。大学生公费医疗制度限制条件严格,二级学院、计划外扩招及高职高专的学生不在公费医疗制度范围内。另一方面,由于经济发展水平等因素而未能将大学生纳入城镇居民医疗保险制度地区的部分大学生不能被新政策覆盖。一些地区由于经济条件的限制和制度转型成本的存在,并未将大学生纳入城镇居民医疗保险,因此当地高校仍然延续公费医疗制度或者根本没有任何医疗保障措施。

制度覆盖范围比较有限的第二层含义是制度保障项目范围的有限性,这根源于城镇居民医疗保险制度的自身特点。城镇居民医疗保险制度的主要内容之一是保障参保人住院发生的医疗费用,同时设置"起付线"和"封顶线",而非参保人的门诊医疗费用。尽管将大学生纳入城镇居民医疗保险制度有利于实现"全民医疗"的目标,但客观上大学生群体患常见病的概率较大,所以大学生发生门诊医疗费用的支出更多。因此,如果完全按照城镇居民医疗保险制度的保障方式对大学生进行保障,就相当于变相排除对门诊医疗费用的保障,从而减少了制度保障项目范围。此外,不适当的"起付线"和"封顶线"的存在,也会降低对贫困大学生以及患大病的部分大学生的住院医疗费用的保障程度与保障效果。

(二)非强制性原则背离制度设计初衷

国务院办公厅发布的《关于将大学生纳入城镇居民基本医疗保险试点范围的指导意见》和各地的相关实施细则中,都规定了"坚持自愿原则"。这种参保的非强制性使得扩大制度覆盖率面临挑战。一方面,大学生群体处在人生的黄金阶段,大多身体健康、疾病发生率较低,即使患病也多是常见病。因此,在自愿的条件下,部分大学生倾向于自付常见病的医治费用而非缴费参保。另一方面,大学生过着集体生活,校园内人口分布密度大,一旦出现传染病后果较为严重。但大学生较弱的保险意识和健康投资理念使得大学生在非强制的环境下不会主动参保。

对天津市五所高校进行的问卷调查辅证了上述观点。在对自身健康状况的评价方面,大多数受访者认为自己身体很健康或一般健康,其中认为自己很健康的大学生占到 50.5%,只有 3.2%的人认为自己身体有问题。因而,大学生普遍认为没必要多交钱参加医疗保险。在这种情况下,大学生的参保率偏低。非强制原则从根本上弱化了大学生医疗保障应该具有的"均衡负担、分散风险"的作用,使得社会保险的"大数法则"无法实现。

(三)校医院等医疗机构职能缺位

校医院作为大学生患常见病的首选就医场所,其所能提供的医疗服务质量直接影响到大学生享有的医疗保障状况,而目前我国大部分高校的校医院等医疗机构都存在不同程度的职能缺位。对天津市五所高校大学生的调查结果显示,目前校医院或医务室在大学生医疗保障方面的职能缺位主要表现在两大方面。其一,作为医疗机构,校医院医疗条件较差。高校现有的校医院大多存在药品不足、医疗设备缺乏、医疗技术不高、服务态度差等问题。其二,在校医院看病,保险报销程序繁琐。医疗保险大多规定定点医疗机构,但目前只有一小部分高校校医院是大学生医疗保险的定点医疗机构,这使得大学生即使投保也会面临较为繁琐的报销程序。

三、国外大学生医疗保障制度的经验借鉴

(一)美国与学籍挂钩的社会医疗保险

在美国,大学生都要参加社会医疗保险,在报到时学生必须提交参加医疗保险的证明,否则就不能注册入学;注册的在校大学生会自愿参加商业医疗保险,学生的抚养人也可以自愿投保。高校学生医疗保险的范围十分广泛,一般包括:因意外事故导致的伤亡或疾病医疗费、定额给付的住院费、门诊医疗费、精神病治疗费等。此外,美国的医疗救助制度也很发达,对 21 岁以下的青少年和贫穷的大学生定期提供检查诊断和治疗服务,政府根据每位患者所享受的医疗服务直接将费用支付给服务提供者。[①]

---

① 李国柱:《国外大学生医疗保险经验借鉴及启示》,《教育探索》2009 年第 3 期,第 140－141 页。

（二）英国面向全民的国民卫生保健体系

英国实行国民卫生保健体系(NHS),向英国居民提供免费或部分免费的医疗服务,其经费主要依靠政府财政收入,绝大多数事故、突发事件和社区的医疗服务(不包括住院)对任何人都是免费的。外国留学生只要在英国全日制学校学习满 6 个月以上,都可以享受全英国民医疗保健服务。NHS规定每个居民(包括在校大学生)在享受 NHS 前,须向住所附近的公共医疗诊所或者大学医院办理登记注册,选择自己的医生。英国各主要保险公司提供了形式多样的医疗保险服务,大学生也可以根据自身需要选择适合自己的保险品种作为补充。①

（三）德国的法定医疗保险

德国高校所有学生必须参加法定医疗保险,即社会医疗保险。医疗费的支付是由保险公司或者社会保险机构与医院直接进行的。无论是德国学生还是国外留学生,在大学注册入学时,必须提交参加医疗保险的证明,没有医疗保险证明不能入学。德国的医疗保险主要由法定医疗保险和私人医疗保险两大部分组成。大学生医疗保险包括医务保险、护理保险以及意外保险。医务和护理保险将由医疗储蓄金管理机构实施;意外保险将自动由大学实行。②

（四）新加坡储蓄基金型医疗保障

新加坡实行储蓄基金型医疗保障制度,主要通过强制性储蓄的积累方式满足居民医疗保障需求。政府以法律形式规定,强制性地把个人消费基金的一部分以储蓄个人公积金的方式转化为保健基金。这种基金是以个人责任为基础、政府分担部分费用而设立的中央公积金。对于未参加工作的大学生,可通过保健储蓄计划,由其父母按照工资的一定比例缴款建立保健储蓄基金,用于支付投保人及其家庭成员的住院及部分门诊费用。同时,对无力支付医疗费的穷人,由政府出资设立基金,给予医疗补助。③

（五）日本的国民医疗保险

日本实行的是国民医疗保险,属于社会医疗保险模式,其特点是险种多

---

① 王海荣:《大学生医疗保险制度国际比较与借鉴》,《中国卫生事业管理》2009 年第 11 期,第 742 - 747 页。

② 同上。

③ 李国柱:《国外大学生医疗保险经验借鉴及启示》,《教育探索》2009 年第 3 期,第 140 - 141 页。

样、保障齐全、对象专一、低保费、高保障。无固定职业的大学生,可参加国民健康保险计划。国民健康医疗保险规定,被保险人及其家属在门诊接受治疗时,患者本人负担医疗费用的30%,住院时本人负担医疗费用的20%。国民健康保险的资金来自税收、受保人缴费和政府的补贴,税率和缴费率由地方政府确定,一般采用地方税的形式征收。在医疗保险的管理上,政府主要负责立法、指导、组织和监督,各类医疗保险机构实行各自独立管理。政府对各医疗保险组织的经费补助数额和方法因组织而异。一般来说,保险机构的管理运行费用都由政府全额负担。[①]

四、完善大学生医疗保障的对策建议

(一)积极发展多支柱的大学生医疗保障体系

大学生的健康水平直接影响我国人力资本的存量和质量,为全面保障大学生享受医疗服务的权利,我国大学生医疗保障体系的整体设计应从大学生的实际保障需求出发,与现行的教育制度和其他社会保障制度相衔接。因此,应努力构建以社会医疗保险为主体、以商业保险和重大疾病医疗补助为补充的多支柱医疗保障体系,其中社会医疗保险是基础,商业医疗保险为高层次的补充,大病医疗救助基金可作为大学生群体的坚强后盾。

在大学生医疗保障多支柱体系的宏观导向下,必须高度重视并尽快建立针对贫困大学生的社会医疗保险的补助计划和大病医疗救助基金计划。此外,应鼓励适度发展大学生医疗保障体系的补充支柱部分。目前大学生群体的社会医疗保险正处于"低水平广覆盖"的推行探索阶段,尚不能满足封顶线以上部分的医疗费用支付。但商业医疗保险的发展可以在一定程度上实现高层次的医疗保障需求。因此,政府可以对商业医疗保险给予一定的财政优惠政策,学校和保险公司应适当加强对商业保险的宣传,从而积极鼓励和引导有条件的学生参加商业保险。

(二)优化制度设计,做好相关医保政策的有效衔接

如前所述,由于"自愿参保原则"存在诸多不利于社会医疗保险制度健康发展的缺陷,建议针对大学生的社会医疗保险制度设计应体现强制性以

---

① 李国柱:《国外大学生医疗保险经验借鉴及启示》,《教育探索》2009 年第 3 期,第140-141 页。

保障全员参保。同时大学生社会医疗保险应遵循"低投入高福利"的原则，以"政府补助、学校补贴、学生缴费"的三方机制共同筹措统筹基金，其中政府和高校应承担主要责任，从而缓解和降低大学生医疗费用的负担。在政策实践中，可以考虑将大学生的医疗保险费用与学费一起收取，①并适时将大学生医疗保险卡用于门诊医疗费用的报销，从而增强制度的吸引力与实效性。

针对大学生的医疗保障制度设计还应考虑到大学生就业或者深造后的医疗保险转移接续问题。大学生在校期间参加城镇居民基本医疗保险；若大学生毕业后稳定就业，则随同用人单位参加城镇职工基本医疗保险；若灵活就业则按照灵活就业人员身份参保；在校期间参加医疗保险的年限，应当与其就业后参加城镇职工基本医疗保险的年限合并计算。这样，不管是在校还是就业，大学生群体都能连续地享受医疗保障所带来的福利。②

（三）充分发挥校医院应有的桥梁媒介作用

校医院是连接学生和医疗保险机构之间的重要媒介，应当充分意识到校医院在完善大学生医疗保障中的重要作用。建议加大对校医院的投入，除了应在改善医疗技术、医疗设备和服务态度等方面做出努力外，还应推动校医院尽快成为大学生社会医疗保险的定点医疗机构。校医院作为定点医疗机构不仅可以简化大学生医疗保险报销程序，也能更充分更直接地为大学生提供被医疗保险覆盖的医疗服务。

（四）加强政策宣传，提升大学生的健康投资意识

目前大学生医疗保险的参保比例偏低，这既有大学生自身的原因，也有医疗保障制度政策宣传不足等方面的原因。调查显示，有相当一部分大学生表示因为自己不了解相关政策内容而没有参加城镇居民医疗保险(占55.2%)和商业医疗保险(占52.6%)。建立医疗保障制度以化解未来的疾病风险，是国家和政府的高瞻远瞩之举，是对国民健康和人力资本的一种投资。大学生积极参加医疗保险不仅是对自己的健康进行投资，更是为国家

①　王桂萍：《基于大学生医疗保障体系完善的途径分析》，《中国卫生经济》2008年第6期，第19页。

②　石祥：《关于建立大学生多层次医疗保障体系的思考》，《中国卫生经济》2009年第2期，第215页。

储备健康人才的有益行动。因此,建议社会保障部门应及时与学校建立合作协调机制,定期组织大学生医疗保障政策的宣传活动和健康意识教育活动以提高大学生的医疗保障意识,这不仅可以提高大学生医疗保险的参保率,更有助于保障大学生群体的健康权益。

第四章　城乡社会福利与救助的
　　　　内涵式发展

转型期我国社会保障体系建设的稳步推进有赖于城乡社会福利与救助的内涵式发展。以老龄化视角推进残疾人福利转型、以政府主导推进社区居家养老服务、大力拓展城市弱势群体社区福利服务、助力生育福利向适度普惠型政策升级、促进农村低保与扶贫开发政策有效衔接是推动城乡社会福利与救助内涵式发展的重要方面。

第一节　以老龄化视角推进
　　　　残疾人福利转型

随着人口老龄化的推进,残疾老年人口已成为残疾人群的主体。其福利需求的同一性表现为福利需求受年龄特征影响、与残疾特征之间的联系更为紧密,并且呈现出全方位、低层次的特点;其福利需求的差异性体现在需求程度、需求偏好和需求的主体地位方面。残疾老年人口的这种双重福利需求特征为老龄化背景下残疾人福利政策改革提供了潜在的转型方向,即在由传统劳动福利型保障转向适度普惠型保障模式的前提下通过构建多支柱分层次的残疾人福利体系来满足其福利需求多样性。

一、从老龄化视角推进残疾人福利转型的必要性

党的十八大报告提出"更加注重社会建设,着力保障和改善民生",《中共中央国务院关于促进残疾人事业发展的意见》《关于加快推进残疾人社会保障体系和服务体系建设的指导意见》《中国残疾人事业"十二五"发展纲

要》等一系列文件的出台,进一步显示了国家和政府着力推动残疾人事业快速进入制度性保障发展阶段的决心。根据第二次全国残疾人抽样调查数据推算,我国 60 岁及以上的残疾老年人口已经成为残疾人口的主体,其数量规模为 4 416 万人,占残疾总人口的 53.24%。[①] 在人口老龄化加速推进的趋势下,到 2050 年,60 岁及以上的老年残疾人规模将达到 1.03 亿人,80 岁及以上高龄老年残疾人的规模约为 4 473 万人。[②] 残疾老年人口是兼具年龄与残疾属性的劣势叠加群体,深入研究和探讨该群体的福利需求特性,进而为老龄化背景下我国残疾人福利制度的优化完善提供决策参考,对于增进残疾人福祉、维护社会公平正义和共享改革发展成果具有重要的现实意义。

在残疾老年人福利需求研究方面,刘宏义(1990)认为残疾老年人的最主要需求是"老有所医、老有所养";郑晓瑛、孙喜斌、刘民等(2008)指出残疾老年人口对长期护理需求远高于无残疾人口;[③] 杜鹏(2008)分析了残疾老年人狭义的康复需求;[④] 姚远(2007)提出对医疗与康复的需求成为北京市残疾老年人的最主要需求;张敏杰(2010)在浙江省 6 个县调研了农村高龄残疾妇女的需求;[⑤] 许琳(2010)分析了残疾老年人生活照料需求的状况与特点。[⑥] 总体看来,现有研究大多是在认定残疾老年人群体具有均质性的基础上展开的,忽视了对不同特征群体福利需求差异性的分析与研究。然而需求既具有类别化的特征,表现为群体具有某些相同指向的需求,同时还具有差异化的特征,表现为若干个体或群体与另外一些个体或群体具有某些不同指向的需求。就残疾老年群体而言,其福利需求既表现为整体的同一

---

① 第二次全国残疾人抽样调查办公室:《第二次全国残疾人抽样调查主要数据手册》,北京:华夏出版社,2007 年,第 24 页。

② 丁志宏:《我国老年残疾人口:现状与特征》,《人口研究》2008 年第 4 期,第 66 页。

③ 郑晓瑛、孙喜斌、刘民:《中国残疾预防对策研究》,北京:华夏出版社,2008 年,第 38 页。

④ 杜鹏、杨慧:《中国老年残疾人口状况与康复需求》,《首都医科大学学报》2008 年第 3 期,第 262 页。

⑤ 张敏杰:《农村高龄残疾女性生存状态调查》,《中国残疾人》2010 年第 6 期,第 57 页。

⑥ 许琳:《老年残疾人生活照料需求与服务保障供给》,《社会保障研究》2010 年第 6 期,第 22 页。

性又兼具不同特征子群体的差异性。本研究以此为基点,利用第二次全国残疾人抽样调查相关数据,对残疾老年人口整体的福利需求特点以及残疾老年人口不同特征子群体的福利需求的差异性进行分析,从而总结初步的探索性结论,并提出促进老龄化背景下残疾人福利制度健全完善的对策建议。

二、残疾老年人口整体福利需求的同一性分析

根据第二次全国残疾人抽样调查数据,残疾人口的基本需求涵盖了十三个项目,其中医疗服务与救助、贫困救助与扶持、康复训练与服务、辅助器具、生活服务等五项内容与残疾人福利制度的联系更为紧密。数据分析显示,残疾老年人口在以上五个方面的需求相对较高,相应比例分别在20%～75%之间。从福利需求的构成来看,上述五项需求所占比重的总和约为94.53%,成为残疾老年人口福利需求的主体内容。其中,贫困救助与扶持、医疗服务与救助、辅助器具需求的三项合计占总需求的比重超过3/4,成为核心需求;康复训练与服务、生活服务需求的所占比重低于10%,成为次级需求;医疗服务与救助需求所占比重最高,达到30.80%,成为最主要的核心需求。从需求偏好来看,残疾老年人口对医疗服务与救助、贫困救助与扶持、辅助器具、康复训练与服务、生活服务项目的需求依次排在第一至第五位。

通过进一步的深入分析,可以发现残疾老年人口整体福利需求的基本特征主要体现为以下三个方面。第一,残疾老年人口的年龄特征影响着其福利需求的特点。需求在不同年龄段残疾人群的表现存在比较明显的差异,残疾老年人的福利需求具有自身特点。通常而言,青壮年群体由于正处于生命历程中成长与发展的关键时期,他们对人力资本投资方面的需求更为强烈,老年人群体随着步入老年期而逐渐退出劳动力市场与主要的社会活动,因此对维持自身基本生活方面的需求更为关注。与0～14岁和15～59岁年龄段残疾人口相比,在贫困救助与扶持、医疗服务与救助、生活服务、辅助器具需求项目中,残疾老年人口占总需求人口的比重最高,均在48%以上。其中,医疗服务与救助、辅助器具、生活服务需求项目中的残疾老年人口占总需求人群的一半以上。

第二,在某种程度上残疾特征与福利需求特征之间的联系更为紧密。

与老年健全人群相比,残疾老年人口的最主要障碍来源于残疾,其相应需求也体现出主要应对残疾方面的特征。残疾老年人口存在不同程度的活动和参与障碍,因此他们非常需要通过相应服务与设施以便正常地融入社会生活。在基本需求项目中,医疗服务与救助、辅助器具、康复训练与服务、生活服务、无障碍设施和信息无障碍需求均直接与残疾相关,是解决和缓解由残疾产生的障碍的重要项目,残疾老年人口对它们的需求之和约占所有需求项目的71%,可见残疾老年人对该类项目的需求强烈程度。而残疾老年人口收入贫困与残疾间接相关,因此残疾老年人口对贫困救助与扶持的需求同样非常强烈,占所有需求项目的比重约为25.46%。

表4-1 全国残疾老年人口福利需求状况

需 求 类 别	人次/人	比例/%	排位	比重/%
医疗服务与救助	63 675	74.68	1	30.80
贫困救助与扶持	52 631	61.73	2	25.46
辅助器具	41 862	49.10	3	20.25
康复训练与服务	19 768	23.19	4	9.56
生活服务	17 519	20.55	5	8.47
就业安置或扶持	509	0.60	12	0.25
教育费用补助或减免	176	0.21	13	0.09
职业教育与培训	29	0.03	14	0.01
无障碍设施	2 896	3.40	6	1.40
文化服务	1 286	1.51	9	0.62
信息无障碍	1 058	1.24	10	0.51

数据来源:依据第二次全国残疾人抽样调查数据整理分析而得

第三,残疾老年人口的福利需求表现出全方位、低层次的特点。如果把相关需求项目划分为生存型需求项目、发展型需求项目和生活质量型需求项目这三个需求层次,则可发现残疾老年人口的基本需求虽然包含了以上所有方面,但仍以生存型需求为主,发展型需求与生活质量型需求较低。残疾老年人兼具年龄与残疾双重弱势,属于劣势叠加群体,因此迫切需要满足最基本的需求。医疗服务与救助、辅助器具、康复训练与服务是克服残障困难的最低要求,而贫困救助与扶持、生活服务是维持残疾老年人口基本生活的起码条件。残疾老年人口的这五项生存型需求约占所有需求项目总和的94.53％,成为其主要需求。而就业安置或扶持、教育费用补助或减免、职业教育与培训这三项发展型需求所占比重均在 0.3％以下,三者比重合计仅为0.35％。残疾老年人口的生活质量型需求比重也较低,无障碍设施、文化服务、信息无障碍这三项生活质量型需求所占比重均在 1.5％以下,三者比重合计仅为 2.53％。

三、残疾老年人口福利需求的差异性分析

我国残疾老年人口不仅规模庞大,同时更需引起注意的是残疾老年人口不同特征子群体的异质性非常明显。残疾老年人口的不同特征子群体涉及分年龄、分性别、分残疾类别、分城乡与分地区残疾老年人口,他们的福利需求有着各自的特征,因自身特点而存在比较明显的类别化差异。

(一)分年龄残疾老年人口的福利需求

其一,分年龄残疾老年人口在福利需求程度方面存在差异。从分年龄残疾老年人口的各需求项目比例来看,贫困救助与扶持、医疗服务与救助、生活服务、康复训练与服务、辅助器具项目的相应比例较高,处于 20％至76％之间,其余需求项目的比例均低于 4％,此五项需求成为各年龄段残疾老年人口的主要需求。就医疗服务与救助而言,60～69 岁低龄残疾老年人口对该项目的需求程度相对最高,分别高于中龄(70～79 岁)与高龄(80 岁及以上)残疾老年人口相应水平约 1.3 个百分点和 2.9 个百分点。同时,低龄残疾老年人口对贫困救助与扶持、康复训练与服务的需求程度也相对最高,前者需求比例接近 2/3,后者需求比例超过 1/4。高龄残疾老年人口对辅助器具、生活服务的需求比例依次超过 54％和接近 22％,分别高于中龄与低龄残疾老年人口的相应需求程度。

其二,分年龄残疾老年人口在福利需求偏好方面存在差异。不同年龄段残疾老年人口在前述五项主要福利需求的排位并不完全一致,显示出需求偏好的年龄段选择特征。低龄、中龄和高龄残疾老年人口的前三项内容与排位相一致,依次为:医疗服务与救助、贫困救助与扶持、辅助器具需求。但低龄与中龄残疾老年人的康复训练与服务需求比生活服务需求更为强烈,两者均分列第四位和第五位,而高龄残疾老年人口的生活服务需求,排在康复训练与服务需求之前。可见,与中、低龄残疾老年人口相比,高龄残

疾老年人口的生活服务需求相对突出,其群体需求特征比较明显。

其三,分年龄残疾老年人口在福利需求的主体地位方面存在差异。在医疗服务与救助、贫困救助与扶持、辅助器具、康复训练与服务、生活服务等项目的需求方面,均是中龄残疾老年人口所占比重最高,低龄残疾老年人口比重次之,中龄与低龄残疾老年人口的需求比重之和均在75%以上,这两类残疾老年人口成为上述项目的主要需求群体。

(二)分性别残疾老年人口的福利需求

其一,分性别残疾老年人口在福利需求程度方面存在差异。从分性别残疾老年人口的各需求项目比例来看,贫困救助与扶持、医疗服务与救助、辅助器具、生活服务、康复训练与服务项目的相应比例较高,处于19%以上,其余需求项目的比例均在4%以下,此五项需求成为男女残疾老年人口的主要需求。但就生活服务、贫困救助与扶持、医疗服务与救助方面而言,女性残疾老年人口的需求程度相对较高,分别高于男性相应水平约1.7个百分点、3个百分点和3.5个百分点以上。而男性残疾老年人口对康复训练与服务、辅助器具的需求程度相对较高,其比例分别超过女性残疾老年人口相应水平1.2个百分点和5.3个百分点以上。

其二,分性别残疾老年人口在福利需求的主体地位方面存在差异。从前五项主要需求中的性别构成状况来看,女性残疾老年人口在贫困救助与扶持、医疗服务与救助、康复训练与服务、生活服务等四个项目的需求比重超过二分之一,均高于男性相应水平,其中前三者的需求比重更明显高于男性7个百分点以上,因此女性残疾老年人口成为以上四项的主要需求群体。

(三)分残疾类别老年人口的福利需求

其一,分残疾类别老年人口在福利需求程度方面存在差异。从分残疾类别老年人口的各需求项目比例来看,视力残疾、听力残疾、言语残疾、肢体残疾与多重残疾老年人口在贫困救助与扶持、医疗服务与救助、康复训练与服务、生活服务、辅助器具项目的相应比例较高,处于11%~90%之间,其余需求项目所占比例均低于6%,此五项需求成为上述五类残疾老年人口的主要需求;而精神、智力残疾老年人口在贫困救助与扶持、医疗服务与救助、生活服务、康复训练与服务项目的相应比例较高,均在28%~89%之间,其余需求项目所占比例很小,此四项需求成为两类残疾老年人口的主要需求。但在视力残疾老年人口中,有医疗服务与救助需求的接近90%,其需求程度均高于其他残疾类别老年人口的相应比例。智力残疾老年人口对贫困救助与扶持、生活服务的需求比例分别超过 3/4 和 1/3,其需求程度均高于其他残疾类别老年人口的相应水平。听力残疾老年人口对辅助器具的需求程度相对最高,其需求比例超过 3/4。言语残疾老年人口对康复训练与服务的需求比例为 47.4%,明显高于其他残疾类别老年人口的相应需求程度。

其二,分残疾类别老年人口在福利需求偏好方面存在差异。不同残疾类别老年人口在主要需求项目的排位并不一致,显示出需求项目的残疾类型选择特征。视力、听力、言语、肢体、智力、多重残疾老年人口的前五位需求均包含了贫困救助与扶持、医疗服务与救助、生活服务、康复训练与服务、辅助器具项目;而精神残疾老年人口的第一至四位需求分别为医疗服务与救助、贫困救助与扶持、生活服务、康复训练与服务,其辅助器具需求仅仅排在第八位。视力、言语、肢体、精神、多重残疾老年人口的医疗服务与救助需求最为强烈,均排在第一位;听力残疾老年人口的辅助器具需求最为强烈,占该群体各项需求总和的 32.90%;智力残疾老年人口的贫困救助与扶持需求排在第一位。就生活服务项目而言,视力、智力、精神残疾老年人口的需求程度最为强烈,均排在第三位;在康复训练与服务方面,言语残疾与肢体残疾老年人口的需求最为强烈,均列于第三位。

其三,分残疾类别老年人口在福利需求的主体地位方面存在差异。在医疗服务与救助、贫困救助与扶持、辅助器具、康复训练与服务、生活服务各项目中,听力、肢体、视力、多重残疾老年人口的比重之和均在 90% 以上,这四种残疾类别老年人口成为上述各项目的主要需求群体。其中,在医疗服务与救助、辅助器具项目方面,听力残疾老年人口是最主要需求群体;在贫困救助与扶持、康复训练与服务方面,肢体残疾老年人口是最主要需求群体;在生活服务项目方面,视力残疾老年人口是最主要需求群体。

(四)分城乡残疾老年人口的福利需求

其一,分城乡残疾老年人口在福利需求程度方面存在差异。从分城乡残疾老年人口的各需求项目比例来看,城乡残疾老年人口在贫困救助与扶持、医疗服务与救助、生活服务、辅助器具、康复训练与服务项目的相应比例较高,处于 19% 至 74% 之间,其余需求项目所占比例均低于 7%。此五项需求成为城乡残疾老年人口的主要需求。就贫困救助与扶持、生活服务、医疗服务与救助而言,城镇残疾老年人口的该项需求低于农村残疾老年人口的相应比例水平。特别是贫困救助与扶持,农村残疾老年人口对其需求程度相对更高,比城镇残疾老年人口高出 24 个百分点以上。就辅助器具、康复训练与服务而言,城镇残疾老年人口对其需求程度相对更高,比农村残疾老年人口高出3～6 个百分点。

其二,分城乡残疾老年人口在福利需求偏好方面存在差异。在需求偏好方面,城乡残疾老年人口在主要需求项目的排位并不完全一致,反映出福利需求选择的城乡差异特征。具体来看,虽然城乡残疾老年人口对辅助器具、康复训练与服务、生活服务项目的需求排位相同,均依次列为第三至第五位;但城镇残疾老年人口的首位需求为医疗服务与救助,而农村残疾老年人口将其列在第二位,其首位需求为贫困救助与扶持。

表 4－2　分城乡残疾老年人口主要福利需求状况　　　（单位：%）

需 求 内 容	城 镇 占 比	农 村 占 比
医疗服务与救助	72.60	73.41
辅助器具	40.56	37.88
康复训练与服务	31.77	26.31
生活服务	19.67	19.98
贫困救助与扶持	49.20	73.58

数据来源：根据第二次全国残疾人抽样调查数据计算整理而得

四、残疾老年人口福利需求特征所蕴含的政策转型方向

通过对第二次全国残疾人抽样调查相关数据的整理分析,可以得出如下基本结论。第一,贫困救助与扶持、医疗服务与救助、康复训练与服务、生活服务、辅助器具需求成为残疾老年人福利需求的主体内容。第二,残疾老年人整体福利需求的基本特征,首先表现为残疾老年人口的年龄特征影响着其需求特点;其次,在某种程度上残疾特征与需求特征之间的联系更为紧密;再者,残疾老年人口的福利需求表现出全方位、低层次的特点。第三,残疾老年人不同特征子群体的福利需求呈现出差异性。分年龄、分性别、分残疾类别、分城乡残疾老年人的福利需求存在比较明显的类别化差异,即不同特征子群体在福利需求程度、福利需求偏好和福利需求的主体地位方面存

在差异。

综上所述,残疾老年人口的福利需求既有整体的同一性特征又具有子群体间的差异性特征。残疾老年人口的这种双重福利需求特性为人口老龄化背景下残疾人福利制度的科学发展提供了潜在的政策转型指向,即残疾人社会福利制度体系建设必须以需求满足为导向并且必须由只关注同一性需求向兼顾差异性需求转变,其保障模式必须由传统的劳动福利型向适度普惠型保障模式转变。在某种程度上,虽然传统的劳动福利型模式是与当时的制度发展阶段与客观的历史局限性相匹配的,但劳动福利型保障所引发的制度效应必然是,过度关注残疾人群的医疗康复需求以实现尽可能恢复其劳动能力的目的从而无意间忽视了残障者的其他福利需求以及需求的差异性。此外,劳动福利型保障也极易导致残疾人福利制度过度倾向于关注劳动年龄段残疾群体的需求而忽视其他残疾人群的具体福利需求。在当前人口老龄化快速推进的背景下,残疾人口结构发生了重大转变,残疾老年人口已成为残疾人群的主体,其福利需求呈现出兼具同一性与差异性的多样性特征。因此,传统劳动福利型保障模式的残疾人福利制度已远远不能与老龄化背景下残疾人口的发展状况及其福利需求特征相适应,必须及时进行转型。这预示着残疾人福利制度的未来改革亟须关注一个重要方面:即在转向适度普惠型保障模式的前提下,必须通过构建和完善多支柱分层次的福利制度体系来满足残疾人群的福利需求多样性;以专项式保障辅助普遍式保障的双轨路径,在满足残障人群整体同一性福利需求的基础上充分照顾其不同特征子群体的差异性福利需求,进而实现促进其防范生存风险、提升生活质量、共享经济社会发展成果、切实受惠于以适度普惠型福利为目标的制度设计。

在适度普惠型保障模式的宏观指导下,多支柱分层次的残疾人福利体系的构建应在现有制度框架的基础上进行系统内容的充实与完善。其体系内容应包涵基本生活保障、康复护理服务保障和无障碍环境支持保障等。在继续丰富完善传统社会救助、社会保险、福利服务项目的同时,应适时考虑普及残疾人福利津贴、建立长期护理保险制度和积极拓展社区康复服务。与此同时,构建和完善残疾人福利体系,还需要在制度理念上由传统残疾观向公民权利的新残疾观转型,保障主体上由政府绝对主导向社会广泛参与转型,保障对象上由个体保障向个体结合家庭兼有保障转型。特别是,应明确政府在建立残疾人福利体系中的主体责任,另一方面应合理界定社会责任以推进残疾人福利的社会化。此外,残疾人福利体系建设还需要加快社会保障制度法制化进程等配套措施的辅助与推动。最后,同样重要的是,完善残疾人福利体系,必须坚持"以残疾人为本"的原则。即必须立足于实地调研,切实倾听残疾人群体的利益诉求,客观分析他们所反映的制度运行中的突出问题,必须把满足残疾人的基本需求和回应其政策反馈效果作为未来完善政策体系的参照基础和根本落脚点。

第二节　以政府主导推进社区居家养老服务

随着我国人口老龄化、空巢化和高龄化趋势凸显,如何发挥社区居家养老服务功能,成为理论和实践上需要迫切研究的重大问题。本节通过典型抽样对西安市社区居家养老服务的供给和需求进行调查分析,总结归纳社区居家养老服务发展中存在的问题及其制约因素,在明确社区居家养老服务中的政府定位之后提出相关对策建议。

一、以政府主导推进社区居家养老服务的必要性

根据民政部印发的《2013 年社会服务统计公报》数据显示,截至 2013 年年底,我国 60 岁及以上人口数量为 2.02 亿,占全国人口的 14.9%,其中 65 岁及以上人口数量为 1.32 亿,占全国人口的 9.7%。而在数量日益增长的老年人口中,失能、空巢和高龄人口的比重也在不断增加,截至 2012 年年底,我国失能老年人达 3 600 万人,高龄老年人有 2 200 万人,空巢老年人有 9 900 万人。老年人口的剧增和空巢化、高龄化趋势的日益严峻使养老问题成为一个不容忽视的社会问题。受儒家文化和传统小农经济模式的影响,家庭养老一直是我国主要的养老模式。然而计划生育政策实施以来,家庭结构日益小型化和核心化,"4-2-1"家庭的逐渐增多,使得传统的家庭养老模式受到了极大冲击,难以继续应对巨大的养老压力,老年人对专业化养老机构和社区服务的需求与日俱增。

我国社区居家养老服务起步于二十世纪末,经过十几年的发展,已经成为社会养老服务体系中的一个重要养老模式。自 2000 年起,我国许多城市陆续进行了不同形式的社区居家养老的试点探索(如北京、上海、广

州、南京、杭州、宁波等），为社区居家养老服务事业的发展提供了许多有益的经验。截至 2013 年年底，全国共有各类社区服务机构 25.2 万个，社区服务机构覆盖率为 36.9%，其中与养老有关的社区服务机构已达 12.4 万，接近总数的 50%。

党的十八大报告指出，要积极应对人口老龄化，大力发展老龄服务事业和产业，切实保障公民的养老权益。民政部在《社会养老服务体系建设规划》中也明确提出了到 2020 年要全面建成以居家为基础、社区为依托、机构为支撑的覆盖城乡的多样化养老服务体系的发展目标，并着重强调了在建设社会养老服务体系的过程中，要坚持政府主导、多方参与的原则，促进社区居家养老服务体系的发展和完善。我国社区居家养老服务仍处于起步阶段，层次较低，在发展过程中还面临着一系列的问题，如缺乏统筹规划、资金不足、服务的内容和形式单一、专业人才队伍建设缓慢、法律法规体系不健全等。然而，这些问题在一定程度上是因政府职能的发挥不足引起的，因此从政府的角度出发，在分析社区居家养老服务供给现状的基础上，探讨如何促进社区居家养老服务体系的发展具有重要的现实意义。

二、研究现状综述

随着人口老龄化问题的日趋严重，学者们对社区居家养老这种新兴的养老模式越来越关注。关于政府在社区居家养老服务中的角色定位，主要有以下三种观点。

第一，官办民助，政府主导。李卫华、罗帆①等通过分析社区居家养老服务的发展现状指出，我国社区居家养老服务目前遵循的仍是"官助民办"的观念，这与我国国情不符，而且已经成为制约社区居家养老服务发展的瓶颈，强调应学习和借鉴西方国家的成功经验，确立"官办民助，政府主导"的指导思想，以解决我国社区居家养老服务的发展困境。周玉萍、赵聪锐②等

---

① 李卫华：《"官办民助"抑或"官助民办"——政府在老年人社区照顾中的责任定位》，《浙江学刊》2012 年第 5 期，第 13 - 18 页。

② 赵聪锐、周玉萍：《城市社区养老模式探讨——城市社区老年照顾有关问题分析》，《山西高等学校社会科学学报》2011 年第 2 期，第 44 - 46 页。

也基于政府主导的立场,提出发展社区居家养老服务需要加大政府部门的支持力度,明确服务内容、提高服务人员的素质及专业技术水平、建立健全法律法规、完善社区养老服务的运行机制、拓宽资金筹资渠道、鼓励非营利组织和社会力量开展社区养老服务等改革措施。

第二,明确政府定位,弹性管理。潘虎、孙胜男和王杰[1]等指出,政府在社区居家养老服务中存在职能的缺位和越位现象。其中缺位主要体现在政府对社区居家养老服务体系的战略规划、资金支持、社会力量的引导和整合、专业人才的培训以及管理评估等方面。而越位则是指政府在社区居家养老服务体系建设过程中存在着权力过于集中,直接从事许多事务,并且干预了社会组织的自主权力的现象。在这种条件下,社区管理机构很容易产生行政化倾向的认知。因而他们强调,要明确政府在社区居家养老中的角色定位,既要充当好主体的角色,其权力又不能无限制地扩张。

第三,合作共治。随着我国政府逐步由发展型政府转向公共服务型政府,一些学者认为政府在社区居家养老服务中的角色也应该发生转变:政府不再是唯一的管理主体,应将权力下放给社区,政府只需扮演好宏观调控的角色,发挥间接引导的作用。雷玉明、曹博[2]等基于公共政府服务视角提出,新型城市社区养老的合作共治模式,就是以社区为主体,由政府、社区、市场、家庭和非政府组织(NGO)共治的养老模式。

国内关于社区居家养老服务中政府责任定位的研究内容比较丰富,并且已经取得了一定的研究成果。但是,由于社区居家养老在我国起步较晚,理论方面的研究仍处于起步阶段,尚未形成具有权威性的声音,而且尽管一些学者已经认识到政府在社区居家养老服务方面的作用,但关于社区居家养老的研究主要聚焦在老年人自身,忽略了供给主体。此外,现有研究侧重社区居家养老服务体系建设的过程,而忽视了其不同时期的政府角色定位问题。本研究结合西安市社区居家养老服务的调查数据,分析西安市社区居家养老服务存在的问题,并从政府职能的角度出发,提出促进社区居家养老服务发展的对策和建议。

---

① 潘虎、孙胜男:《政府在社区居家养老服务中的角色分析》,《产业与科技论坛》2013 年第 12 期,第 16 页。

② 雷玉明、曹博:《公共服务型政府视野中城市社区养老合作共治模式》,《华中农业大学学报》2013 年第 4 期,第 113 - 118 页。

三、社区居家养老服务现状分析

西安市于 2009 年开始社区居家养老服务试点,在新城区长乐西路街道新园社区、雁塔区小寨街道红专南路社区等 15 个社区建立托老所、服务站,不断探索社区居家养老运行模式,取得了良好的效果。截至 2012 年年底,西安市已经累计在 365 个社区开展了以"日常照料、老年餐桌、医疗康复、文体活动、信息咨询"等为主要内容的社区居家养老服务示范推广活动,在 165 个社区开展了社区居家养老服务。据西安市养老服务"十二五"规划显示,预计到 2015 年,西安市将在城区所有社区全部建立居家养老服务中心或养老服务站。为了更好地了解西安市社区居家养老服务的发展现状,总结现有发展经验和教训,完善社区居家养老服务体系的建设,本研究通过典型抽样调查方法,对西安市 4 个社区(红专南路社区、十里铺长十路社区、枣园红光社区、新西北社区)的居家养老服务供给情况和满意度进行调查,具体结果分析如下。

(一)社区居家养老服务供给现状

1. 社区居家养老服务内容

从社区居家养老服务开展的项目看,在生活照料服务方面,除了十里铺长十路社区之外,其他社区均开展了相关服务。开展的主要服务包括送餐、保洁、代购、日间照料等;在医疗服务方面,各社区开展的服务主要集中在健康检查、建立健康档案、健康咨询、健康护理等;在精神文化生活服务方面,开展的服务主要包括组织健身活动、建立老年图书馆和艺术团等(见附表5)。

2. 老年人享受社区养老服务情况

在生活照料服务方面,68.15%的老年人表示基本没有接受过服务,21.73%的老年人偶尔接受,只有10.12%的老年人经常接受服务;在医疗服务方面,基本未接受过的占59.51%,偶尔接受和经常接受的分别占30.12%和10.37%;在精神文化生活服务方面,40.00%的老年人表示基本未接受过,37.53%的老年人偶尔接受,有22.47%的老年人经常接受。整体而言,老人们接受服务的比例较低。另外,在社区养老服务的方便程度方面,只有5.19%的受访老人选择了"方便程度很高",20.25%的老年人选择了"方便程度较高",59.01%的老年人选择了"方便程度一般"。

表 4-3　老年人接受社区居家养老服务状况　　　（单位：%）

项　　目	生活照料服务占比	医疗服务占比	精神文化生活服务占比
经　　常	10.12	10.37	22.47
偶　　尔	21.73	30.12	37.53
基本没有	68.15	59.51	40.00

数据来源：根据调查数据整理

（二）社区居家养老服务存在的问题

1. 老年人对社区居家养老服务满意度不高

调查数据表明,有36.54%的受访老年人对此持满意态度,有49.14%的老年人认为服务一般,有14.32%的老年人对社区提供的养老服务表示不满意。不满意的方面主要表现为服务设施(占 62.07%)、服务内容(占41.38%)和服务水平(占20.69%)。

2. 社区居家养老服务供需不均衡

在被调查的4个社区中,有生活照料服务、医疗服务、精神文化生活服务需求的老年人分别占 31.63%、67.65%、81.23%。由此可以看出,受访老年人的精神文化生活服务需求最高,其次是医疗服务需求,而生活照料需求则最低。但从社区居家养老服务供给的结果看,社区提供的服务主要集中在家政服务、生活照料服务方面,对医疗、精神文化生活等服务的提供较为缺乏。这种供需的不匹配不仅导致了社区居家养老服务部分资源的闲置和浪费,而且也使得老年人的其他养老需求得不到很好的满足,降低了社区居家养老服务的质量和满意度。

3. 社区居家养老服务设施建设滞后

从目前的情况看,受西安市经济发展水平和地方财政状况的限制,西安市拨付的社区居家养老服务经费并不宽裕,许多社区的养老服务设施简陋、老化,远不能满足社区老人的养老需求。社区居家养老服务满意度的调查数据显示,有 62.07%的老年人选择了对服务设施不满意,可见加快硬件设施的投资改造已成为老年人的迫切要求。

4. 社区居家养老服务管理体制不健全

通过调查了解到,西安市社区居家养老服务的管理工作涉及民政、财政、人社、发改委、卫生厅等多个相关部门。因此,社区居家养老服务的管理工作需要依赖各相关部门的配合与协调才能顺利完成。但从目前的情况看,由于牵扯的部门较多,协调难度较大。各个部门从各自的角度出发去管理社区居家养老服务,侧重点不同,容易出现各自为政、条块分割的局面,难以形成统一有效的管理体系,也容易造成社区居家养老服务资源的浪费和很多老年人的养老需求得不到满足。

5. 社区居家养老服务评估机制不完善

西安市对社区居家养老服务的评估目前主要体现在奖励资金发放方面。评估工作主要由民政局等政府部门牵头或服务机构自行评估。绝大多数的评估人员由政府中负责社区服务的工作人员或者社区服务机构中的管理人员担当,而作为具体从事服务的工作人员、养老服务的研究人员、社会各界人士及老年人代表很少参与到评估中来。这容易造成评估准确性的不足,导致政策执行力的减弱,进而影响整个社区居家养老服务行业的健康发展。

6. 服务项目比较单一且水平不高

从调查的结果看,虽然社区已经为老年人提供了一些服务,但多集中在日常生活照料方面,对精神慰藉、文化生活、医疗护理等方面服务的提供较为缺乏,难以满足老年人多层次的养老服务需求。同时,目前参与社区居家养老服务的义工人员多以在校学生为主。他们大多是凭个人的人道主义和以往的服务经验进行服务工作,大多数没有接受过相关的专业教育,也没有接受过专业的培训,服务水平和服务能力普遍不高。

（三）主要致因分析

1. 社区居家养老需求调研缺乏,服务反馈机制缺失

目前,社区所提供的居家养老服务项目的确立主要是通过政府部门给社区、街道下达养老任务来完成的,街道根据政府意愿确立社区居家养老服务的方式、种类和标准。由于这些项目的投资主要来自政府的财政拨款,政府在养老服务项目的确定方面具有主导优势,导致社区居家养老服务供给模式越来越趋于单一。由于政府对社区情况不了解,再加上政策制定前缺乏细致的调研,势必会带来服务供给和需求的不均衡。而提供老年人养老服务的社区,由于受到管理权限和资金的制约,只能刻板地完成政府民政部门或机构下达的养老服务任务,基本没有自主性,无法充分掌握老年人的养老服务需求,进而导致供需信息不对称,也加剧了社区居家养老服务供需的不均衡。

2. 资金保障体系不完善

近年来,政府虽然出台了一系列支持养老事业发展的文件,但对企业和民间组织参与社区居家养老事业的相关扶持政策仍然十分有限。从已出台的方案和办法看,涉及总体规划的多,涉及具体细节的少,缺乏适时的引导,影响了民间资本参与的积极性,让许多想投资社区居家养老服务的企业、民间组织望而却步。

3. 管理体制和评估机制有待完善

城市社区居家养老服务是一个全方位系统性的社会保障工程,需要财政、民政、人社等部门协调才能完成。由于发展阶段的限制,关于社区居家养老的政策法规还不是很健全,导致各部门之间协调性不够,没有形成统一的管理,出现了条块分割的局面。这造成了社区居家养老服务资源的浪费和很多老年人的需求得不到满足的矛盾局面的出现,导致社区居家养老服务没有释放出其应有的效能。再加上过于强调发展速度,相应的监督评估机制没有建立起来,难以对社区居家养老服务进行有效的监督,社区居家养老服务的质量得不到保证。

4. 缺乏对服务队伍的管理机制

通过调查发现,西安市的社区居家养老服务的准入门槛较低,很多人将其视为普通的家政服务行业,认为没有技术含量,谁干都可以。社区居家养老服务人员的文化水平不高,养老服务人员队伍缺乏正规、系统的职业教育和技能培训,工资待遇水平低下,相关激励机制缺位,致使养老服务人员的专业知识和技能较为缺乏。另外,志愿者队伍发展缓慢,社区居家养老服务机构提供的服务项目单一且缺乏技术含量,难以满足老年人多样化的养老需求。

四、政府在社区居家养老服务中的角色定位

(一)国外运作机制:官助民办

西方国家的社区居家养老服务起源于英国的社区照顾,是伴随着20世纪50年代英国的"去院舍化"运动而逐渐兴起的。1990年英国政府颁布《社区照顾》法案,试点三年后正式推行,后经美国、法国、荷兰等国效仿,风靡西方社会,成为占据主导地位的养老模式。从理论层面而言,社区照顾这一养老模式的兴起深受混合福利经济思想的影响。20世纪70年代以后,以英国

为首的欧洲经济发达国家纷纷因推行"福利经济"而面临巨额的财政赤字和居高不下的失业率,高福利的社会政策难以为继。在英国,随着以撒切尔夫人为首的保守党上台,新保守主义思潮抬头,人们开始反思以往的福利制度。新保守主义认为福利制度是"蠕动蔓生的社会主义",它会使政府开支增加,经济效率受损,同时带来贫困陷阱。他们主张剩余型的社会福利模式,将福利的给付由"公共部门"转向"民间市场部门",两种运作方式结合,同时倡导个人、家庭和社会共同承担责任。这种社会福利意识逐渐发展成为一种新的思想,即混合福利经济思想(或福利多元主义)。撒切尔夫人将其运用到福利制度的改革当中,社区照顾由此得以推行。

(二)中国运作机制:政府主导

与西方国家社区居家养老服务自下而上的运行机制不同,我国的社区居家养老服务事业在建设时期应依靠政府发挥主导作用,自上而下大规模地推行才能蓬勃发展,其主要原因在于以下三个方面。

其一,国情使然。新中国成立以来,我国实行了三十多年高度集中的计划经济体制,形成了"大政府、小社会"的发展格局。改革开放后,政府在一些重要行业和领域仍居主导地位,对生产资料的分配仍具有不可忽视的作用。对于社区居家养老这样一项涉及众多行业和部门的工作,让政府在其中承担主导责任,居于主导地位,可以说是由我国国情决定的。

其二,我国社区居家养老服务的发展处于初级阶段。目前我国社区居家养老服务仍处于起步阶段,层次较低,各地区发展不均衡。社区居家养老服务要想真正发展起来,在社会养老服务体系中发挥重要作用,必须依靠政府的强大支持力和协调力。纵观西方的社区照顾模式,我们不难看出,尽管西方社会奉行混合福利经济思想(福利多元主义),但在该模式的发展初期,从发展方向、机构设置、资金来源、人才培养和监督评估等各方面都离不开政府的引导。

其三,政府职能的体现。人口的老龄化、空巢化和高龄化趋势不仅影响到家庭的和睦与幸福,而且对整个国家和地区的稳定和发展都有着深刻的影响。而政府作为国家行政机关,主要承担的就是保障人民基本生活、维护社会秩序稳定和促进经济发展的职能。因此,大力发展社区居家养老服务事业,满足不同层次老年人多样化的养老需求就成为政府的职责所在。与计划经济时期的政府全权包揽不同,尽管政府应居于主导地位,但它并不是唯一的社会福利提供者,而应充当一名合格的组织者和推动者,发挥主导作用,通过协调整合社会资源,建立多元化的主体参与机制,实现社区养老服务事业的产业化、专业化和社会化发展。

五、政府主导下社区居家养老服务发展的思路

(一)加强制度建设

政策法规是社区居家养老服务事业顺利发展的基础,要建立和完善社区居家养老服务体系,政府必须完善政策法规,加大政策引导力度。一是合理规划社区居家养老的发展方向。要立足于老年人对养老服务的需求,经过详细评估之后明确社区居家养老的发展理念和方向、建设类型、服务对象和内容、实施原则、资金来源等内容。二是建立健全政策规定。政府应出台更为详细的社区居家养老事业扶持和鼓励政策,如税收优惠、土地供应、投资以及补贴支持等政策的细则,明确各部门的权力和责任,细化奖励和扶持的标准和范围,通过细化奖励和扶持政策,引导社区资源投资社区居家养老事业,加快社区居家养老事业的发展。三是探索老年护理保险制度。借鉴国外先进经验,通过社会保险制度为老年照顾服务提供资金,增强老年人对护理照顾的支付能力,以弥补社区居家养老资金的不足。

(二)注重统筹规划

政府要将社区居家养老服务设施建设纳入城市发展的总体规划中,协调社区居家养老服务事业涉及的相关部门,加强合作协商,整合社区资源,充分利用社区内或者周边企业、机关、学校和卫生医疗机构的闲置场地和设施配套,进而推动养老服务设施和服务机构建设,为老年人提供生活照料、医疗和精神文化生活等服务。同时,鼓励社会力量参与,将政府所承担的部分职能或公共领域服务项目转移给社会组织和民间团体。一方面,制定相关优惠和扶持政策,营造统一和公平的制度环境,使民办养老机构能够平等地参与到社区居家养老服务事业中来;另一方面,要完善养老服务机构准入资格,让真正能够提供良好服务的养老机构进入到养老服务事业中发挥作用,协同政府更好地满足老年人的养老需求。

(三)强化资金支持

作为资金来源的主体,政府应当提高对社区居家养老服务的重视程度,加大财政投资力度。各级政府都应制定出具体的标准,按每年本级政府财政收入的一定比例,将社区居家养老服务资金列入财政预算,保证资金供给

的稳定性。加大对民办社区养老机构的补贴力度,通过补助投资、贷款贴息、运营补贴和购买服务等方式,给予一定的优惠和扶持。同时,积极扩宽资金渠道,发展福利彩票事业,成立社区服务资金捐赠平台,积极吸纳社会捐助,建立社区居家养老服务统筹基金并酌情调剂使用。

(四) 完善评估机制

在建立评估系统方面,可以借鉴在政府部门运行多年的绩效评价体系,吸取绩效评价考核体系的优点,建立社区居家养老资金使用考评体系,评估资金的使用情况。首先,要结合社区居家养老服务发展的实际情况,确定评价指标和评价标准,以明确养老资金效益量化的范围和标准,为资金评价工作提供技术性保障。其次,对评价标准的制定实行动态化管理。评价标准并非是一成不变的,要随着评价的具体目标、社区养老机构的发展状况、经济发展水平而调整。最后,在进行评估的时候,还可以邀请第三方机构和相关专家参与评估,确保评估结果的公正和科学,促进养老服务行业评估向职业化方向发展,并逐步建立和完善对评估的监管机制。

(五) 加强监管力度

政府在科学制定社区居家养老服务政策的同时,要严格监督社区居家养老服务政策的实施,确保政策真正落实到位,为民所用。这可以从两个主要方面入手:一是出台政策时要细化服务指标和内容,便于日后进行监督和管理;二要加强监督力度,除了政府定期的检查、考核外,在条件允许的情况下,建立第三方监督机制,邀请老年人或者相关学者等组成第三方监督机构或小组。这样,既能更加客观地评价社区养老机构的服务工作,能够站在老年人的立场上对社区居家养老服务工作的执行进行监督,维护老年人的利益;也在一定程度上增加了社区居家养老服务监督工作的透明度,能够更加有效地督促养老服务工作按质保量地进行。

(六) 重视专业人才的培养

专业人才教育是解决我国目前养老服务专业性差、水平低的根本途径。政府应联合高校,特别是高职院校,增设社会服务专业,从初始阶段培养,为今后的养老服务事业专业化、高标准化提供强有力的保障。针对现有社区居家养老服务工作人员素质普遍不高的情况,可以聘请社区服务领域的教授或者专家来社区授课,或者利用高校的教学资源,对现有服务人员进行培训和授课,从而提高他们的专业知识水平,以便更好地为老年人服务。同时,应积极加强社区服务的宣传力度,明确社区居家养老服务的职业定位,提升服务人员尤其是一线服务人员的福利待遇,建立社区服务人员报酬自然增长机制,以调动社区服务人员工作的积极性,吸引更多的人才来从事社区居家养老服务工作。

(七)加强志愿者队伍建设

志愿者队伍是提供社区服务的重要补充力量,在社区居家养老服务中发挥着重要作用。应发挥政府的宣传教育优势,鼓励更多的人投身到社区居家养老服务中来,同时吸收国外的先进经验,建立和完善相关的激励机制,如成立与志愿者服务相关的"时间银行";加大对志愿者的培训力度,对现有的志愿者成员,应加强服务技能的培训,提升服务水平;对新加入的志愿者,应先进行普及化的教育培训,加深其对养老服务的理解并掌握一些初级的服务技能。通过不同类型的培训,促进志愿者队伍向正规化发展,从而为社区老年人提供更高质量的服务。

第三节　拓展城市弱势群体的
社区福利服务

随着我国经济结构的转型和社会结构的变迁,弱势群体成为国家和社会越来越关注的对象之一。在此背景下,社区福利服务在社会福利中扮演着越来越重要的角色。本节通过对邯郸市重点社区进行实地调研,分析考察城市社区福利服务满足弱势群体生活需求的实际状况,反映和总结其存在的突出问题,进而提出完善城市弱势群体社区福利服务的对策建议。

一、弱势群体社区福利服务的发展现状

城市弱势群体是一个在资源分配上具有贫困性、生活质量较低等特征的特殊社会群体,我国目前的城市弱势群体有老年人、残疾人、妇女儿童、失业人员、农民工等群体。社区是弱势群体获得社会福利服务、参与社会生活的重要社会场所。随着社会经济的发展和人们生活水平的提高,加快社区福利服务发展成为保障和改善民生、增进人民福祉的重要举措之一。我国社区福利服务经过几十年的发展,在服务对象、内容和质量等方面都取得了前所未有的成就。但由于受到体制、资金等多种因素的影响,城市社区福利服务还面临着依托载体薄弱、发展后劲乏力、国家责任模糊、硬件设施配置

不合理等诸多难题。通过协调和整合社区资源,大力发展社区福利服务,可有助于弱势群体在社区中就能获得福利保障,从而为他们提供一个便利的生活环境。

社区福利服务广义上是指社区组织承担的政府交办的各项社会保障管理与服务工作,以及社区组织通过优化社区资源专门为本社区居民提供的各项保障业务和服务。社区福利服务狭义上专指社区组织通过优化社区资源为社区居民提供的各项保障服务。[1] 社会保障的责任主体是政府,而社区则是一个自治组织。为了更深入地了解并考察城市社区福利服务满足弱势群体生活需求的实际状况,反映和总结其中存在的突出问题,提出完善城市弱势群体社区福利服务的相应对策建议,本研究采用访谈法和问卷调查法对邯郸市重点社区进行了实地调研。此次调查实际发放问卷 100 份,问卷回收数量为 99 份,回收率为 99%,有效问卷数量为 85 份。

（一）老年人社区福利服务供给状况

老年人的社区福利服务供给包括医疗保健服务站、老年人活动中心、老年人课堂、日常生活照料等。从此次调查结果看,只有 43% 的社区设置了医疗卫生服务站,但受访居民对于服务站的需求是非常大的。老年人活动中心的供给仅为 32%。在受访的老年人中,业余生活显得相当重要,而社区当中的活动中心大都为棋牌室、乒乓球室等娱乐设施。还有 8% 的老人选择了"其他",这意味着有些设施可能社区不能提供,社区的老年人福利供给尚不能满足老人的需要。

（二）儿童社区福利服务需求与供给状况

这里需要提示的是,目前家庭仍然是满足儿童福利需求的最重要场所,社区福利则通过幼儿园等形式补充家庭功能的一些不足。现在社会上一些有特殊需要的儿童,应被给予特殊的帮助,但这种服务难度较大,需要专门的福利机构给予其帮助。由于目前相关机构的服务能力不足,社区就成为照顾这些儿童的重要场所。"一切为了孩子的思想始终是我们发展的宗旨,从孩子需求的角度出发来思考问题,已经成为现在儿童社区福利发展的关键",邯郸市邯山区安琪儿幼儿园副院长如是说。

本次调查发现,现在儿童福利的需求日益增加,但社区服务供给的满意

① 郭文臣、陈树文:《社区保障功能的再认识》,《大连理工大学学报》2003 年第 3 期,第 26 页。

度偏低。调查表明,儿童对幼儿园的需求最大,达到 21.6%;其次就是青少年活动中心,占 9.6%;对接送入托、上学需求的约占 5.7%,而社区的服务设施提供与儿童的需求之间还有很大的差距。

(三)残疾人社区福利服务需求与供给状况

残疾人群是社会重点的帮扶对象,也是社区服务的重中之重。但从此次调研的结果看,社区对于本地区残障人员福利的供给情况存在严重的供需失衡。社区针对残障人员的福利项目很少,有的甚至没有,除了残疾人的文化娱乐和康复治疗项目基本满足需求外,其余项目的供给都明显低于残疾人的需要。生活照料是残障人员最基本也是最需要的福利服务,但其供给远不能满足残障人员的需求。

表 4-4　残疾人社区福利服务的供求状况　　　（单位：%）

项　目	生活照料占比	康复治疗占比	就业指导占比	文化娱乐占比	以上都没有占比
需　求	12	11	7	4	66
供　给	4	10	3	11	72

数据来源：依据调查数据整理

(四)失业人员社区福利服务的需求与供给状况

根据调查数据显示,居民对于下岗失业人员的社区福利服务表现出很大的需求,特别是社区提供的就业培训项目。有 7.3% 的社区居民认为此项目对于社区的下岗失业人员的重要性是不可替代的,但只有 3.7% 的社区提供了此项服务。出现这一情况的原因很简单,在访谈的过程中笔者发现,由于当下就业压力相当大,提供就业信息是人们的迫切需要。还有部分人认为社区提供再就业等类型的培训对于失业人员并没有什么实质性的帮助,失业人员可能还会有其他方面的需求,但社区为失业人员所提供的其他项目仅为 18.5%。

二、弱势群体社区福利服务发展中的主要问题

1980 年以来,民政部门大力发展社区福利服务并取得了不俗的成绩。2006 年国务院发布 14 号文件专门强调大力推进社区服务,其中包括社区就业与保障服务、社区卫生医疗服务、社区为老服务、社会救助服务、社区文

化、体育服务等。① 虽然政府对社区福利服务的发展给予了高度重视,但我国社区福利服务体系发展尚不完善,存在着诸多亟待解决的问题。

(一)社区福利发展过程中的供给问题

我国目前城市社区的管理体制中,存在着以市政府、区政府为主体的两级政府,以街道办事处为管理主体的管理系统(包括市、区、街道)和以居民委员会为主体的密集网络系统(包括市、区、街道、居委会)。随着住宅小区的不断兴建,大量高端小区出现,与此同时还出现了物业管理公司和业主委员会等相关服务机构。在管理实践中,城市社区居委会、街道办事处、业主委员会和物业管理部门之间都存在着矛盾和冲突,从而导致了社区人员服务需求的不可获得性。

其一,城市社区居委会与街道办事处存在矛盾。社区居委会与街道办事处之间是平行的工作关系,但我国一直都是街道办事处管理社区居委会。改革开放后,随着经济快速发展和社会的转型,街道办事处的管理职能日渐增加,大量的工作迫使其把更基础的工作分配到社区。但这对于街道办事处领导社区居委会的能力并未产生影响,没有达到社区居委会想要增加决定权的要求。人们的观念在不断地改变,民主观念也日渐增强,社区居委会是实现居民参与管理的重要平台。相较而言,街道办事处对于人们的距离感比较远。由于法律的不完善、政策对二者的权力划分不明确,街道办与居委会之间的矛盾日益显露。一直以来,社区居委会的一切费用都交由街道办事处统一管理。随着社区的任务与日俱增,管理费用也相应增加。社区居委会因此也就要求独立管理社区财务,二者在经费管理和支配方面的矛盾也愈显突出。

其二,社区居委会与业主委员会存在矛盾。目前城市的许多新建住宅小区,其社区居委会与业主委员会之间很多工作职能是重叠交叉的。《物业管理条例》中明确了社区居委会与业主委员会之间是平行的关系,业主委员会不隶属于居委会,社区居委会在许多事关居民切身利益的关键领域,不再有决定权和监督权。城市社区居委会与业主委员会、物业公司之间既有联系又有区别。必须完善相关法律法规,借助法律法规才能规范它们各自的行为,减少它们之间的矛盾。因此,必须确立居委会在社区的领

---

① 王思斌:《我国城市社区福利服务的弱可获得性及其发展》,《吉林大学社会科学学报》2009 年第 1 期,第 135 页。

导地位,是最高权力机构,可在其权利范围内做重大决策。社区居委会有权聘请物业管理公司,物业提供服务并接受居委会监督。业主委员会应是居委会的下属机构,不对物业公司进行管理,只是通过行使监督权以维护广大业主的切身利益。[①] 只有明确了三者的关系,才能保证社区业主的根本利益。

其三,社区居委会与物业管理部门存在矛盾。随着经济的发展,人们的居住条件得到了相应的改善,住宅小区也都设置了完善的物业管理部门,同时很多老的住宅小区也将交给物业公司来管理。这样社区居委会和物业管理部门之间的利益和管理职能存在着交叉与冲突,二者之间如何协调成了新的问题。而相关法律还存在着盲区,并未提出相应的解决办法,尚不利于二者之间矛盾的解决。

(二)社区福利发展过程中的需求群体参与问题

社区福利服务属于社会领域的活动,需求群体的参与有助于增强人们的归属感,使其与社区融为一体,有助于促进人们之间的和谐关系。但目前在我国社区福利发展的过程中,由于受民众参与意识不高等因素影响,需求群体的参与程度偏低。

其一,弱势群体社区参与的政策支持不足。弱势群体处于"弱势"的原因,在于没有解决好自己的生存和发展问题,他们的受教育权和政治参与也得不到相应的保障,社会经济地位很低。对于城市弱势群体来说,政府的政策支持最能带来实实在在的利益。因此,政府要建立和完善相应支持系统来保障弱势群体的基本利益,为他们的社区参与提供基础。

其二,弱势群体社区参与的投入主体单一化。社区的建设需要较多的资金投入,因此说弱势群体的社区参与离不开物质的支持。政府除了应加大投入解决社区资金短缺的问题外,还要充分整合社会力量,积极开发利用社区资源,实现社区资源共享的最大化,以达到最佳配置,为弱势群体的社区参与提供必要的保障。

其三,弱势群体的社区参与离不开自组织的培育。良好的社区参与的前提是广泛的社会参与。一方面,应以街道为核心,以社区为载体,依靠居委会推动弱势群体的社区参与;另一方面,要积极培育社区弱势群体团体,

---

① 韦克难:《我国城市社区福利服务的可获得性发展途径探讨》,《中国名城》2013年第1期,第48页。

政府应在经费、组织上提供尽可能多的帮助和引导。只有结合广泛的社会力量，才可能使社会成员享受到社区福利服务发展的丰硕成果，有利于促进社会和谐稳定。

三、完善弱势群体社区福利服务的相关对策

城市弱势群体不仅是社区福利服务的受益者而且还是社区福利服务发展的动力，积极的社区参与使他们得到了肯定，增加了他们融入社会的信心。此次的社会调查发现，我国的城市弱势群体社区福利服务存在一系列的问题，亟须政府、社会等多方面的支持。

（一）政府主导社区福利服务的发展

促进社区福利的发展，仅依靠非营利组织和社区力量并不能解决所有问题，政府依然是推动社区福利服务发展的关键因素。政府应树立正确的政策理念，明确社区福利的发展方向，制定有利于社区福利服务发展的政策，并且对其发展给予一定的经费支持。同时应努力完善相关的制度政策、监督机构以及行业自律组织，使各部门之间权利划分明确，使其各司其职为人民服务。在如今的现代化进程中，城市重建速度不断加快，社区福利服务的发展遇到严重的挑战。我们不能忽视和回避这些问题，只能积极地去面对和解决。政府应通过制定相关政策，增加资金投入，增强社区福利资源的利用效率，以增进人民的福祉。

（二）充分挖掘社会的有利资源

在社区福利发展的进程中，社区福利建设的物质支撑和资金保障主要源于国家财政拨款，但这远远不能满足社会的需要，还应充分挖掘各种资源以补充国家供给的不足。随着社区福利的不断发展，公民参与意识也在逐渐增强，来自社会的捐助也会不断增加。志愿者队伍也在不断地壮大，其进入社区可提供大量的资源以及免费或低费的福利服务。此外，社会成员之间的互助也是发展社区福利不可或缺的力量。再如非营利组织，它不以营利为目的，以无偿提供服务来有效地促进城市弱势群体的社区参与，在社区福利发展的过程中起到举足轻重的作用。同时，非营利组织自身具有福利性，提供社区福利服务更专业，能够更及时地解决社区成员的需求问题，而且社会性广泛，能有效灵活地调动社会上的资源。

（三）把"自助、公助和互助"统一起来

我国目前越来越重视社区福利的发展，社区福利服务的覆盖范围已经涵盖了老年人、失业者、孤儿、贫困者、身心残障者等。同时，社区福利更加注重"以人为本"，挖掘弱势群体的潜能，重视完善相应制度，让受助人既自力更生，又有制度的保驾护航，让他们在社会上能够有尊严地生存。国家的资助既要做到公平性的落实，更要注重增加弱势群体自我发展的能力；同时还要提高服务人员的基本素质。为了保证政策的顺利实施，政府应成立社区福利服务监督机构或是相关工作人员的行业自律组织。国务院在2000年签发的《关于加快实现社会福利社会化的意见》中已明确提出，要逐步提高社会福利服务队伍的专业化水平，制定岗位专业标准，加强社会福利工作系统的岗位技能培训。福利服务的专业化既要靠对服务人员进行系统的专业技能培训，以提高他们的服务技能和专业知识，从而成为社区服务的中坚力量；还要招收大量相关专业的经验人士从事社区福利服务工作，优化团队结构。在社区福利服务中，每个人都是服务的对象，但同时也是服务的主体；既向他人提供服务，又接受他人的服务。把"自助、公助和互助"三者统一起来，就能使所有社区成员享受到社会福利发展所带来的伟大成就，增强人们的归属感，促进社区成员之间的和谐相处，从而为实现中国梦的伟大构想提供坚强的后盾。

（四）充分利用福利服务设施和加强其适合性

社区福利服务应以为弱势群体服务为主，如果不能从服务对象角度考虑就难以使弱势群体受益。福利设施是加强福利服务的重要手段，但有些社区在兴建这些设施时没有考虑到使用者的特殊性，导致这些设施并不符合使用者的需要。福利设施建设必须建立在深入的需求调查分析之上，而不只是凭决策者的偏好和其政绩需求来做表面文章，浪费资源。最关键的是，社区福利设施的建设需要站在弱势群体的角度去思考问题，才能使资源的利用率达到最大。利用率是衡量服务设施是否完善、是否物尽其用的最重要的衡量指标。如今城市化的步伐越来越快，公共用地面积日益下降，要想达到利用率的最大化，在福利设施建设之前做一套综合性、系统性的方案是非常必要的。

（五）加强对社区福利服务队伍的建设

人力资源既包括一般的人力劳动，同时也包括提供服务的价值观和正确的服务方式，它对于社区福利服务的发展起着决定性的作用。社区居民

是社区福利服务的对象,其中弱势群体是其重点服务对象。倡导居家养老就充分体现了政府对社区福利服务的重视。社区福利的发展方向主要依靠政府来主导,在发展程度上需要社区负责人的智慧和努力。当前我国城市社区福利服务建设还处于初级阶段,而且是资源相对贫乏的时期,只有社区福利服务队伍内部结构得到优化,才能使服务质量达到最大化。我国从事城市社区居委会管理和服务工作的人员虽然具有很高的工作热情,但是大多学历偏低、年龄偏大、素质较差。现如今社区承担的社会职能越来越多,依靠这支社区管理队伍显然不能满足人们的需要,因此街道办事处应对社区管理队伍加强培训和管理,增强社区管理工作的服务意识和专业化。另外,专业的社会服务机构可以为优化社区福利服务提供支持,这对于社区福利服务的发展具有极其重要的意义。

第四节　助力生育福利向适度普惠型政策升级

我国生育福利政策历经初创期、发展期和调整期,逐渐呈现出自身的政策变迁特征。生育福利政策的发展已从以政治功能为主向社会经济功能转化,相关待遇从单一低水平向多样高水平转化,政策覆盖面由国有企业、机关事业单位职工向全民转化,法律法规从涵盖在其他法规当中向专门立法方向转化。本节通过对我国生育福利政策变迁进行归纳总结,提出生育福利政策未来发展的若干设想。

一、生育福利政策的变迁

1951 年 2 月,《中华人民共和国劳动保险条例》颁布,其内容包括对女职工因生育造成劳动中断的行为进行物质保障和休产假的规定,在一定程度上标志着我国生育福利制度的建立。对生育行为进行保险在当时的历史条件下具有进步意义,也是彰显社会主义制度优越性的重要手段。生育作为一种人口再生产,为整个社会的发展作出贡献,生育带来的负担不应只由家庭承担,而应该将生育给家庭带来的负担社会化。由社会承担生育带来的成本,目的是为了保证整个社会的发展,生育福利制度的建立恰恰就是将生育成本社会化的一种方式。女性职工因怀孕、生育离开工作岗位,则有权获得因生育导致的个人收入下降的保障。生育福利制度建立以后，使女性可以更安心地照顾子女，有利于女性职工更好地恢复身体，保证劳动力的可持续发展。我国的生育福利制度在保障女性生育权、维持女性生活水平等方面发挥了重要作用。

任何一项政策都随着社会实践的不断发展而变迁。政策变迁的路径有政策终结、政策调整、政策发展。生育福利制度自诞生以来，在不同的历史时期存在不同的状态，随着我国经济水平的发展，生育福利制度也在不断地改革和调整。生育福利制度作为一项普世制度，不会走向政策的终结，而是会进行政策调整，达到政策发展。我国的生育福利制度在不同历史时期，呈现形态不同，下面从制度覆盖面、生育福利待遇两方面对不同历史时期的生育福利制度进行分析。

（一）生育福利制度的初创时期（1951—1987年）

我国生育保险制度建立于建国初期，以1951年颁布的《中华人民共和国劳动保险条例》以及1953年颁布的《中华人民共和国劳动保险条例实施细则修正案》为依托。1955年4月，国务院颁布《关于女工作人员生产假期的通知》，对产假的天数又做出了具体规定。

根据劳动保险条例规定，生育保险制度的覆盖面仅限于城镇企业，具体是指雇用工人与职员人数在100人以上的国营、公私合营、私营及合作社经营的工厂、矿场及其附属单位与业务管理机关，以及铁路、航运、邮电的各企业单位及附属单位。随着社会主义改造的完成，劳动保险条例仅覆盖城镇的国有企业员工，城镇无工作岗位居民和广大的农村居民没有被覆盖进来。

在制度初创时期，女性职工的生育福利待遇主要包括生育期间的工资和产假，以及额外的补助费。根据以上文件，女工人与女职员生育，产前产后共给假56日，产假期间，工资照发；女工人与女职员怀孕不满7个月小产时，根据医师的意见给予30日以内的产假，产假期间，工资照发；女工人与女职员难产或双生时，产假增加14日，工资照发；产假期满（不论正产或小产）仍不能工作者，经医院证明后，按关于疾病待遇的规定处理。

由于当时我国经济发展水平低下，生育福利为女职工提供的生育待遇相对较低，但在待遇内容上竭尽全力解决女性职工因生育遇到的各种问题。劳动保险条例颁布以及生育保险制度的建立，在当时具有极大的政治意义，坚定了全国人民走社会主义道路的信心，稳定了工人阶级队伍，巩固了工人阶级的领导地位，扩大了新生的社会主义政权的民意基础。尽管如此，我国的生育福利制度在此后长达30年的时间里一直没有太大的改进。

（二）生育福利制度的发展初期（1988—1993 年）

1988 年 7 月,《女职工劳动保护规定》颁布,对女职工的生育福利待遇进行了调整,使其更加符合社会经济的发展。1992 年,《中华人民共和国妇女权益保护法》颁布,该法第二十九条规定:"国家推行生育保险制度,建立健全与生育相关的其他保障制度。地方各级人民政府和有关部门应当按照有关规定为贫困妇女提供必要的生育救助。"1993 年 11 月 26 日,卫生部、劳动部、人事部、全国总工会、全国妇联发布《女性保健工作规定》,关于女性职工产后保健、哺乳期保健等内容做出详细规定。

根据《女职工劳动保护规定》,生育福利制度的覆盖对象为中华人民共和国境内一切国家机关、人民团体、企业、事业单位的女职工。在这里没有过分强调企业的性质,适应了我国改革开放以后的客观实际,尽管我国此时已经存在非公有制经济,但所有女职工都被覆盖在生育保险制度之中。

在这一时期,我国生育福利制度得到大力发展。生育福利待遇的产假天数从之前的 56 天增加到 90 天,其中产前休假 15 天。难产则增加 15 天。多胞胎生育的,每多生育一个婴儿,增加产假 15 天。同时,对女职工的产后保健等内容做出详细规定,体现了国家对女职工保护程度的加强,也进一步完善了我国的生育福利制度。

（三）生育福利制度的调整时期（1994 至今）

1994 年,劳动部发布《企业职工生育保险试行办法》,首次对生育保险制度的各个方面进行系统规定,内容涉及生育保险制度建立目标、管理原则、生育保险基金筹集与管理、生育保险待遇发放等。该文件使生育福利保障的内容更加全面和系统,使生育行为有了制度保障,促进了生育妇女权益的保护。该文件是我国生育福利制度具有标志性的文件,各地都据此建立了生育保险制度,使生育保险制度在各行业各领域建立起来,并在社会发展的大潮中不断推进。从 1994 年至今,我国生育福利制度快速发展,国家颁布了一系列关于生育福利制度的文件,不断完善生育保险制度、提高生育福利待遇,以便更好地维护广大女职工的切身利益(见附表 6)。

从相关文件可以看出,我国生育福利制度的覆盖范围越来越广,覆盖范围从国有企业职工到国有、私有企业职工,再到灵活就业人员、城乡居民。生育保险制度的管理实行属地管理原则,资金实行社会统筹。

据最新的 2012 年《女职工劳动保护规定》,女职工生育福利待遇内容如下:女职工生育享受 98 天产假,其中产前可以休假 15 天;难产的,增加产假

15 天;生育多胞胎的,每多生育 1 个婴儿,增加产假 15 天。女职工怀孕未满 4 个月流产的,享受 15 天产假;怀孕满 4 个月流产的,享受 42 天产假。女职工产假期间的生育津贴,对已经参加生育保险的,按照用人单位上年度职工月平均工资的标准由生育保险基金支付;对未参加生育保险的,按照女职工产假前工资的标准由用人单位支付。女职工生育或者流产的医疗费用,按照生育保险规定的项目和标准,对已经参加生育保险的,由生育保险基金支付;对未参加生育保险的,由用人单位支付。

二、生育福利政策变迁的特点

我国生育福利制度从无到有,经历了漫长的历史时期。从其六十多年的发展历程中可以发现生育福利政策变迁有如下特点。

(一)生育福利制度的发展从以政治功能为主向社会经济功能转化

新中国成立初,我国颁布《中华人民共和国劳动保险条例》,对工人在工作场所经历的因各种风险导致个人利益受损的行为进行保障,其中包括对生育进行保障的内容。生育保险制度在我国建立初期以政治功能为主,通过提高工人阶级的福利保障水平,巩固了工人阶级的领导地位,坚定了人民群众对新生社会主义政权的支持,从而体现出社会主义的优越性。

《企业职工生育保险试行办法》颁布后,我国的生育保险制度逐渐承担起稳定社会、提高女职工生活水平的作用,从关注社会转到关注人的全面健康发展的方向上来。生育福利待遇的不断提高以及生育福利制度体系的不断完善,充分保障了女职工的合法权益,肯定了生育的重要意义,从而有利于整个社会经济的发展。

(二)生育福利待遇的发展从单一低水平向多样高水平转化

生育福利待遇的发展是生育福利制度发展的重要内容,生育福利待遇的发展包括两部分内容。一是生育福利待遇内容的发展。生育保险待遇在制度建立初期主要包括产假和工资,工资是指女职工在生育期间所在单位的应发工资。随着生育福利制度的发展,生育保险待遇内容不断扩展,包括产假、生育医疗费用和生育补贴,以及产前的孕检和因计划生育产生的医疗费用等,生育福利待遇内容逐渐丰富化。

二是生育福利待遇水平的发展。生育福利建立初期,产假仅为 56 天,而后增加到 90 天,再增加到最新的 98 天。随着经济的不断发展,生育保险的补贴逐步提高,生育津贴按照用人单位上年度职工月平均工资的标准由生育保险基金支付。

（三）生育福利覆盖面由国有企业、机关事业单位职工向全民转化

生育福利制度在建立之初,主要覆盖国有企业职工、机关事业单位人员。广大的城市居民和农民没有被覆盖在生育保险内。随着生育福利制度的不断完善,生育保险覆盖了城镇各企业职工以及灵活就业人员。在农村,随着新型农村合作医疗制度的推行,农村居民的生育福利被包含在新型农村合作医疗制度之中。农村女性出现生育行为时,可以从新型农村合作医疗制度中获得生育补贴。2009 年,人力资源和社会保障部办公厅发布《关于妥善解决城镇居民生育医疗费用的通知》,逐步将城镇居民纳入生育保险制度。从制度层面讲,我国生育福利制度已经做到了全覆盖,覆盖面已从国有企业、机关事业单位职工向全民转化。

（四）生育保险法律法规从涵盖在其他法规中向专门立法方向转化

在制度建立之初,我国没有单独的生育福利法规,生育保险制度被包含在《中华人民共和国劳动保险条例》之中并一直作为一个辅助的险种存在于劳动领域中。1994 年,随着《企业职工生育保险试行办法》的颁布,生育保险完全脱胎成一个独立的险种。在 2010 年颁布的《社会保险法》中,生育保险被作为一个整体进行了专题阐述,生育保险的立法层次得到了进一步提高,这表明了国家对生育福利制度的重视以及完善整个社会保障体系的决心。

三、关于我国生育福利政策发展的设想

尽管我国生育福利制度一直处于不断完善的进程之中,但其仍然存在着一些突出的问题。诸如女职工生育保障金尚未实现统一,女职工生育保障金负担途径单一,女职工生育保障落实范围较小、补偿水平低、统筹层次低、发展不平衡以及缺乏法律强制力,女职工生育待遇的享受与国家计划生育政策相联系等问题。针对上述问题并根据客观实际的需要,本研究对我国生育福利制度的未来发展提出以下五点设想。

(一) 统一生育福利相关法律法规

我国生育福利制度法律体系尚不健全,目前存在的政策法规都属于规定、办法之类,立法层次较低。为促进生育福利制度的快速发展,国家相关部门出台了多项关于生育福利制度的政策,从《女职工劳动保护》到《企业职工生育保险试行办法》,再到《社会保险法》,但专门的生育保险法律至今尚未建立。因此,我国应建立统一的生育福利法律体系,且生育福利法律体系内部的各要素应相互联系、相互作用,成为一个紧密联系的统一整体。

(二) 将生育保险制度发展为全方位的生育福利制度

《企业职工生育保险试行办法》第四条明确规定,生育保险的资金筹集不需要职工个人缴纳,完全依靠企业缴纳,缴费基础为企业职工上年度工资总额。生育保险待遇包括生育医疗费和生育津贴。在制度层面,我国的生育保险制度已经做到了全覆盖,城镇职工和城乡居民分别由不同的制度对生育进行保障。因此,在生育保险制度逐步完善的基础上,有必要将生育保险发展为生育福利,完全面向全民实施生育福利政策,同时要不断提高生育补助水平和生育服务水平。

(三) 简化程序,打破计划生育政策的束缚

我国生育保险待遇的享受要求符合计划生育政策。目前我国的生育政策为一个家庭只生育一个孩子,"单独"家庭可以生育第二个孩子。随着社会经济的发展,人们的生育观念正在发生一系列的变化,过去养儿防老的观念逐渐淡化。就目前的状况而言,即使全面放开二胎,很多家庭也不会再生育二胎。国家卫计委发布的数据显示,自十八届三中全会确定"单独二孩"政策以来,全国符合再生育条件的 1 100 万对"单独"夫妇中,提出再生育申请的"单独"夫妇为 27.16 万对,不足符合再生育条件"单独"夫妇的 5%。所以,为了使生育保险全面无条件地覆盖全体国民,让女性充分享受生育福利待遇,需要打破计划生育政策的束缚,让育龄妇女生育二胎、三胎依然可以享受生育福利待遇,从而充分实现增进人民福祉的目的。

(四) 将生育保险与医疗保险相衔接

我国的生育保险是一个独立的保险险种。国际上并没有单独的生育保险制度,而是将生育保险纳入医疗保险,统一由医疗保险基金对生育行为进行补贴和提供服务。目前我国生育保险制度与医疗保险制度分别实施。但是,在生育过程中,有可能会发生医疗事件,对这一部分费用的报销时常会

发生扯皮现象,导致报销过程极其复杂。因此,应仔细理清生育保险与医疗保险的关系,将生育过程中可能遇到的生育病症以及其他并发症纳入生育保险或者医疗保险的报销内容,对因生育而发生孕妇死亡的,可以从生育保险基金中拿出专项经费对家属给予补贴。对生育保险中涉及的医疗风险要给予充分考虑,属于医疗保险的覆盖内容则应及时纳入医疗保险,确保生育保险与医疗保险有效衔接。

(五)增加产假中产前天数在总体产假中的比重

目前的生育福利待遇由产假、产假工资、医疗保健三部分组成。2012 年颁布的《女职工劳动保护规定》,对我国女职工享受产假的天数做出调整,女职工生育享受 98 天产假,其中产前可以休假 15 天。通过对生育保险政策的变迁研究发现,我国女性职工休产假,不论产假总天数为多少,其产前休假一直占很小一部分,一般为产前休假 15 天。生育虽可以根据医学知识推断预产期,但是也会发生一些小概率事件,早产现象也时有发生,并且在预产期前 15 天时,孕妇的工作、上班已经很不方便。因此,产前休假 15 天不足以满足孕期妇女的实际需要,可以逐步增多产前休假天数,至少应为一个月,或者将产前休假天数逐步增加到至总天数的五分之二,也可以一步到位进行产前休假天数调整。

第五节 促进农村低保与扶贫 开发政策的衔接

农村低保制度与扶贫开发政策作为农村反贫困的两项基本制度,自实施以来在农村反贫困工作及促进城乡协调发展方面取得了很大成效。实现两项制度的有效衔接有助于从兜底性、促公平的角度改善贫困人口的发展能力和分享经济发展成果的机会,是消除贫困、建设新农村、促进社会和谐的一项重要举措。但帮扶对象重叠、管理分散、资金使用效率不高等问题,导致两项基本制度不能更好地发挥作用,对提高反贫困绩效造成了巨大的压力。为提高两项制度运行的效率,从不同的角度发挥自身的优势,应积极探索有效衔接的途径,使其整合、协调并持续发展,从而促进反贫困事业的发展进步。本节围绕农村低保制度与扶贫开发政策衔接运行这一主线,运用文献检索、统计与比较分析相结合、实证分析与规范分析相结合等研究方法,通过对政府政策解读和对贫困户的调查,从多个角度对当前两项制度衔接现状进行深入剖析,并提出系统化的对策和建议,以期从理论的高度和实践的角度指导两项制度的衔接工作,促进两项制度整合。

一、农村低保制度与扶贫开发政策的关系

关注农村贫困问题,一直是党和政府工作的中心任务之一。在全面建成小康社会与落实科学发展观的时代背景下,加快健全覆盖城乡居民的社会保障体系,已成为我国政府关注和改善民生的重大战略和伟大历史任务。农村低保制度与扶贫开发政策(以下称"两项制度")作为农村社会救助的构成部分,是针对农村贫困群体实施的重要扶助战略部署,在农村反贫困行动中发挥了重要作用。农村低保为贫困人口提供维持基本生活的物质救助,扶贫开发则为低保人口提供摆脱贫困的可能。尽管两项制度都是针对农村反贫困而制定的政策,但两者独立运行过程中具体对象有别、目的方向不同、功能性质有异且其主导单位与制度运行程序也不尽一致,这导致了针对同一问题政出多门、各管理部门职责模糊、目标对象识别困难、项目内容标准不同、资金有效利用率低等问题的产生,阻碍了反贫困工作与机制的有效监管与整合,如何促进两项制度的衔接成为当前农村反贫困面临的重要问题之一。

2008 年,在党的十七届三中全会上,"实现农村最低生活保障制度和扶贫开发政策有效衔接"被提上议程。自此,农村反贫困工作由低保"授人以鱼"和扶贫开发"授人以渔"双管齐下的制度开始向着两项制度整合统筹、共同推进的开发式扶贫方向发展。国务院在 2013 年 8 月 30 日批准建立全国社会救助部际联席会议制度,这为农村低保制度与扶贫开发政策从政策衔接到制度衔接提供了重要支持。2014 年政府工作报告针对贫困问题发出了"我们要继续向贫困宣战,决不让贫困代代相传"的号召,吹响了扶贫攻坚新的进军号。

相对于城市迅速建立起来的可操作性较强的低保制度而言,两项制度发展缓慢,针对两项制度制定的相关法规还很欠缺。农村贫困人口数量庞大,而扶贫资金主要来源于政府财政支持,这无疑加大了财政压力。要妥善解决两项制度独立运行的局限性,就要研究两项制度的关系,找到解决问题的关键。

(一)贫困与反贫困

贫困是指由于生存条件限制或意外灾害、事故等的发生造成的物质生

活贫乏、精神生活窘困,生存能力受到限制的一种社会现象。贫困让弱势群体陷入物质生活和精神生活双重窘困的境地,而为了应对这种贫乏的生存状态,社会各界都在不断探索减贫消贫的有效途径和方法。反贫困是一项克服社会发展障碍,促进和谐社会建设的攻坚战。反贫困战略是指一定时期内一个国家或地区针对贫困问题而制定的各种应对机制的总策略或总纲领。我国农村反贫困战略以农村社会保障体系中的农村社会救助为主,农村社会救助包括农村生产社会救助、农村生活社会救助和农村灾害社会救助三大类,由农村最低生活保障、农村扶贫开发、农村自然灾害救助、农村危房改造、农村医疗救助、农村临时救助、流浪乞讨人员救助等项目构成。

（二）农村低保制度与扶贫开发政策的区别

第一,两项制度的含义不同。农村低保制度是对家庭纯收入低于当地最低生活标准的贫困户进行差额补助,提供资金及物质救助以保证其基本生存。而扶贫开发政策则是为贫困人口提供发展机会引导其以经济建设为中心,在政府和社会帮扶下进行自力自助。

第二,两项制度的具体对象不同。农村低保制度主要救扶那些因病、残、年老体弱或发生意外灾害、事故等而丧失劳动能力的贫困人口。扶贫开发政策的救助对象是那些有劳动能力但缺乏发展机会致使其发展能力受限的贫困户,也有部分脱贫后"返贫"的临时贫困户。

第三,两项制度的主导单位与运行程序不同。农村低保制度的主导单位是民政部门,以民政部门的政策规范为基准对贫困人口进行相关救助工作。扶贫开发政策的主导单位是国务院扶贫办,以扶贫部门的制度规则为基准对贫困人口、贫困地区进行开发式救助。

第四,两项制度的目的方向不同。农村低保制度以保障农村贫困人口基本生存权利为主,进行兜底线、促公平的帮困工作。扶贫开发政策以提高贫困人口及贫困地区自我发展能力为导向,开展脱贫致富,是从根本上消除贫困、改善民生的开发式救助活动。

第五,两项制度的功能性质不同。农村低保制度是"授人以鱼"的工程,保证贫困弱势群体的基本生存权。扶贫开发政策则是"授人以渔",为贫困人口的发展权保驾护航。

（三）农村低保制度与扶贫开发政策的联系

2007 年,我国农村最低生活保障制度在全国正式建立起来。农村居民最低生活保障制度是一项旨在为那些通过依靠自己的应对机制来化解生活风险的能力最低的农民提供公共产品和服务,以支持和保障其基本生活的社会政策。扶贫开发是指国家或政府通过资金、技术、政策等途径对于生活水平在贫困线以下的居民提供发展机会的支持。

作为民生工程的重要组成部分,两项制度为扶助农村贫困人群提供了政策支持与制度安排。一方面,农村低保制度有效补充了扶贫开发政策在救助无劳动能力的贫困人口方面存在的功能空白;另一方面,扶贫开发政策在巩固低保制度成果的同时为有劳动能力的贫困人口提供了价值再创造的机会。两项制度相辅相成,把对贫困人口的"输血"与"造血"工程有机结合起来,形成有效的反贫困机制。两项制度的衔接整合是使农村贫困人口和弱势群体在应对贫困所带来的生活危机时实现生存与发展并举的重要途径;是对国民收入再分配的又一合理发挥,以此改善农村贫困群体分享经济发展成果的机会和能力;也是实现农村反贫困的伟大举措,有利于专业社会工作者介入反贫困时更具针对性,使得农村社保系统更趋健全,从而促进农村反贫困机制的监管和操作规范化、信息化。

二、农村低保制度与扶贫开发政策衔接的必要性和重要性

改革开放以来,我国社会经济发展迅速,人民生活水平日益提高,这为减缓贫困提供了良好的社会条件和经济支持。但伴随经济增长而来的还有不断扩大的贫富差距,阻碍了穷人分享社会经济发展成果。扶贫济困,提高人民生活水平和发展能力,缩小贫富差距是社会发展的要求。我国政府一直高度重视减贫工作。

(一)农村低保制度与扶贫开发政策衔接的必要性

长期以来,由于缺乏对农村社会保障制度建设的全面认识和合理规划,可借鉴的发展经验不足,加之相关制度不健全,导致政策执行过程中的"变通"违背了政策制定的初衷,使得农村反贫困工作难以全面真实地反映贫困弱势群体的利益诉求,阻碍了新农村建设的进程。两项制度的实施为农村贫困人口自立自强最终摆脱贫困创造了条件。但两项制度独立运行过程中的弊端和局限性也日益凸显,制约了农村反贫困工作的顺利开展。因此,加快两项制度的衔接成为加速反贫困工作进程的必要条件。

1. 资源的有限性与合理分配

虽然两项制度都致力于减贫消贫,但由于实施对象贫困的特殊性,农村

社会保障各项目的资金补助在农村社会救助政策上产生了交合。这便导致了两项制度交集区的双重补贴和两项制度盲区的不作为,财政资源未得到合理充分利用。同时,由于两项制度的主导部门不同,在制度衔接运行的实践过程中难免会出现权责交叉,在这种情况下,两部门的自利性就会使他们因为权责交叉的焦点所带来的某种好处或利益而产生矛盾;而如果交叉的焦点所带来的是某种风险、义务或责任,出于经济理性的考虑,这两个部门就会对出现的状况互相推诿,淡化自身责任,从而导致行政资源的浪费。此外,两项制度信息数据共享困难使得参保对象过程参与性差,社会化服务程度低且不规范,社会资源利用率极低。资源的有限性与不合理分配使得两项制度衔接成为消贫减贫的重要途径。

2. 反贫困与开发式扶贫

2011 年我国政府发布《中国农村扶贫开发纲要(2011—2020)》,明确指出我国扶贫开发工作的中心任务随着经济的发展和人民生活水平的提高,已经从解决温饱上升到了巩固温饱成果、加快脱贫致富速度、提高人民和社会的发展能力、减小贫富分化、缩小发展差距为主的新阶段。反贫困是发展的重中之重。农村低保保障了贫困人口的基本生存,扶贫开发为贫困人口自谋出路创造了条件。把救助与开发相结合,能有效实现贫困人口的自助与他助,保证农村贫困群体的利益诉求得到实现。这可以通过社会救助支出的经济效应得到证实。若是贫困户单独享受最低生活保障救助,这等同于对受助者增加的收入以 100％的税率课税,[①] 也就是说,无论工作与否,受助人都只能获得规定的补助,而不能通过劳动获得额外的收入。对于理性的追求自身效用最大化的经济人而言,这种补差机制显然对工作激励产生负面影响,会造成贫困人口对政府的过度依赖,从而制约贫困地区的自力与发展,这与该制度消贫脱困的初衷相背离。同样,单独享受扶贫开发政策的待遇也会使先天不足的贫困群体由于生活上的难以为继而陷入越救越贫的困境。两项制度单独实行的弊端显而易见,将两项制度统筹整合成为保基本、促发展的有效方法,其经济效应也会明显提高。这种开发式救助对于反贫困而言无疑是一味良药。

(二)农村低保制度与扶贫开发政策衔接的重要性

农村低保制度与扶贫开发政策独立运行、各有侧重的特点使扶贫帮困

---

① 邓子基、林致远:《财政学》,北京:清华大学出版社,2005 年,第 136 页。

工作得以顺利开展,但与此同时,两项制度目的性和意义一致的特点使得相关政策的制定和执行过程中产生一些矛盾与交合。因此,根据现实情况发展的需要认识到两项制度衔接的重要性,并以此为出发点促进两项制度的衔接对于"社会维稳"和"保障民生"显得尤为重要。

1. 整合社会资源,优化行政资源配置

两项制度的衔接,是整合社会资源,优化行政资源配置,保证在反贫困进程中物尽其用、人尽其才的关键举措。推进两项制度的统筹,要求各主导部门积极协作,拓宽沟通渠道,明确部门分工,制定定期协商机制,协同推进多元化工作机制的建立。在两项制度的衔接运行中,民政、扶贫和统计部门要对不同标准下贫困人口的交叉识别工作进行关联性分析,力争做到精准扶贫,有针对性地开展帮扶工作。各部门要各尽其责,分工协作,促进行政资源得到有效利用。

2. 应对贫困危机,生存与发展并举

两项制度的衔接,是应对贫困危机、实现生存与发展并举的重要途径。两项制度的整合,使贫困人口在维持基本生计的前提下,还能实现以下效益:农民的多种福利需求都能够得到持续满足和改善,而不局限于经济收入的增加;民众对反贫困过程的直接参与,并构成不可忽视的社会资本;健全相关政策与法律制度。① 两项制度的衔接整合在为陷入生存困境的弱势群体带来物质援助的同时还创造了劳有所得的发展机会,为贫困人口实现脱贫致富提供了可能。

3. 调整收入分配,共享经济发展成果

为实现经济增长而制定的各项政策措施,会对收入分化产生不同的影响。收入分配方式不同,经济增长所能减少的贫困数量和质量也不相同。人类历史上从未出现过真正意义的生产过剩,更不可能有财富过剩问题的产生。所谓财富过剩,不过是由于社会财富分化失衡造成的绝大多数人口无力消费的一种社会问题与经济问题并存的窘迫现象。若要为农村贫困弱势群体提供自救与互助的机会,就要从收入分配政策的角度来缓解贫困压力。农村低保制度与扶贫开发政策的统筹运行,可以促进国民收入分配的调整,有效实现社会救助支出的规范化和简整化,从而节约财政预算,实现

---

① 王三秀:《可持续生计视角下我国农村低保与扶贫开发的有机衔接》,《宁夏社会科学》2010年第4期,第73页。

扶贫资金利用率的高效化,有助于经济发展成果取之于民、用之于民,通过先富带动后富,缩小贫富差距,让贫困弱势群体拥有共享经济发展成果的机会和能力。

4. 重视社工教育,完善社会保障体系

两项制度的衔接,为农村反贫困工作的统一和标准化开展提供了可能。这为专业社会保障人才教育和社会工作者介入反贫困工作提供了更加科学规范的社会环境和政策条件,专业社会工作者的介入又为研究贫困者需求、政策供给导向、社会工作规范等提供智力支持,这对实现社保制度及其政策运行的有效监管和促进专门的社保制度有效实施提供了保障。两项制度的衔接是完善专业化社会保障体系进程的重要环节。

三、农村低保制度与扶贫开发政策运行衔接中的问题分析

我国的反贫困工作取得了重大成就。但在新形势下,我国救助政策也面临着新挑战:如传统扶贫机制产生的负激励、农村城镇化过程中遗漏在制度之外的劳动力的贫困问题、扶贫对象重叠难以精准界定、扶贫政策与救助政策之间的衔接问题等。在农村反贫困战略中,农村低保制度与扶贫开发政策衔接是重要的步骤,研究分析两项制度运行衔接中的问题,对于消除贫困、促进社会主义新农村建设、加快城乡经济一体化意义重大。

(一)政策衔接过程中帮扶对象精准识别困难

农村最低生活保障制度将那些家庭人均纯收入水平低于当地低保标准的农村贫困居民作为主要救扶对象,其主要任务是为因病、残、年老体弱等原因丧失劳动能力或因生存条件恶劣的原因致使劳动能力得不到应有的使用和发挥的农村贫困户提供兜底性的政策及资金安排。扶贫开发政策则以那些有劳动能力、可开发的贫困人口及贫困地区作为主要救助对象。现实生活中,对贫困人口的调查确认及统计工作主要由统计、民政和扶贫三个部门分别进行。各执行部门由于统计方法不一、认定标准有别,导致两项制度在运行过程中出现覆盖面不全、双保险、交叉保险现象的发生。

覆盖面不全是指在贫困户的认定过程中,由于统计、民政、扶贫部门家计调查的目的性和针对性有别且偏好不同类型的贫困人口,因而导致各主导单位会对某一类型的贫困户均实行不认定政策或工作人员将其认定为其

他部门的贫困类型而实行不认定政策。这便使得一部分贫困人口遗漏在政策受益范围之外。

双保险是指在贫困户的认定过程中，相关统计部门对某一类型的贫困均实行认定政策并纳入贫困范围，使得一部分贫困户在享受农村低保待遇的同时还享受扶贫开发政策的优惠，再加上道德风险的存在，容易造成"养懒汉"现象。

对贫困户的识别和确认应是动态的过程，交叉保险的存在是"固态管理"的弊端。交叉保险是指在贫困户的认定过程中，由于贫困发生原因的多元化、贫困资源及信息共享困难，农村低保与扶贫开发政策对贫困户的交叉识别能力偏低，致使有劳动能力的贫困户或脱贫后的临时"返贫"户只享受了扶贫政策但未享受低保而不能维持基本生存陷入生存危机。

（二）政策衔接运行中各管理部门分工协作困难

在两项制度的实践过程中，扶贫、民政及其他相关部门之间的协同联动机制不健全或尚未建立，彼此缺乏有效的信息交流及沟通渠道，在管理层面难以实现有效配合，导致针对衔接工作的联合行动不足，衔接后各部门的工作状态仍以分立运作为主。在贫困信息难以实现全面共享的背景下，农村反贫困工作缺乏统一安排，相关制度政策没有统一执行标准，因户制宜分类帮困的局面难以打开。这直接导致两项制度衔接运行中各管理部门职责模糊、分工协作困难，出现政出多门、钱权不分、决策失衡、利益导向冲突、监管乏力等问题。两项制度若不能在管理层面实现衔接，贫困人口的调查与统计、相关政策的制定与执行、资金的拨付与使用、钱权的交接与转移等都将出现不协调的现象，后续工作的开展也会因此而困难重重。

（三）两项制度衔接成本偏高难以发挥最大效益

其一，资金来源渠道有限，资金拨付使用机制不健全。资金来源以政府财政投入为主，社会性扶贫资金投入少，资金筹划缺乏有效的保障机制。而长期以来，政府扶贫资金缺乏对贫困人口需求的预测，主要以供给导向为主，造成资金供求不平衡，资金分配与实际需求脱节。与此同时，两项制度的资金筹划不同，针对不同的帮扶对象，资金的拨付也显示出不同的标准与口径，造成政府、社会和贫困户之间利益相分离。低保金与扶贫资金拨付的目的是保基本、兜底线、促公平。但在实际操作过程中，资金的扶助价值被弱化，资金的使用过于平均分散。由于两项制度在对贫困人口的帮困过程中覆盖面不全以及"双保险"和"交叉保险"的存在，资金的利用率被降低，进而导致衔接成本增加。

其二,两项制度的资金监管体制不同,涉及机构多,管理层次繁杂,办理手续复杂。各部门的扶贫资金在使用规则上都有自己的制度安排,不同的项目资金在拨付和使用过程中由于部门利益的分割而难以实现专款专用,这也限制了各类扶贫资金根据筹划目的进行有效整合。另外,在农村低保制度与扶贫开发政策的衔接运行中,"人情保"和"关系保"现象依然存在。由于我国家计调查制度发展不足,家庭收入难以核实,扶贫和保障资金的发放并不能完全按照政策规定落实精准扶贫、针对性帮扶,应保尽保。同时相关法律制度的缺失也使得消贫减贫工作中的"搭便车"问题和道德风险问题有机可乘,这些现象的存在也造成衔接成本过高、控制困难,扶贫效益难以实现最大化。

(四)专业扶贫工作人员少导致政策衔接的应急性质突出

对于社会救助政策的认知度和满意度,是发现相关政策优势和弊病的关键。就农村低保制度和扶贫开发政策而言,由于两项制度都是针对农村贫困弱势群体而制定的,因此两项制度运行过程中的优劣相较很有必要,政策之间的可借鉴之处可作为促进两项制度衔接的契合点,而政策之间的不一致又可以成为两项制度衔接的功能延伸点。然而,这项工作要求建立健全政策需求的发现机制,要求有专业的社会工作人员通过实践调查与国际经验借鉴总结出两项制度之间以及两项制度与其他政策之间衔接的可能。社会工作者作为社会公共政策和社会公共活动的重要组成部分,在社会实践活动中发挥着重要作用。社会工作者的缺乏会使救助扶贫行动由于没有深入的研究和调查、对政策解读不到位等问题而陷入临时性和应急性救助多、功能可持续性的政策少甚至没有的窘迫困境。

通过调查贫困户了解扶贫政策的途径可以发现,大部分人是通过新闻媒体、亲友介绍及其他贫困户实际情况来具体了解相关政策的,村委会的宣传及专业社会工作者的介绍发挥着极其微小的作用,甚至在现实操作过程中并未发生作用。贫困人口对扶贫政策的满意度和支持情况直接影响到政府扶贫政策和社会救助制度的持续发展。调查显示,43%的贫困户对扶贫政策的实施呈无所谓的态度,33%的人对扶贫政策比较满意,11%的人对扶贫政策非常满意,同时不可否认,有13%的人对扶贫政策并不满意。由于专业社会工作人员少,对贫困的调查研究还有待发展,相关公共政策的宣传和解读不够充分,各主导部门专门为两项制度衔接而制定的规则应急性质突出,不能长期发挥效用。这导致农民群体不能充分理解相关政策的内容和制度规定,政府扶贫的具体措施实施效果欠佳,同时也制约了农民在现实生活中享受扶贫待遇的机会和可能。

(五)农村贫困人群自身的潜力被压制阻碍两项制度的衔接

我国的经验表明人力资源开发在长期能够有效地提高扶贫效率,实证分析显示对农村教育和公共卫生事业的公共投资在长期非常有利于缓解贫困。

此次调查显示,对于当地政府落实扶贫措施的情况,52%的调查对象表示地方政府采取了扶贫帮困的措施,28%的调查对象不清楚有什么扶贫举措,13%的调查对象反映自己并未享受到地方政府扶贫措施的待遇,另外还有7%的人未填写。由此可见,将近一半的调查对象对于地方政府是否实行过关于扶贫帮困的政策措施并不了解或者知之甚少。同时,当前的扶贫措施以提供扶贫资金和危房改修这种金钱和物质救助为主,接受过相关技能培训的贫困人口很少,针对贫困人口发展能力的扶贫政策效果不佳。可见,忽视对贫困地区人力资源的开发,淡化对贫困地区社会文化资源的利用,把经济开发作为工作重心,是政府扶贫过程中存在的主要问题。由于农村贫困人群自发性与自觉性差,外流与信息沟通渠道不畅,加上政府对贫困人口的"输血"举动明显多于"造血"工程,这使得贫困群体自身的潜力未能得到有效发掘,享受扶贫救助却难以为农村低保制度与扶贫开发政策衔接作出贡献,两项制度的衔接统筹因而受到制约。

(六)非收入性致贫因素制约着两项制度的衔接

除经济收入之外,社会资本不足、自然资源匮乏或利用不当、教育短视、基础设施条件差、社会排斥及健康等问题都会导致贫困,而这些致贫因素的广涉性又会严重制约两项制度的有效衔接。

社会资本是指团体或个人因其所处的社会位置而获得的有利于其发展的资源。社会资本影响劳动力之间的交流与沟通,影响着劳动力的流动。社会资本不足会制约人力资源的开发与利用,减少个人发展机会,使劳动能力受限,导致贫困的发生。社会排斥是指社会弱势群体缺乏参与社会活动的机会,其社会权匮乏或被弱化,在政治、经济、社会、文化等诸多方面受到排挤甚至孤立无援的一种社会现象。社会排斥违背社会公正原则,会给被排斥者造成巨大的社会焦虑和心理压力,不利于社会整合,同时还会导致贫困的发生。自然资源匮乏是自发性致贫因素,导致贫困人口在生存发展方面先天不足,而自然资源利用不当、教育短视、基础设施条件差和健康问题则是直接致贫的人为因素,令贫困人口在自我发展方面后天畸形。贫困问题的多发性与致贫原因的多元性加大了农村低保制度与扶贫开发政策衔接的难度。

四、促进农村低保制度与扶贫开发政策衔接的对策建议

2013 年 10 月 16 日,"从极端贫困人群中汲取经验和知识,共同建立一个没有歧视的世界"被联合国作为第 21 个国际消除贫困日的主题提出。2014 年国务院扶贫办主任刘永福在两会期间指出:"减贫任重道远,改革是最大的动力,下一步,要结合贯彻十八届三中全会精神,加大扶贫领域的改革创新力度,进一步释放改革红利。"最大限度瞄准贫困弱势人群,努力为寻求自立自强的贫困群体提供服务是中国扶贫基金会的一项重要目标。可见,反贫困是全世界普遍关注的社会问题,我国政府、社会也始终关注民生问题,重视反贫困工作,努力为消除贫困创造有利的政治和社会环境。

促进经济社会发展、加快扶贫开发进程,首要的条件是要具备清晰明确、可操作性强的好思路,并找到促发展的好路子。既要着眼全局,从实际情况出发,因户制宜,又要思路清晰,进行整体规划并局部分解找到发展的突破口。农村低保制度与扶贫开发政策衔接运行过程中面临许多问题和挑战,如何妥善处理各方面的关系和遇到的问题,成为促进两项制度统筹安排的关键。

(一)完善扶贫对象精准识别机制

2014 年 4 月 2 日,国务院扶贫办下发关于印发《扶贫开发建档立卡工作方案》的通知。这为构建全国扶贫信息网络系统,保证贫困信息互联互通,实现扶贫信息及资源共享,早日做到精准扶贫,有针对性开展帮扶工作奠定了基础。两项制度衔接不仅要求根据其共性实现整合联动,还要抓住重点,加强对特别贫困人口的帮扶。扶贫对象识别不准、基数模糊、对象识别机制效果差是制约反贫困工作顺利开展的重要因素,精准扶贫则是解决这一系列问题的重要途径。在实际操作中,应对贫困弱势群体进行精准化识别、有针对性帮扶,对贫困人口的瞄准机制实行动态化管理,做到扶真贫、真扶贫。完善贫困人口识别机制,要有系统健全的家计调查机制,统一调查统计口径和标准,贫困户的识别确认工作要公开透明地进行,接受群众监督和评议。

对于脱贫户临时"返贫"、有劳动能力暂时接受低保待遇的贫困户要及时备案,进行动态管理。对于无劳动能力的贫困户,要真正落实救扶政策,提倡贫困户互助和自助。

(二)建立健全两项制度主导单位之间的协同联动机制

全国社会救助部际联席会议制度于 2013 年 8 月 30 日被国务院批准建立,这为两项制度从政策衔接到制度衔接提供了重要保障。联席会议制度的建立为成员单位分工履职、自觉积极研究社会救助工作的相关问题、认真贯彻落实联席会议确定的工作任务、及时协调各部门工作需要提供了制度支持和政策安排。这对于两项制度的衔接意义重大,有利于扶贫、民政、统计等相关部门在管理及操作执行层面上互通信息、通力合作。

两项制度主导单位之间需要加强联系与合作。《中国农村扶贫开发纲要(2011—2020 年)》指出要坚持层级分工协作的管理体制。中央统筹,省级扶助部门肩负政策制定和实施的总责,县级相关部门要保证各项制度的落实。民政、扶贫、统计部门应在联席会议制度的指导下统一贫困对象的识别口径,对农村绝对贫困人口进行普查并登记造册、建档立卡,按实际需要开展低保工作。扶贫部门对有劳动能力的农村绝对贫困人口及贫困地区实施扶贫政策,民政部门对无劳动能力的绝对贫困人口给予基本生存救助。同时两部门还应该有针对反贫困的联合文件及行动,并积极探索正向激励机制,深入推行主导部门自上而下的协同联动机制,注重对相关工作人员的培训。

(三)整合两项制度的资金资源以实现成本收益最大化

首先,要加大扶贫资金投入力度,拓宽扶贫资金投入渠道,构建多元化的扶贫格局。两项制度的资金投入要在评测市场动态的前提下探求有效的保值增值方法。国家及政府要鼓励、支持、引导单位和个人及社会力量通过捐赠、设立帮扶机构等方式参与扶贫工作,从而拓展资金来源。

其次,改革资金项目管理机制,统一管理,分开执行,做到钱权分离。调整扶贫开发投入体制,整合两项制度的资金筹划,将专项扶贫资金与其他惠农支农资金进行整合,进行跨地区和跨行业的风险均摊,建立"大扶贫"模式,集中使用各项保障资金。比如设立扶贫特惠保险,凡是通过合法途径为贫困地区或贫困人口的健康、教育、就业、发展等生存必须的条件进行保险投入的单位或个人,在为本单位或个人办理社会保险或商业保险时,均可以获得政府或相关社会组织提供的经济或政策优惠。尽管以保险的形式进行扶贫在实践操作中还缺乏有效的技术经验,但这种思路可以将直接扶贫者的利益和贫困人口的利益有机结合。在这一过程中,保险公司可以把不同地区的保险单汇集到一个资产地,与信托公司或投行合作,将其风险与收益进行合理切割,形成标准化的证券产品,在金融市场进行销售。① 保险部门只赚取一定的费用,将其余收入一部分用来对贫困人口进行救助,一部分用来对投保人进行收益分红,资金回笼后继续滚动,不断扩大业务规模。如此一来,不仅可以扩展两项制度的资金筹集渠道,而且在资金筹划方面除了政府的引导外还加入了市场的元素,在专项资金保值的基础上实现增值。

再者,要完善扶贫资金和物资保障机制,将政府安排的扶贫帮困资金和相关社会工作经费纳入财政预算,从而改善扶贫等专项资金的使用结构,严格扶贫与保障资金的发放规范与监管,提高扶贫工作效率,控制并降低两项制度的衔接成本。另外,要建立多元化监督机制,明确资金监管,规范绩效考核制度,保证项目资金收付的公开透明,促进资金使用效益最大化。

(四)通过专业教育加快培养高素质的社会工作人员

社会工作者在扶贫帮困的过程中为研究制定加快推进反贫困领域或者社会工作发展的专项政策提供智力支持。社会工作者有专业的救扶知识,对贫困弱势群体的物质需求和精神需求的研究也更为透彻,在两项制度的衔接过程中能着眼于全局,从长远利益出发,将法理与人文关怀相结合,变应急式制度安排为功能可持续的制度安排。社会工作者之间的分工协作、互相配合有利于两项制度在运行过程中的衔接。

我国于 2014 年 5 月 1 日开始施行《社会救助暂行办法》。这一法规为我国反贫困工作提供了政策法规的支持,对我国社会保障体系建设具有里程碑意义:为社会工作介入社会救助领域尤其是扶贫帮困、服务社会救助对象方面提供了法律依据,同时还为社会工作跨领域、跨行业、功能可持续、救助范围延伸向所有有需要的对象开辟了立法起点,提供了立法示范。这显然为社会救助体系下的制度衔接以及社会救助与其他社会保障制度的衔接提供了法律支持,也成为社会工作者介入反贫困工作的重要保障。

为建立健全社会贫困弱势群体需求发现和救助服务机制,搭建政府、社区、社工三方联动机制,高校应开设社工课程并注重实践与理论的结合,加

---

① 宋鸿兵:《货币战争5——山雨欲来》,北京:长江文艺出版社,2014 年,第 349 页。

快专业社会工作人员的培养,推动专业扶贫教育的发展。对于反贫困问题,社工教育应有充分系统的研究和应对机制,确保有关政策制度得到社会普遍认可和支持,为贫困群体自觉自发脱贫创造机会和可能条件,从而加快两项制度的衔接进程。

(五)加快农村贫困人群的人力资源开发以促进两项制度的衔接

2007 年国际消除贫困日的主题为"贫困人口是变革者",意在强调要努力发现并发掘贫困人口本身在消除贫困、促进发展中不可替代的积极作用。"缩小贫穷与体面工作之间的差距"作为 2010 年国际消除贫困日的主题,旨在呼吁各国及全社会努力为贫困弱势群体创造更多、更体面的就业机会,让他们的潜能得以发挥,能力得以施展,从而从根本上解决贫困问题。我国从 2012 年 1 月 1 日开始实施《财政专项扶贫资金管理办法》,《办法》中明确指出要把提高农村扶贫对象就业和生产能力作为扶贫工作的主要任务,对主动接受职业教育、参加实用技术培训的有劳动能力的贫困人口要给予补助。这是以法规的形式充分肯定农村贫困人群的人力资源的作用。消除贫困是经济发展的结果,而不是其原因。农村贫困群体的消费能力会随就业而增强,这将刺激商品经济和服务的增加,带来就业的稳定增长和发展能力的不断提高,同时又反过来促进更多的农村剩余劳动力向城镇化方向发展,贫困弱势群体的窘迫生存局面将被打破,为消除贫困而制定的政策将趋于整合乃至一体化。因此,国家、政府和社会应该为增强贫困人口的自我发展能力创造更多的就业和创业机会,促进农村贫困人群的人力资源开发与利用,以推动两项制度衔接过程中救助对象的自主发展。贫困群体也应该从贫困中发现致富之路,综合利用有限的资源大力创新。政府应适时引导贫困地区及贫困人口的开发创收,加大贫困地区基础教育力度与卫生健康工作投入力度,保证人力资本的可持续性。

(六)立足于社会发展的眼光解决致贫问题以促进两项制度的衔接

20 世纪 90 年代末至今,通过研究和借鉴国内外历史发展经验,我国的反贫困进程从追求温饱阶段进入到了提高生活质量的新时期,并开始把社会质量的观点提到社会发展的议程之中。这种发展观念的转化在实际社会生活中的表现是:缓解相对贫困为主已经取代了此前反贫困的首要任务——消灭绝对贫困,并把缓解社会排斥问题引入到反贫困进程之中;追求幸福生活取代了追求富裕生活;提供高质量的公共服务和确保人们的广泛权利取代了保证人们的物质生活需要等。根据这些变化,人们关注的焦点发生了转变,对社会质量问题的关注逐渐取代了对提高生存水平问题的重视。因此,要实现两项制度的有效衔接,还应该从社会发展的角度来解决除经济收入之外的其他致贫问题,从而保证消贫减贫的全面性与彻底性。

要整合社会资本,就要明确贫困人口所拥有的社会资本和潜在的发展机会,拓宽贫困人口对外交流渠道,为贫困人口获得社会认可和尊重打造交互平台。比如,建立社会问责制。现在有一种共识,即穷人的参与或者在不同的扶贫项目中设立代表穷人的机构是完善他们福利状况的必要条件。而社会问责制以各种形式的公民参与为基础,在掌控公共官员问责的表现方面,相对于贫困人口或代表他们而制定的各种机构机制而言,显然公众问责对扶贫项目更为重要。①

针对社会排斥,可以通过财政的再分配功能调整社会各阶层的利益格局,整合社会资源并进行合理配置,使全体社会成员公正平等地享受经济社会的发展成果,通过政府这只"看不见的手"应对市场经济条件下的市场失灵现象来促进机会均等,同时要提倡社会扶贫,建立社会扶贫信息网络服务平台,引导社会组织和第三方力量以慈善捐赠、志愿扶贫、增设就业岗位等形式积极参与社会救助工作。这样既可以加强社会公正,又可以有效缓解社会排斥。

---

① Teguh Dartanto, "Does Choice between an Endogenous and a Fixed Poverty Line Affect the Poverty Outcome of Policy Reforms?", *Modern Economy*, vol. 2, no. 4 (2011), p. 673.

第五章 老年人保障发展建设研究专题

本章从模式选择角度分析探讨了生态养老社区建设问题，结合实地调研分析探讨了社区居家养老的发展完善问题，从障碍与贫困角度分析探讨了老年残疾人社会融合问题，从福利社会化角度分析探讨了城市老年福利服务发展问题。

第一节 生态养老社区建设模式研究

生态养老社区是当前国际养老服务发展的新兴趋势之一。本节通过界定生态养老社区的内涵，提炼总结其基本特征，并结合我国生态养老社区建设中的现实不足，提出我国建设生态养老社区的发展模式，从而适应不同老年群体的养老服务需求。

一、建设生态养老社区的必要性

在应对人口老龄化、解决养老服务问题的过程中，世界发达国家在大规模兴办养老机构之后，逐渐通过"去机构化"转向以不改变居家方式为主的社区养老建设。瑞典在 1975 年人口老龄化达到 15％时通过立法推进住宅的无障碍化。日本在 1987 年人口老龄化达到 11％时推行"银发住宅"工程。美国在人口老龄化为 8％时通过立法建立老年住宅，2012 年已建有 1 900 多处持续护理养老社区（CCRC）。据预测，2050 年我国人口老龄化程度将达到 34.8％，但我国目前大部分养老社区建设滞后，适老性服务缺乏，人居环境与公共环境不符合老年人居住、活动的标准，难以适应生态文明理念下我国日益扩大的养老需求。

关于生态和谐养老社区的理论研究和实践建设在国外早已成熟。而我国关于生态养老社区的相关研究尚处在起步阶段,只限于对生态社区的研究,如郑俊敏(2012)、田美荣(2007)、高吉喜(2007)对生态社区指标的评价研究等。国内近年来斥巨资建设的生态养老社区大有走高端化、商业化的趋势,对生态养老社区的内涵和特征还存在模糊认识,亟须界定。我国政府《十二五规划》指出社区养老建设是居家养老的重要依托,发展居家养老服务必须要完善社区养老服务设施。在大力倡导生态文明的今天,借鉴国外先进养老社区建设理念,科学界定我国生态养老社区的内涵及特征,构建适合我国国情的生态养老社区发展模式,对于解决我国老年群体的养老服务需求,保障老年人安度晚年,具有重要的理论与实践意义。

二、生态养老社区的内涵与特征

目前,国内对于生态养老社区的相关研究较少,主要集中于以下四种观点。一是认为生态养老是老人在养老机构中与自然环境的亲近。二是认为生态养老工程即从老年人的"衣、食、住、行、情、学、游、玩"八个方面,对养老机构进行升级改造与再建,为老年人配备生态型老年用品、创造生态型的养老条件和生活环境。三是生态养老社区高端化。即建设国际级高端专业养生会所、独栋别墅、花园洋房、高档生态养老社区。四是张钟汝教授(2012)提出的"全生态养老社区"。即以老年人为主要居住对象的生活共同体,根据较高适老性标准,建设并提供完善的无障碍设施,集合家庭、机构、市场、社会等各类服务,满足老年人多样化的物质和精神需求。综上观之,生态养老社区在我国理解多样,有必要对其内容和特征加以进一步地深入探讨。

(一)生态养老社区的内涵界定

本研究认为生态养老社区应是一个养老功能生态化的生态社区。即以社区为支点,积聚政府、社会、非营利组织等多方力量,以生态理念、生态技术为基础,使社区环境、养老服务与社会关系和谐共生,满足不同老年群体养老需求的养老社区。

第一,生态养老社区是一个可持续发展的社区。德国建筑师格鲁夫在其1987年出版的报告《我们共同的未来》中提出的"可持续社区"(sustainable community)的概念为我们提供了生态养老社区的理念支持。

即社区应建立在强调老年人的现在和未来、生活和工作、安全性和包容性、生活品质和环境保护等统筹协调,规划合理,建设和运营良好,为社区居民提供平等的机遇和优质的服务之上。

第二,生态养老社区应该实现养老功能的生态化。老年人在生态养老社区以家庭方式养老,在社区中以生态技术为依托,享受个性化、人性化的老年服务。通过适老性设计尽可能延长老人的独立生活时间,社区功能合理规划维系老人的社区社会网络,使老人在合理的经济支出条件下,在舒适安全的生态社区空间环境中,获得必要的与其健康状况密切相关的涵盖住房改造、家庭服务、日常生活照料、工具性生活照料和医学护理乃至认知障碍护理的持续性服务,以及相关方面的咨询和教育、提升其文化生活品质的社会服务。

第三,生态养老社区应是社区环境、服务、社会关系的整合与提升。范平(2009)、田美荣(2007)、周传斌(2011)、郑俊敏(2013)认为生态社区的核心内容是社区生态关系的整合和生态服务功能的提升。因此,生态养老社区应作为便于老人、家庭、社区组织、志愿者、各类营利和非营利机构的合作交互支撑的支点,能够整合资源、吸引资金、组织老人参与决策,并提供最契合当地社区老人需求的养老服务,强调养老社区中居民家庭、建筑、基础设施、自然生态环境、社区社会服务等要素的有机融合,注重规划、设计、建设和管理过程中设计者、房地产开发商、政府部门、社区居民、物业管理部门和居委会等多主体的参与和协调。

(二)生态养老社区的主要特征

生态养老社区建设在美国和日本等发达国家业已成熟。美国、日本的生态养老社区在选址、建筑、服务、管理及社会融合方面都体现出生态资源和生态关系的整合与共同提升,但美国养老社区更多体现的是独立性养老社区,而日本则是灵活性较强的小型养老社区。总结提炼两国生态养老社区构建的特征,有助于为我国的生态养老社区建设提供参考借鉴。

1. 合理的规划与选址

美国环保局(EPA)认为环境危险对老年人健康有重大影响,且难以恢复。由于老年人一般不愿意远离自己熟悉的社区、远离本市居住,因此美国和日本的养老社区在规划选址上都尽量考虑良好的自然环境和便利的交通条件。美国养老社区多建在城市郊区或小城镇,距离市区不超过1公里,充分利用自然风景、地形、地貌等有利条件,为老人营造良好的生活环境,提供便利的生活条件。养老社区尽量毗邻医疗护理设施、商业中心、公园、高校等,满足老年人生活上的需求,为社区带来便利。例如牛津市的牛津诺尔斯养老社区距离迈阿密大学仅1公里,学术氛围浓厚,为老人们提供了再教育的机会,有的老年人还可以发挥他的专业余热,去学校教书或者学习,在精神上得到满足。

2. 养老社区的功能布局合理

美国、日本的养老社区服务对象全面覆盖了身体状况从健康到虚弱、生活自理程度从独立居家生活到需要辅助生活的各阶段老年人,以满足老年人多样化的需求。两个国家的养老社区一般在功能上将社区分为四大部分:社区服务中心、独立生活区(居住者在社区中有独立的住所并且生活能够自理)、介助生活区(居住者日常生活需要他人帮助照料)和介护生活区(居住者生活完全不能自理,需要他人的照料时,他们将转入介护型护理,得到社区提供的24小时有专业护士照料的监护服务)。老年人身体状况发生变化时,从能独立生活到需要他人帮助甚至生活不能自理的状况,可以更换到不同的服务社区。合理的功能分区,使老年人在身体变化时没有改变家庭与生活环境,便于各个区域的老年人社会交往。社区平面布局上一般将住宅与医疗康体站就近放置,缩短居民救护距离。考虑生活就医方便,在介助、介护生活区采用围绕组团服务中心或者社区服务中心布置。社区道路设计大多采取人车分流交通组织,使老人出行安全便捷。

3. 适老性的社区建筑及空间设计

养老社区的建筑倾向于家庭化。日本和美国社区在房型的设计上,都分为可独立生活型、介助生活型、介护生活型住宅以满足老人的住宅需求。在建筑房型上,日本老年公寓有老年专住型、混住型(老年住户与一般住户混住),满足老年人的沟通需要。在建筑设计中,注重动静分区,合理排布活动空间,并充分考虑到了高龄者以及残障人士的无障碍使用需求。美国养老社区的独立生活区主要是以独栋、联排形式为主。养老社区独立居住建筑在单元首层集中布置公共活动及交往空间,辅助居住建筑在每层分别布置活动空间、公共厨房、护工站等。专业护理居住建筑在每层集中布置护士站,面积要比普通住区大,满足无障碍设计要求。同时,为方便老人在社区内休闲,社区内都设计拥有完善的无障碍建筑和场地设计的公共空间无障碍化,如建筑间通过连廊联系,建筑细部按国际无障碍标准设计,让受护理人群更容易享受到优美的环境。

4. 社区服务配套的生态性

社区健康医疗设施水平高,服务配套多样化,能满足不同老年人的养老需求。美国太阳城养老社区为了方便老人就医,社区内医院多达100余个。日本养老社区中的小规模多功能服务中心,除针对需要护理的居家老人提供老年服务外,其功能空间的配置标准也多样化,设施齐备,力求满足老年需求。同时,社区生活方式、环境基础设施方面是否生态环保也影响着老年人的健康。在环境基础设施方面,包括利用新技术实现能源利用、提高可再生能源的利用率、降低人均能源的消耗、节水器具和设备使用情况、人均水资源消耗率、再生水利用率、社区内生活垃圾分类收集参与率等也是衡量养老社区是否生态的指标。美国养老社区内的建筑也正在采取绿色节能措施,社区外环境以绿色环境为主,水资源循环使用,建筑内采用节能措施,室内为天然光线入户,等等。

5. 养老社区服务建设中的三方融合

美国和日本养老社区实现了政府、社会、第三方组织的共融性。美国政府通过优惠政策提高老人特别是低收入老年人的住房可支付性和宜居性并提供多层次的社区养老服务。日本政府通过立法、制度推行适老性住宅的建设。此外,两国都非常重视非营利组织对养老服务的贡献。美国的世界最大的非营利性质的老年照顾机构"居家养老院",北卡罗莱那州协助生活组织,"美国老年人协会"组织,以及日本的"小规模多功能型在宅护理据点""玲子会"都是致力于为社区成员提供相关养老服务的非营利组织。同时两国都鼓励社会参与,特别倡导青少年服务于社区养老机构。

三、我国生态养老社区发展中的不足

(一)生态养老社区发展趋于大型高端化

生态养老社区的建设应符合我国《十二五规划》的精神,与我国人口老龄化进程相适应、与经济社会发展水平相协调,满足老年人多层次、多样化的养老服务需求。但据相关媒体报道,我国的生态养老社区有大型化、高端化发展的趋势。如上海崇明"全生态养老社区"建设的国际级高端专业养生会所、"堤亚纳昱墅"等高端养老社区以及长株潭高档生态养老社区等,面向的对象都是高收入老人。如果要使更多的老年人能入住养老社区,在生态养老社区的理念上、建设上都需要重新定位。

（二）规划设计、配套设施、服务监管不到位

目前来看,我国大型生态养老社区存在着选址较远,社区功能规划欠缺,相关配套设施及服务不到位等现象。美国养老社区一般距离市中心 10 公里以内,而我国养老社区的选址一般在远郊。例如,上海崇明生态城距县城 41.6 公里,北京太阳城距市中心 40 公里等。另外郊区公建配套、交通条件配备不齐全,使得老年人出行距离过长。有些养老社区独立生活区、介助生活区、介护生活区上的分区不是很明显,没有围绕社区服务中心布置,没有真正实现生态养老社区的理念和规划。

美国持续健康护理评估委员会(CCAC)是美国持续退休社区自发形成的设施服务的审核评定机构。这个机构对养老社区内健康护理进行评估,保持护理服务的质量。由于我国缺乏生态养老社区的评审机构,使得一些养老社区服务质量无法得到保证。据《北京晨报》2012 年报道,北京太阳城社区居民反映区内服务与当初入住时相比质量有所下降。因此,第三方评审机构的设立对于保障社区居民养老权益尤为重要。

（三）政府、社会、非政府组织缺乏有效融合

我国政府目前对养老社区规划的研究较少,也没有相关政策规范,生态养老社区在社会需求的推动下,由开发商来引导规划。反观国外政府在人口老龄化初期就已通过政策、法律制度来进行养老社区的建设,特别是对中低收入老年群体有一定的政策支持。例如,美国和日本政府对老年人特别是低收入老年人有一系列照顾政策,积极通过资金资助非营利养老服务组织的发展;同时鼓励社会力量,特别倡导青少年服务于养老社区,实现了三方融合。

我国政府应重视资助非营利社区服务机构为社区提供积极的养老相关服务。通过非营利组织促进本地区成为高质量的协助生活社区,为社区各种收入水平的中老年人成员提供合适的有资助的健康、安全服务,同时倡导社会力量的积极参与。而我国目前相关非营利组织尚未发展,社会力量参与不足,缺乏有效融合。

四、我国生态养老社区构建的模式选择

生态养老社区是未来社区的发展趋势。结合我国未富先老、家庭养老观念依然影响老年人养老方式选择的现实国情,应力主以渐进式、辐射性的发展模式强调养老资源、养老环境、养老力量关系的整合以及生态化的提

升,涵盖不同收入、不同偏好的老年群体,实现生态养老的目标。即从家庭住宅适老性改造辅以社区服务着手,构建混合型老年公寓的社区建设,再到独立的养老社区逐步发展。

(一)提供住宅适老性改造辅以社区服务的社区养老模式

我国大部分的老年人退休收入并不高,且养老不离家的传统养老思维根深蒂固,他们普遍希望能够生活在原来社区,在熟悉的环境里养老。因此,对于这部分老年人的养老需求,对现有住宅进行适老性维修与改造,辅以社区养老服务应是这部分老年群体的合理养老模式选择。

在住宅适老性改造方面,可借鉴国外经验,由政府推行优惠措施对老化的住宅进行适老性的修理和改造,包括卫生间改造、增加坡道、增加扶手、拓宽门和门厅等技术要求并不高的房屋设施改造。住房技术的应用方面包括如电话改进技术、便携式应急响应系统的安置等,这对于提升老人生活独立性、避免迁居十分重要。同时政府应提供适当的资金资助,包括拨款、贷款、租金补助以及税收信用等多种方式支持。在社区服务方面,社区尽量根据不同身体状况的老人,提供相应的医疗、家庭服务,包括建立托老中心等一系列设施,以满足不同老年人的养老需求。

(二)通过养老社区规划建立混合公寓养老社区模式

针对中等收入水平,希望享有较高水平的养老服务,同时又不愿意远离自己居住城市的这部分老年群体,可以考虑在城市整体建设规划中,适当依据老龄化的程度,在社区中建立老年公寓,在普通住宅中配置适老性住宅,配以老年人多功能社区服务中心,周围尽量毗邻学校、医院、服务机构等,以满足老人和子女在同区域居住的养老需求。

其一,在普通住宅中配置适老性户型。这种户型比较适合有生活自理能力的老人,住宅内部要有适老性设计。另外,根据老年人的实际居住情况,可以具体分为独居老人和夫妇共同居住,或者和子女居住的住宅,以便更好地满足老年人的不同养老需求。这种住宅能够保障社区内住户年龄的多样化,也有利于保障那些生活能够自理的老人和外界保持沟通、维持社会交往的需要。

其二,在社区配置老年公寓。相关调研表明,我国大部分老年人希望与子女近距离居住,便于沟通感情与相互照顾。可参照日本现在非常流行的"一碗粥距离"的住宅设计,就是父母与子女居住的距离为送一碗粥而不凉,这种设计充分满足了老人和子女近距离居住的养老需求。老人居住的老年公寓要有适老化设计和统一化管理。在老年公寓内,除考虑必要的无障碍设计外,还要为老年人生活提供相关的配套措施,便于老人日常生活与沟通交流,实现高品质养老。同时,在社区内设置多功能养老服务中心,以保障老年人的医疗、家庭服务、娱乐等一系列的服务需要。

(三)构建独立养老社区适应新型的养老需求

随着我国经济水平的提高,一些愿意到新的社区享受高品质养老生活的老年人日益增多,美国式的独立养老社区就满足了这部分老年人的养老需求。在养老社区的规划选址上,我国养老社区应在市区边缘或近郊选址,这有利于养老社区良性发展。功能布局上,应充分考虑到不同养老人群的身体状况和需求,设置独立生活区、介助生活区、介护生活区,以便老年人根据身体需要选择合适的住所,而不需要离开熟悉的环境。另外,社区内需要配置医疗设施、餐饮等相关服务设施。在条件许可的情况下还可以配置老年大学、图书馆等。交通规划上应采取环路形式,做到人车分流,组团内部限制车辆通过。空间环境上应规划老年人活动场所,包括广场、绿化、休闲步道等,为老年人提供休闲场所。

第二节　社区居家养老发展状况调查研究

本节结合实地调研,从服务项目、运行机制、存在的主要问题及有益经验等方面总结归纳了天津市社区居家养老的基本现状,并对其未来发展提出了宏观与微观层面的对策建议。

一、社区居家养老的主要服务项目

天津市作为我国四大直辖市之一,其经济社会整体水平居于国内前列。2012年,天津的GDP为12 885.18亿元,人均GDP为91 180.55元。城市居民的人均可支配收入达29 626元,同比增长10.1%,农村居民的人均可支配收入达13 537元,同比增长13.8%。2012年,天津市的常住人口总量为1 413.15万,65岁及以上人口为140.04万,[①]占天津市总人口的9.91%,已

---

① 人民网:《天津市2012年年底65岁及以上常住人口达140.04万》,2013-04-11,http://www.022net.com/2013/4-11/474245212559735.html。

超过人口老龄化 7％的标准。统计数据显示，2011 年天津市的家庭户规模为 2.76 人／户，其小型化趋势明显。其中，一人户的比重为 12.56％，较 2000 年提高了 5.04％；二人户比重为 28.64％，提高了 8.77％；三人及以上户均呈现下降趋势。另外，"四世同堂"基本上已经不存在了，受计划生育政策的影响，天津市的人口结构也呈现出"4－2－1"的模式。天津市是我国较早一批进入人口老龄化的城市之一，养老服务工作开展得也较早，发展较快。天津市的社区居家养老服务项目是根据老人的实际需求设立的，主要涉及老人的生活照料、医疗康复护理、精神慰藉三大类。天津市自实行社区居家养老以来，不断增加养老服务项目，到目前为止已有七大主要服务项目。

（一）政府购买服务

政府购买服务是指政府为重点服务对象提供免费居家服务的一种项目。重点服务对象指各类老年困难群体以及为本市人民做过突出贡献的老人，每个区的重点服务对象稍有不同。毫无疑问，政府购买服务的资金来源是市区级财政。从 2008 年开始，该项服务在天津市得到全面推行。由于贴近民生、贴近实际、贴近老年人需求，该项服务在实施后广受好评，取得了很好的效果。根据群众反馈结果，在 2010 年上半年，区民政部门收到老人和家属的电话、表扬信多达 60 次。下面以和平区和河西区为例进行说明。

和平区确定的政府购买服务对象是低保户、特困户、优抚人员、残疾人士和 80 岁以上生活困难的老人。具体做法是政府组建了一支 110 人的队伍，专门为这些老人开设理发、洗衣、保洁、配餐等 56 项服务，然后根据重点服务对象的困难程度和实际需求，为每人提供每月 40 到 120 元不等的服务，服务是以发放服务券和上门服务的方式进行的，政府会提前调查好老人的需求，然后分门别类，为每个老人提供个性化的服务。政府每月为这些老人发放居家养老服务券，老人凭借这些券可以享受到无偿的服务。而重点服务对象以外的老年人则只能享受到"部分补贴"，或者自费购买有偿服务。该项政策实施后，各街道的养老服务协管员会定时入户走访老人，及时跟踪了解和监督服务情况，保证了为老服务质量。2007 年到 2010 年间，和平区政府投入近 2 609 万元的资金为老人购买服务，有 1.4 万人享受到了该项服务。

河西区则坚持政府主导和社会化服务相结合，采取政府与市场、第三部门合作的方式为老人提供免费服务。具体做法是由街道委托公益性公司、民非组织（西泰公司、友谊家园再就业公司和"民非"组织福寿康公司等）或从下岗失业人员中招聘服务人员提供服务。它的服务对象是特困、低保、优抚、80 岁以上困难老人和市级老劳模等,提供的服务包括生活照料、家政、代购等服务。与和平区的做法相似,河西区政府根据老年人的家庭情况将服务分为无偿、低偿和有偿三种,以保证所有老人都能享受到居家养老服务。在政府购买服务方面,河西区每年投入的资金达 285 万元,足见区政府的重视程度。区老龄委聘请有关专家对居家养老服务员和管理人员进行专门的业务培训,使之做到持证上岗并能够提供较为专业的服务。另外,河西区还采用了招标的方式,通过竞争机制选择服务机构,此举可以让老人自主选择服务机构,享受到更加优质的服务。这种做法是值得采用和推广的。

(二) 日间照料服务

日间照料服务,是指依托社区内的养老服务设施来照料白天在家无人看护的老年人。养老服务设施坐落在居民区内,服务功能齐全,满足了老人多方面的需求,丰富了老人们的晚年生活。2012 年,天津市的老年日间照料服务中心(站)总量达 800 个,市财政补贴资金累积近 7 000 万元。以河西区为例,其重点照料范围是困难老人、空巢老人和高龄老人等特殊群体,而且是生活能够完全自理或半自理的老人群体,在此基础上面向全社区老人提供服务。白天,老人在这里不仅可以受到很好的照顾,而且还有丰富的娱乐活动来充实老人们的内心生活;晚上,老人再回到自己家中,每天都可以和自己的家人相处,身心得到了极大的满足。河西区目前已完成了 21 个街级示范老年日间照料服务中心和 32 个街级示范老年日间照料服务站的建设任务。

日间照料服务中心(站)提供的服务主要涉及生活照料、医疗保健和精神慰藉服务。在生活照料方面,服务中心一般建有配餐室和休息室。配餐室(含阅览室)一般配有就餐设施、报刊和图书,中午和晚上供老人们就餐,平常供老人们读书看报,白天无人照顾的老人可以到这里来免费享受这里的活动;休息室则配有床位供老人们休息。另外,针对行动不便的老人,河西区政府采取了上门提供服务的政策,很好地满足了这部分老人的基本需求,做到了以老人为本。在医疗保健方面,这里的医疗保健室和健身康复室分别配有基本的医疗设备、常用药品和健身康复器材,老人们在这里可以得到很好的锻炼和护理。在精神慰藉服务方面,服务中心还建有文体活动室和老年人学校。文体活动室配有相应的文体活动设备,如棋牌室、书画室,老人们在这里可以下棋、学习书法、组建合唱团、唱戏、打拳,进行各种各样的活动。老年人学校则配有基本的教学设备和用具,满足了老人活到老、学到老的心愿,精神上得到极大的满足。

在运营机制上,各区采用的方式不同,河西区采取的方法是与"民非"组织签订协议,由"民非"组织进行管理运营;和平区采取的是政府主导、街道社区管理加志愿者参与的方式;河东区是由社会公益性组织来管理;塘沽区是根据日间照料服务中心(站)的规模,由养老服务中心(站)聘用2到4名服务人员对其进行管理。在服务项目的费用上,一般采用无偿、低偿和有偿服务相结合的方式,但由于服务对象及资金等因素的限制,目前是以无偿项目为主的,有少量有偿项目,标准也较低,离政府扶持、市场化运营的目标还有很大的差距。

与养老机构相比,日间照料服务有着不可比拟的优势。第一,它满足了老人在家养老的心愿。根据天津市统计局的一项民意调查,在调查的12 000名城市居民中,有79.4%的市民表示迫切希望建立社区养老服务设施并提供相应的社区养老服务。这表明,日间照料服务中心(站)的建立是顺应民心和现实养老情况的。第二,它的投入成本远远低于养老机构的投入成本。第三,它的服务人群远远大于养老机构。第四,它有助于拉动内需、促进就业。在我国,老年人产业属于朝阳产业,发展潜力巨大,日间照料服务中心(站)不仅提供免费服务,还提供有偿服务,进行市场化运营,以保证服务质量。另外,这也为"4050"人员提供了很好的就业机会,因为居家养老服务人员中有很大一部分人是由"4050"人员组成的。总之,日间照料服务使老人能够老有所养、老有所乐。

(三)养老机构延伸服务

养老机构延伸服务是指养老机构利用其本身的专业性,与政府、公益性组织合作,为居住在家中的老人提供专业化的服务,也可以称之为"虚拟养老院"。养老机构服务的延伸,不仅可以使居住在家的老人也享受到专业化的服务,而且有效地避免了"养老机构空位多、老人有需求难以满足"的现象,还大大减轻了居委会的工作负担。但由于观念上的阻力,它的服务对象还只限于最困难、最需要养老服务的那部分老人,这部分老人正是政府为之购买服务的人群。目前,该服务尚未覆盖天津市所有社区。这种服务最早于2009年出现在天津市和平区,被称为"2+X"虚拟养老院的机构延伸服务。"2+X"是指1个公益性组织(中国寸草心敬老志愿者联盟,我国最大的敬老志愿者组织),1个专业养老机构(劲松护养院),以日常照护、医疗保健、心理关爱和老人配餐为主题服务内容的多种服务项目。虚拟养老院很好地弥补了"现实养老院"的不足,是未来社区居家养老服务的发展方向。

在日常照料方面,护养院建立了日间照护中心和配餐中心,解决了老人(不仅是自理、半自理老人,而且包括失能老人)的日常照料和吃饭问题。护养院的服务人员都经过专业的培训和授课,必须持证上岗,因而能够为老人提供较为专业的服务。在医疗护理方面,随着年龄的增长,老年人对医疗保健的需求也是日益增长的。老人们不仅就医需求高,而且就医困难,而社区医院又不能很好地满足老年人的需求。尤其是对于失能老人来说,他们的护理要求较高,一般的养老服务员没有受过专业培训,无法为失能老人提供专业化的服务。而护养院可以解决这些问题,其内部建有医疗保健中心,有专门的医护人员负责老人的健康护理及康复问题(其中也包含老人的心理健康问题)。目前,护养院已经和多个社区(超过 11 个)进行合作,每个社区建设了一个"心贴心为老服务社区工作站",工作站的工作人员由居委会、寸草心联盟及护养院三方人员组成。

(四)紧急呼叫服务系统

该项服务是为了在老人出现紧急情况时能够得到救助而设立的,天津市和平区于 2010 年 3 月 11 日在全市率先启动该项服务。河西区于 2011 年也建立起该项服务系统,河东区于 2012 年启动了"95081"服务热线,其中包括紧急救援这一项服务。

紧急呼叫系统的服务对象为高龄独居老人、空巢老人、残疾或失能老人、经济困难且缺乏照料的老人。政府通过免费在这些老人家中安装紧急呼叫服务器及时地获得老人的需求信号。当老人需要医疗和排险等应急服务时,只需按一下紧急呼叫服务器上的红色键,就可联系到服务中心,服务中心那里便可以显示出老人的相关信息(姓名、年龄、住址、健康状况、联系方式等),然后便可通知相关人员前去服务。目前,和平区已有上千老人的家中安有该系统。每位安装该系统的老人都得到过帮助,对此赞不绝口。为保证应急服务系统的正常运行,和平区政府专门对养老协管员、社区主任和社区志愿者进行了服务培训,建立了家政、医疗、排险三支服务队伍和协管员、志愿者、应急分队三支紧急协调服务队伍,为求助老人实行全天候、全方位、全过程的无忧服务。

(五)配餐服务

所谓配餐服务,是指天津市民政局与老龄委、专业养老机构、配餐公司合作为在家中无人照料、吃饭困难的老人提供配餐、送餐的一项社区居家养老服务。其形式有社区餐厅、居家养老服务中心(不止提供这一项服务)等，老人们可以在社区餐厅内就餐，也可以享受他们提供的送餐服务。2013年，天津市中心城区老年助餐社区覆盖率高达90%，滨海新区城区达50%，其他区县达30%。

目前较为典型的配餐企业是进万家社区服务有限公司，因为该公司的配餐服务已经形成一定的规模和品牌效应，销售网点覆盖多个区，如河西、河东、南开和西青等。公司内有专门的营养师，可以根据时令、时节制定菜谱，还可以根据每个老人的口味和健康状况提供个性化服务，不仅解决了老人的吃饭问题，而且使老人吃得好，保证了营养。另外，为了使价格降到最低，公司直接从农民朋友那里进货，大大减少了中间的差价，甚至比市场进价还低，使老人们享受到物美价廉的服务。另一方面，该公司还提供一元钱的送餐服务，解决了行动不便老人的吃饭问题，十分方便。政府为了鼓励更多配餐服务企业加入到社区居家养老服务中，减免了配餐企业的税收，而且按民用标准收取其水电气费用，减少了配餐企业发展道路上的阻力。

(六) 法律援助服务

近年来，子女不顾孝道、不尽赡养父母义务的情况时有发生，而老人则明显处于弱势，难以使自己的法定权利得到保护。针对这种情况，南开区和红桥区分别采取了相应措施。

在南开区，法律服务机构与社区居委会签订法律服务协议，规定由法律工作者定期到社区为老人(包括空巢、孤寡、80岁以上、不能完全自理及经济困难的老人)服务。其服务内容包括提供法律咨询、代写法律文书、出具法律意见、实施诉讼等法律援助行为；发放联系卡；每月举办一次法律知识讲座；主动参与调处重大疑难纠纷；预约办理符合公证规定范围的各项公证，对行动不便的老人提供上门服务。① 目前，在南开区已经有90家法律服务机构和区公证处分别与12个街道所属的168个社区居委会签订了长期的社区法律服务协议。红桥区的居家养老服务中心也引入了法律讲堂，邀请法律专家和法律志愿者到社区内进行老年人维权的普法宣传，提高了老年人的维权意识和法律意识，使老人在自身利益受到侵犯时懂得用法律武器来

---

① 新浪天津网：《法律服务进社区 援助5种困难老人还可上门服务》，2013 - 04 - 20，http://tj. sina. com. cn/news/fzxc/2013 - 04 - 20/091522464. html。

保护自己。

（七）志愿者服务

其实在上述所有的服务项目中都有志愿者的身影,比如在紧急呼叫服务中,志愿者便作为一支协助队伍参与社区的应急服务工作。志愿者在社区居家养老服务中已经成为不可或缺的一部分。志愿者在协助社区工作的同时,也发起了自己的活动,如和平区的"爱心助空巢"志愿服务项目,即对区内最困难老人实行一对一的结对帮扶志愿活动。志愿者从生活起居、精神慰藉、应急救助和法律援助等几个方面为老人提供社区居家养老服务,使老人的晚年生活幸福快乐。

2012 年,天津市的志愿者队伍多达 1 800 支,其中,社区志愿者有 40 万人,为老年人服务是其重要内容。但是,目前的志愿者存在为老服务专业性不足、在同一地点服务时间短的问题,留给老人一种只走形式的印象。为此,社区与志愿者签订了服务协议,规定其为老服务期限不得低于一年或更长时间,且对志愿者队伍进行专业培训,加强了其为老服务的专业性,保证了为老服务的质量。

二、社区居家养老的运行机制

（一）政府主导,多部门参与

总体来看,天津市的社区居家养老是以政府主导、企业及第三部门参与提供服务的形式运行的。它的资金来源也主要是市区级财政,只有少部分来自福利彩票。区民政局制定有关社区居家养老服务的各种政策,组织开展各种养老服务,各街道办事处和居委会负责具体事宜,而养老机构(包括养老院、托老所、护养院和老年公寓等)、配餐企业、公益性组织等各部门负责提供具体的服务。就目前的情况而言,总的发展方向是好的,但参与的主要部门依然是政府,企业和第三部门的参与力度较小,这样下去政府的财力存在难以为继的风险,社区居家养老服务也很难可持续发展。

（二）激励机制

激励机制是指对居家养老服务工作做得好的养老服务人员进行表扬、奖励的一种激励制度,这对鼓励养老服务人员、保障养老服务人员的供应、促进居家养老服务事业起到了很大的作用。然而天津市目前的居家养老服务激励机制还没有形成一项稳定的制度,只是个别区、街道有针对优秀养老服务人员的表彰措施。因此,应努力使这一激励措施变为一项完整稳定的制度。

(三) 监督机制

社区居家养老监督机制是指为了保证养老服务的质量而对养老服务工作进行检查、对享受养老服务的老人进行访问的一项制度。目前,该机制也没有形成一个稳定完善的制度,只是各区自发的行为。比如,在日间入户养老服务方面,和平区采取了各街道养老服务协管员定时入户走访老人以及时跟踪了解和监督服务情况的措施,从而有力地保证了养老服务的质量。

三、社区居家养老建设存在的主要问题

天津市各区在探索社区居家养老的道路上已经取得了一些成果,但依然面临许多问题。

(一) 资金来源单一

目前,天津市社区居家养老的主要资金来源是市财政和区财政。2011年,天津市财政在购买服务上总共投入的资金超过 2 600 万元,有 1.4 万人受益;建立日间照料服务中心 196 个,投入资金 7 000 万元。其中,前者的资金来源是由市财政和区财政各负担一半,后者来源于市财政。资金来源的单一直接导致了资金的不足,许多社区的服务项目无法有效开展。另外,天津市社区居家养老的服务对象目前主要是困难群体,提供的服务也以无偿或低偿为主。而社区居家养老的未来受益人群势必要扩展到社区中的所有老人,单一的资金来源不利于天津市社区居家养老的长远发展。

(二) 服务人员紧缺

服务人员的紧缺主要表现在服务人员的数量和质量上。天津市的养老护理员目前处于紧缺状态,再加上越来越多的老年日间照料服务中心(站)的建成,天津市的养老护理员的缺口将达数万人。天津市社区居家养老服务人员主要是各养老机构服务人员、家政服务人员和志愿者等,虽然他们在从事养老服务前也接受过相关培训,但在专业性方面仍有待加强。

(三) 覆盖率低

这里的覆盖率是指居家养老服务覆盖的老人群体以及实行社区居家养老服务的社区范围。就目前来讲,居家养老服务所覆盖的人群主要集中在

最困难的那部分老年人群,即高龄老人、半失能或失能老人、空巢老人等无人照料或行动不便的老人。社区居家养老服务应是一项惠及全民的福利服务项目。因此,它的覆盖面还有待扩展。另外,天津市实行社区居家养老服务的时间还比较短,有的区才刚刚开始探索。例如,相对于和平区和河西区而言,北辰区和红桥区实施的养老服务项目还较少。因此,该服务在天津各区尚未普及。

四、社区居家养老建设的有益经验

第一,政府的重视。一项政策的开展若没有政府的大力支持,便没有固定的资金来源,如此政策便不能持久开展,因此政府的鼎力支持非常重要。天津市财政部门每年都有一笔固定的资金投入到居家养老事业中来,这对我国其他地区开展社区居家养老具有很好的借鉴意义,那就是资金先行。

第二,首选服务对象的确定。整个社区居家养老事业是一个庞大的事业,将来是要覆盖到所有老人的。然而,从我国目前的人力、物力、财力来看,暂时只能覆盖到一部分人群。天津市目前的服务人群主要是最困难的那部分老人,即高龄、空巢、经济困难、失能等困难老人。一方面,这可以使最需要服务的老人得到服务;另一方面,最困难老人如果对服务项目满意度高的话,就可以吸引更多观望徘徊的老人接受社区居家养老服务。因为老人的养老思想还比较传统,他们不习惯接受家人以外的照顾,社区居家养老对大部分老人来说还很陌生。因此,对于财力不够强大的地区来说,社区居家养老的首选服务对象应以最困难老人为宜。

第三,服务项目的多样化。养老不应该只是满足老人的吃饭等日常生活需求,他们也应该有自己的一片小天地,拥有自己的"夕阳红"。比如天津市的养老服务项目便涉及老人的生活照料、医疗康复护理和精神慰藉三大类,有的社区还有专门的老人婚姻介绍所,为单身老人的晚年婚姻提供机会。这是一项很好的举措,非常值得推广,毕竟爱情不是年轻人专有,老人也有权利享有。总之,各地在开展养老服务时应注意服务项目的多样化,以满足老人的多层次需求。

第四,服务人员的态度。服务人员的态度是这项事业能否持久下去的关键因素,也关系到老人的切身利益。天津市社区居家养老服务实施以来便受到了老人的好评,其中主要一项便是服务人员的态度。养老服务人员的态度十分谦和,给老人们的印象是把自己当成家人一样来看待。因此,各地区在选拔养老服务人员时,最好选用那些有志于从事养老服务事业、性格开朗、乐于与老人相处的人员来从事这项工作,否则不仅浪费资源,而且也是对老人的不负责任。

五、社区居家养老建设的远景展望

(一)社区居家养老的相关发展规划

天津市社区居家养老未来的整体规划是形成"9073"的格局,即到 2015 年,天津市的老年人中有 90％的老人依托社区分散居家养老,7％的老人在老年宜居社区(老年公寓)集中居家养老,3％的老年人入住养老机构养老。其具体规划涉及如下几个方面。

第一,在重视程度上,天津市把居家养老服务纳入各级政府"十二五"社会发展规划,科学安排养老服务设施的建设。预计到 2015 年,天津市将有80％的社区建有日间照料服务站,全市街道和乡镇老年日间照料服务中心达到 640 处。① 对于养老机构延伸服务,政府也将继续鼓励和支持,加大养老机构与社区的合作,扩大养老机构的延伸范围,争取使更多老人享受到专业化的服务。总之,政府将在社区居家养老方面投入更多的精力与财力。

第二,在覆盖范围上,对于实施效果好的养老服务项目,如日间照料服务、紧急呼叫服务系统、配餐服务等将在整个天津市内推广,争取使所有社区内的老人享受到这些服务。而对于还没有实行社区居家养老服务的区来说,政府将逐步在这些地方推行,争取使社区居家养老服务覆盖到整个天津。

第三,在养老服务的专业性上,天津市计划建设一所专门培养养老护理服务人员、可容纳 1 万名学生的专科学院,为养老服务提供合格人才,使老人享受到更为专业和舒适的服务。预计到 2015 年,全市养老护理员和家政从业人员将达到 10 万人,注册的志愿者服务队伍、社工人员将达到 150万人。

(二)宏观建议

第一,养老观念上的提升。尊老敬老是我国的传统美德。自古代以来,

---

① 人民网:《天津 9073 养老服务全新格局 预计 2015 年基本形成》,2011 - 04 - 14,http://www.022net.com/2011/4 - 14/441625242557182.html。

"孝"道便已深深烙在人们的心中。到了现代,赡养父母被写进了法律条文。老年人权益保障法第十五条规定:"赡养人不得以放弃继承权或者其他理由,拒绝履行赡养义务。"然而,近年来子女不赡养老人的现象时有发生,尤其是那些孤寡、空巢、高龄和经济困难的老人。因此,开展社区居家养老服务首先应建立在尊重老人、敬爱老人的基础上,以"让老人能够安享晚年"为工作目标和基本准绳。

每个老人都曾在年轻时为这个社会作过贡献,付出了自己的劳动,当他们变老的时候,国家理应善待他们。每个老人都曾年轻过,每个人都会变老,社区居家养老工作的开展不只是为了现在的老人,也是为了每个人的晚年。因此,政府和社会首先应加强各个群体的尊老爱老思想的宣传教育,使儿童、少年、青年、中年等各年龄阶段的人都将尊老爱老内化为自己价值观的一部分。这不仅有利于加强和谐社会的建设,而且有利于社区居家养老工作的可持续发展。

第二,加强政府的主导责任和鼓励社会力量参与。天津市政府应在宏观上加强对社区居家养老工作的指导,制定相关政策法规,明确规定天津市社区居家养老的目标、资金来源、组织机构、人员构成、服务标准、服务的衡量、监督和检查机制等,并尽量将其稳定为一项制度。这些规定明确后,便可减少社区居家养老服务工作的阻力,最终有利于实际行动的开展。

社区居家养老是社会化的养老,只有政府的参与是不够的。目前天津市社区居家养老的参与方有政府、配餐企业、养老机构、家政服务公司等,参与方较为社会化,但参与方的数量依然太少,远远小于天津市老年人的养老服务需求。因此,政府应鼓励更多的养老服务企业参与到养老服务事业中来。不过,目前面临的现实问题是,社区居家养老服务中的大部分服务是不收费的,基本上没有利润可言,这就很难吸引企业参与其中。为此,政府应实施一些优惠政策,如对提供社区居家养老服务的企业减免税收、提供补贴等,实现服务供给的社会化。除增加养老服务参与方数量的鼓励措施之外,天津市还应进一步关注增加参与方的种类,如慈善组织等第三部门。第三部门在我国的发展空间很大,它会是社区居家养老工作中的重要力量,宁波的非营利组织参与运作便为我们提供了很好的先例。因此,应鼓励第三部门的发展,放宽它们的准入门槛,使其蓬勃发展。

(三)微观建议

第一,拓宽资金渠道。只有财政的支持是不够的,养老服务是社会化的服务,其资金来源也应该是社会化的。因此,我们应大力发展慈善事业,鼓励社会捐款,丰富社区居家养老的资金。此外,应扩大养老服务层次,适当提供一些有偿服务。比如,一些高质量服务要收费,从而使有条件的老人享受到相应的服务。这样,在减轻政府财政负担的同时也可以鼓励企业参与到居家养老服务事业中来,还可以使老人享受到更优质的服务,提高覆盖率,一举多得。

第二,保证养老服务人员的供给。除了提高服务专业性外,还应努力增加养老服务人员的数量。天津市在开展社区居家养老服务工作时,各区普遍面临养老服务人员紧缺的现象。因此,一方面天津市应加强应用型人才队伍的建设,多培养一些社会工作者;另一方面,还应广泛吸收失业、低龄老人和志愿者从事养老服务工作,实行"时间储蓄"制度(也称为"劳务储蓄")。"时间储蓄"制度即养老服务人员为居家老人提供服务后,把他们的服务时间及质量记录下来,留待以后他们养老时可以提取出来换取服务。该制度目前在上海、北京、广州、太原、南京等地均已建立起来。天津市南开区也有过类似实践,不过是在养老院内实行的,叫做"养老服务时间银行"。即通过养老服务志愿者建立服务时间价值储蓄银行,志愿者服务时间的价值将参照养老院正式员工该项服务的相应价值计算,并开辟专门的时间账户进行储蓄,其存在银行的时间积蓄可以兑换成养老服务时间,留待以后给本人或亲属使用,并以多种形式方便"支取"。总之,应多方面培养养老服务人员,从数量上和质量上保证养老服务人员的供给。

第三,拓展服务项目,扩大服务范围。就目前已经开展的养老服务项目来说,它尚未覆盖到所有的居家老人,天津市社区居家养老的服务人群还有待扩大;就已经享受到居家养老服务的老人来说,他们所享受到的服务仍是不全面的。因此,除了前文所述的七大服务项目以及互助服务(主要是邻里互助)、协议服务等服务项目外,天津市还应进一步拓展诸如组织老年人旅游、婚姻介绍服务等服务项目,充实老人各方面的生活,使老人有一个多姿多彩的晚年生活。

第三节　障碍、贫困与老年残疾人
社会融合研究

本节利用全国残疾人第二次抽样调查相关数据资料,分析了影响我国老年残疾人口社会融合的两大主要因素。老年残疾人口存在身体移动、理解与交流、与人相处、生活活动、社会参与及生活自理等一系列活动和参与障碍;同时,不在业水平较高与收入来源相对有限使老年残疾人口大多处于贫困状态;活动和参与障碍以及收入贫困限制了老年残疾人口的社会融合,迫切需要完善的老年残疾人社会保障体系促进其融入正常的主流社会生活。

一、老年残疾人口的群体特征

根据第二次全国残疾人抽样调查数据推算,全国各类残疾人总数为8 296万人,2006 年 4 月 1 日残疾现患率即残疾人占全国总人口的比例为6.34%,较 1987 年第一次全国残疾人抽样调查时的绝对人口数量增长了3 132 万,残疾现患率提高了 1.44%。其中,60 岁及以上老年残疾人口调查数为 85 260 人,占残疾总人口的 52.80%,推算老年残疾人口为 4 416 万人。根据两次调查数据的推算,1987 年老年残疾人口数量约为 2 051 万,占残疾人总数的 39.72%,2006 年老年残疾人口绝对量增加 2 365 万,较 1987 年所占比重增长 13.08 个百分点,老年残疾人口增长率超过 115%,远远高于残疾总人口的增长率 60.65%,前者几乎为后者的两倍。从残疾人口年龄结构方面来看,中、低龄人口占残疾总人口的比重出现下降,而 60 岁及以上老年残疾人口比重明显升高,由 1987 年的 39.72%上升到 52.80%,超过残疾总人口的一半。根据预测,到 2050 年,老年残疾人口规模将达 1.03 亿人。[1]与此同时,分年龄、分性别、分城乡、分区域、分残疾等级与分残疾类别的老年残疾人子群体的异质性非常明显。[2]

(一)老年残疾人口的年龄分布

根据调查数据,在老年残疾人群体内部,处于 70～79 岁的中龄老年残疾人所占比例最高,为 43.72%;处于 60～69 岁的低龄老年残疾人所占比例次之,为 33.93%。2006 年全国低龄老年残疾人口推算数量约为 1 498 万人,

---

① 丁志宏:《我国老年残疾人口:现状与特征》,《人口研究》2008 年第 4 期,第 66 - 72 页。

② 张金峰:《中国老年残疾人口异质性分析》,《石家庄经济学院学报》2010 年第 1 期,第 81 - 83 页。

中龄老年残疾人达 1 931 万人。从总体上看,老年残疾人口呈现出集中于中、低龄群体的特征,低龄与中龄老年残疾人口比重均超过 1/3,二者之和超过老年残疾人口总量的 3/4。

但处于 80 岁及以上超老年期的高龄老年残疾人所占比重不低,约为 22.35%,同时高龄老年残疾人口的规模依然较大,推算人口为 987 万。从纵向数据来看,2006 年老年残疾人群体内部各年龄段人口绝对数量较 1987 年均有所增长,低龄老年残疾人口增加约 638 万;中龄老年残疾人口增长最多,增加约 1 066 万;高龄老年残疾人口由 363 万增加到 987 万,约增长 624 万。从各年龄段人口比重变化来看,低龄老年残疾人口比例出现下降,由 40.67% 下降至 33.93%;中龄老年残疾人口比重呈现出小幅增长,由 41.79% 增长至 43.72%;高龄老年残疾人口增长幅度最大,由 17.54% 增加到 22.35%,增长近 5 个百分点,这表明未来高龄老年残疾人口的增长潜力与趋势已有所显现,高龄老年残疾人口在老年残疾人口整体中的角色应及早给予关注。

(二)老年残疾人口的性别构成

从性别角度分析,2006 年老年残疾人群体中的男性占 47.29%,女性占 52.71%,性别比例为 89.72,老年男性残疾人口推算数为 2 088 万人,老年女性残疾人口为 2 328 万人,老年女性残疾人口数量及比重明显高于男性,老年残疾人口的女性化特征比较突出。

从横截面数据来看,全国残疾人口中的男性人口占 51.61%,女性人口占 48.39%,0~14 岁、15~59 岁男性残疾人口均高于女性残疾人口水平。与此相比,老年残疾人口的性别构成则出现相反情况,其性别比不仅明显低于全国残疾人口的相应水平,而且低于 0~14 岁与 15~59 岁年龄组残疾人口的相应水平。从纵向数据来看,与 1987 年相比,2006 年虽然女性老年残疾人口比重下降近 3 个百分点,但仍超过老年残疾人总人口的一半,同时女性老年残疾人口绝对数量的增长超过一倍,女性老年残疾人问题依然构成老年残疾人口的主要问题。

(三)老年残疾人口的城乡分布

从城乡角度分析,2006 年老年残疾人群体中的城镇人口占 29.58%,农村人口所占比重约为 70.42%,城镇老年残疾推算人口为 1 306 万人,农村老年残疾人口为 3 110 万人,农村老年残疾人口数量及比重明显高于城镇水平,这充分表明我国老年残疾人口大部分生活在农村,农村老年残疾人是老年残疾群体的主体。

就残疾人口城乡分布情况而言,老年残疾人口中的城市人口比重略高于全国残疾人口相应水平,老年残疾人口中的农村人口比重略低于全国残疾人口相应水平,但总体上老年残疾人口的城乡分布结构与全国残疾人的情况非常近似、差别不大。随着我国城镇化进程加快,城镇人口增加,农村人口却在持续减少。全国人口中,居住在城镇的人口占总人口的 42.99%,居住在农村的人口占总人口的 57.01%。尤其是近年来大批农村青壮年流向城市,由此引发的农村人口老龄化和农村残疾人口老年化问题逐渐凸显。从分年龄农村残疾人口状况来看,60 岁及以上的残疾人占农村残疾人的比重超过一半,为 51.45%,老年人已构成农村残疾人的主体。

(四)老年残疾人口的地区分布

依照老年残疾人口规模大小,排在全国前六位的省(区、市)依次为:河南省(365.6 万人)、山东省(341.26 万人)、四川省(325.86 万人)、广东省(309.99 万人)、江苏省(287.64 万人)和河北省(259.11 万人)。从全国各省(区、市)残疾人口老龄化状况看,各省(区、市)老年残疾人口占残疾人口比重在 34% 至 64% 之间,共有 17 个省(区、市)的相应比重超过 50%,残疾人口老龄化状况总体上不容乐观。具体来看,上海市、广西壮族自治区、北京市、浙江省、江苏省残疾人口老龄化程度最为严重,依次排在第一至第五位,各地区老年残疾人口占残疾人口比重分别为 63.71%、62.79%、61.81%、61.27% 和 60.01%;黑龙江省、宁夏回族自治区和新疆维吾尔自治区的残疾人口老龄化程度相对最轻,其老年残疾人口占残疾人口比重均在 40% 以下。

与全国 60 岁及以上老年残疾人口占残疾总人口的比例(52.80%)相比,共有上海市、广西壮族自治区、北京市、浙江省、江苏省、山东省、海南省、福建省、广东省、天津市、安徽省和河南省等 12 个省(区、市)的老年残疾人口占残疾人口比重超过全国水平。各省(区、市)的超出比例在 1 个百分点到 11 个百分点之间,其中上海市和广西壮族自治区的相应水平超出全国 10 个百分点左右,北京市、浙江省、江苏省、山东省、海南省和福建省等 6 个省(区、市)的相应水平均超过全国 6 个百分点以上。

(五)老年残疾人口的残疾类别

在老年残疾人口各残疾类别中,听力残疾人口所占比例最高,为 34.59%;其次是肢体残疾人口,所占比例为 25.18%;视力残疾人和多重残疾人所占比例也较高,分别为 19.28% 和 16.36%;精神残疾人、智力残疾人和言语残疾人所占比例较低,均在 3% 以下;而言语残疾人所占比例最低,仅为 0.60%。各类别老年残疾推算人口分别为:视力残疾 851.55 万人,听力残疾 1 527.68 万人,言语残疾 26.57 万人,肢体残疾 1 112.03 万人,智力残疾 56.30 万人,精神残疾 119.59 万人,多重残疾 722.27 万人。以上数据分析表明,老年残疾人群体的残疾类别主要集中在听力残疾、肢体残疾、视力残疾和多重残疾:上述四类残疾人口总和占老年残疾人口的 95.42%,其中听力残疾与肢体残疾两类人口占到老年残疾人口的近 60%。

从残疾类别结构上看,老年残疾人与残疾人总体的类别情况较为相似,但老年残疾人的听力残疾、视力残疾和多重残疾类别比重均高于残疾人总体中的相应各类别,前者相应比重依次高出后者 10.43 个百分点、4.42 个百分点和 0.06 个百分点。从各类别残疾中的老年残疾人口比重情况来看,听力残疾比重最高,为 76.87%;其次是视力残疾和多重残疾,所占比重分别为 68.96% 和 53.47%;前三者比重均超过 50%;而智力残疾比重相对最低,仅为 10.02%。从纵向数据来看,2006 年老年残疾人各类别人口数量较 1987 年均有所上升,其中老年肢体残疾类别人口数量增加最多,达 889.69 万,其比重上升幅度也最大,增长了 14.34 个百分点。

(六)老年残疾人口的残疾等级

残疾等级按照极重度、重度、中度和轻度依次分为一级、二级、三级、四级,这与国际上的划分口径也是基本一致的。根据 2006 年抽样调查数据,在老年残疾人口中,轻度残疾人口所占比例最高,为 41.64%;中度残疾人口次之,所占比例为 30.08%;同时极重度残疾和重度残疾人口所占比例不低,分别达到 15.74% 和 12.54%。各残疾等级的老年残疾推算人口分别为:一级老年残疾人口 695.078 4 万人,二级老年残疾人口 553.766 4 万人,三级老年残疾人口 1 328.332 8 万人,四级老年残疾人 1 838.822 4 万人。从总体上看,老年残疾人以中、轻度残疾为主:三、四级老年残疾人口比重均在 30%以上,二者比重之和为 71.72%。

从残疾等级的分布结构看,老年残疾人与残疾人总体均以中、轻度残疾为主;但有所差异的是,老年残疾人的二级残疾与三级残疾比重均高于全部残疾人口的相应水平,虽然前者的一级与四级残疾比重均低于后者相应水平,但前者的一级至三级残疾比重总和约为 58.36%,高于残疾人口整体水平 1.86 个百分点,可见在某种程度上,老年残疾人口的残疾等级高于残疾人总体的水平。

二、活动和参与障碍分析

老年残疾人口的活动和参与障碍主要涉及身体移动障碍、理解与交流障碍、与人相处障碍、生活活动障碍、社会参与障碍及生活自理障碍等,这些障碍在一定程度上限制了老年残疾人口的社会融合。

(一)身体移动障碍

在身体移动方面,无障碍者比例较低,肢体残疾、智力残疾、精神残疾、多重残疾老年人口存在轻度障碍、中度障碍、重度障碍与极重度障碍,其中轻度障碍所占比例最高,中度障碍比例次之,总体上以中轻度障碍为主。

表 5-1　全国分残疾类别老年残疾人口的身体移动障碍程度

(单位:%)

残疾类别	无障碍占比	轻度障碍占比	中度障碍占比	重度障碍占比	极重度障碍占比
肢体残疾	12.22	31.70	29.46	15.40	11.22
智力残疾	67.62	18.58	6.53	4.60	2.67
精神残疾	55.52	25.99	11.95	4.50	2.04
多重残疾	40.22	18.29	18.16	11.93	11.39

数据来源:依据第二次全国残疾人抽样调查数据计算而得

不同残疾类型残疾人口存在障碍的比例较高,均在 30% 以上,其中肢体残疾人口受到的影响最大,所占比例为 87.78%。存在中度及以上障碍的各残疾类型人口的比例较高,肢体残疾与多重残疾人口比例分别超过 40% 和 50%。存在重度以上障碍的人口比例不低,肢体残疾人口比例为 26.62%,多重残疾人口比例占 23.32%。

(二)理解与交流障碍

在理解与交流方面,听力残疾、言语残疾、智力残疾、精神残疾与多重残疾老年人口存在轻度障碍、中度障碍、重度障碍与极重度障碍,总体上以中、轻度障碍为主。各残疾类型老年残疾人口存在障碍的比例均很高,处于 75% 以上。存在中度及以上障碍的不同残疾类型人口比例也较高,均超过 1/3。存在重度及以上障碍的不同残疾类型人口比例不低,除听力残疾人口比例占 9.42%以外,其余均在 20%以上。

(三) 与人相处障碍

在与人相处方面,听力残疾、言语残疾、智力残疾、精神残疾与多重残疾老年人口存在轻度障碍、中度障碍、重度障碍与极重度障碍,其中精神残疾老年人口以中、重度障碍为主,其他残疾类型老年人口以中、轻度障碍为主。不同残疾类型残疾人口存在障碍的比例很高,均在 70%以上,其中智力残疾、精神残疾老年人口受到的影响最大,分别为 93.01%和 96.1%。存在中度及以上障碍的不同残疾类型人口比例也较高,在 29.34%~74.11%之间。存在重度及以上障碍的不同残疾类型人口比例不低,其中智力残疾与精神残疾人口所占比例均超过 1/3。

(四) 生活活动障碍

在生活活动方面,视力残疾、听力残疾、言语残疾、肢体残疾、智力残疾、精神残疾与多重残疾老年人口存在轻度障碍、中度障碍、重度障碍与极重度障碍,其中精神残疾、多重残疾老年人口以中度及以上障碍为主,其他残疾类型老年人口以中、轻度障碍为主。不同残疾类型残疾人口存在障碍的比例很高,均超过 3/4,其中视力残疾、肢体残疾、智力残疾、精神残疾与多重残疾人口受到的影响最大,所占比例均在 90%以上。存在重度及以上障碍的不同残疾类型人口比例不低,视力残疾、肢体残疾、智力残疾与多重残疾人口比例均在 30%以上,精神残疾人口所占比例最高,超过 50%。

(五) 社会参与障碍

在社会参与方面,视力残疾、听力残疾、言语残疾、肢体残疾、智力残疾、精神残疾与多重残疾老年人口存在轻度障碍、中度障碍、重度障碍与极重度障碍,其中精神残疾老年人口以中、重度障碍为主,其他残疾类型老年人口以中轻度障碍为主。不同残疾类型残疾人口存在障碍的比例很高,均超过 80%,其中智力残疾、精神残疾与多重残疾人口受到的影响最大,均在 95%以上。存在中度及以上障碍的不同残疾类型人口比例也较高,听力残疾人口所占比例为 36.99%,其余均在 50%以上。存在重度及以上障碍的不同残疾类型人口比例不低,视力残疾与肢体残疾人口比例超过 20%,言语残疾、智力残疾与多重残疾人口所占比例均在 30%以上,精神残疾人口所占比例达 37.03%。

(六) 生活自理障碍

在生活自理方面,视力残疾、听力残疾、言语残疾、肢体残疾、智力残疾、精神残疾与多重残疾老年人口存在轻度障碍、中度障碍、重度障碍与极重度障碍,其中轻度障碍所占比例最高,中度障碍比例次之,总体上以中、轻度障碍为主。

各残疾类型残疾人口中存在障碍的比例均较高,除听力残疾和言语残疾人口的相应比例分别为 23.62％和 39.77％之外,其余残疾类型人口比例均在 50％以上,其中肢体残疾人口受到障碍的影响最大,其比例接近 80％。存在中度及以上障碍的不同残疾类型人口比例也较高,肢体残疾和多重残疾人口比例在 40％以上。存在重度及以上障碍的各残疾类型人口中,多重残疾人口所占比例较高,达到 22.64％。

三、收入贫困分析

与残疾人整体相比,老年残疾人口因为年龄和残疾双重弱势特征,其不在业水平较高与收入来源相对有限,往往处于更为贫困的境遇,进而增加了该群体社会融合的现实难度。

(一)就业状况

因为年龄因素,老年残疾人口大多处于退出劳动力市场的状态;因为残疾因素,其再次就业的可能性更小。因此,从不同年龄残疾人口的不在业率水平来看,老年残疾人口的不在业率很高,不仅高于残疾人口整体的相应水平,而且远远高于劳动年龄残疾人口的比例,达到 86.44％。另一方面,单从不在业残疾人口的构成来看,老年残疾人口所占比重超过 2/3,为 68.78％,成为不在业残疾人口的主要群体。由于大多处于不在业状态,老年残疾人口通过劳动获得收入的可能性大大降低,面临贫困的风险也随之放大。

(二)收入来源

从收入的角度来考察,如果老年残疾人口的收入来源较为丰富,其陷入贫困的风险就会得到一定程度的缓解。调查数据显示,未工作老年残疾人口的个人积累性财富很少,其财产性收入、保险收入和其他来源所占比重很小,三者之和仅为 2.11％;同时老年残疾人群体的制度保障性收入所占比重不大,其领取基本生活费和离退休金的比重分别为 5.45％和 21.45％;与此形成鲜明对比的是,"依靠家庭其他成员供养"的单项比重达到了 70.99％,以上情况表明老年残疾人口的收入来源极其有限且主要依靠家庭提供。

表5-2　全国未工作残疾人口收入来源构成状况　　（单位：%）

未工作残疾人年龄	离退休金占比	领取基本生活费占比	家庭其他成员供养占比	财产性收入占比	保险收入占比	其他占比
15～59 岁	8.50	12.44	75.34	0.89	0.05	2.79
60 岁及以上	21.45	5.45	70.99	0.50	0.06	1.55
合　计	17.41	7.63	72.34	0.62	0.06	1.94

数据来源：根据第二次全国残疾人抽样调查数据计算整理而得

老年残疾人口的不在业水平高和收入来源有限，直接影响了这一群体的收入水平。调查数据显示，老年残疾人口的收入水平较低，很多人口陷入贫困的境遇。2005 年，全国有老年残疾人的家庭共 78 680 户，其中有 8 722 户家庭人均收入在 0～683 元，即处于贫困状态，所占比例为 11.09%；还有 5 499 户家庭人均收入在 684～994 元，处在绝对贫困边缘，所占比例为 6.99%。此外，2006 年中国城乡老年人口状况追踪调查数据显示，城市中有近 20% 的老年人收入处于不足 4 600 元的低水平，低于城市老年人年均中位收入的 50%，并且仍有 135 万城市老年人的收入低于当地的最低生活保障线；农村中有 27% 的老年人收入处于不足 750 元的低水平，低于农村老年人年均中位收入的 50%，并且仍有 2 160 万农村老年人的收入低于农村困难救助水平。老年人 2000—2006 年消费结构的变化程度上也能反映出老年人收入偏低的状况。2000 年城市老年人日常生活支出在消费结构中占 63.3%，农村老年人占 77.2%；到 2006 年以日常生活支出为主的消费结构没有发生太大的变化，分别占 64.2% 和占 75.5%，老年人消费主要仍以温饱为主。[①] 与老年人整体收入情况相比，老年残疾人口的相应水平更低，他们维持基本生活的困难程度可想而知。

四、结论与讨论

20 世纪 80 年代以来，国际社会从推动残疾人平等参与社会生活和融入

---

① 梅运彬：《残疾老年人及其社会支持研究》，武汉：武汉理工大学出版社，2010 年，第 45 页。

社会的角度出发,相继颁布了多项关于残疾人权利和康复的公约和决议。其中具有代表性的包括 1993 年起实行的《联合国残疾人机会均等标准规则》和 2006 年 12 月 13 日第六十一届联合国大会通过的《联合国残疾人权利公约》。我国政府一直以来提倡和高举促进残疾人"平等·参与·共享"的理论旗帜,① 这与国际社会推动残疾人社会融合的实践在本质上是一致的。2010 年 3 月,国务院下发了《关于加快推进残疾人社会保障体系和服务体系建设的指导意见》,保障和实现残疾人的合法权益、促进其融入主流社会已经成为我国政府不可推卸的责任和庄严承诺。另一方面,全国残疾人第二次抽样调查数据显示,视力残疾、听力残疾、言语残疾、肢体残疾、智力残疾、精神残疾与多重残疾人口由于个体的客观身心情况在融入正常社会生活方面存在诸多困难。同时,残疾人享受最低生活保障和临时救助的比例均高于全国整体水平,这不仅反映出社会保障制度对弱势群体的倾斜与照顾,也反映了残疾人在贫困人口和低收入群体中仍占有较大的比例。因此,残疾人口整体的社会融合状况令人担忧,亟须予以特别关注。老年残疾人口兼具年龄与残疾双重弱势特征,是残疾人口中的弱势群体。在此背景下,深入探讨老年残疾人口社会融合的相关制约因素,对于未来构建与发展符合我国国情的老年残疾人社会保障体系模式具有重要的现实意义。本研究从活动和参与障碍以及收入贫困两个方面对此进行了尝试性的研究探索。

我国老年残疾人的现存规模非常庞大,同时更需引起注意的是老年残疾人口不同特征子群体的异质性非常明显。从老年残疾人口的年龄分布来看,老年残疾人口集中于中、低龄群体,但高龄老年残疾人口比重不低且增长速度较快。从性别角度分析,老年女性残疾人口数量及比重明显高于男性,老年残疾人口的女性化特征比较突出。从城乡分布来看,我国老年残疾人口大部分生活在农村,农村老年残疾人是老年残疾群体的主体。从地区分布来看,全国老年残疾人口规模较大的前六位省(区、市)份包括河南省、山东省、四川省、广东省、江苏省和河北省,共有 12 个省(区、市)的老年残疾人口占残疾总人口的比例超过全国水平,其中上海市的相应水平最高。从残疾等级构成来看,老年残疾人以中、轻度残疾为主。从残疾类别构成来看,老年残疾人群体的残疾类别主要集中在听力残疾、肢体残疾、视力残疾

---

① 张宝林:《中国残疾人事业理论与实践研究(人道卷)》,北京:华夏出版社,2007年,第 129 页.

和多重残疾,其中听力残疾老人比重最高。

通过分析全国残疾人第二次抽样调查数据及相关统计资料,本研究发现老年残疾人口由于活动和参与障碍以及收入贫困而难以融入正常的社会生活。这主要表现为,一方面,老年残疾人口存在活动和参与障碍。由于自身的特殊情况,肢体残疾、智力残疾、精神残疾、多重残疾老年人口存在身体移动障碍;听力残疾、言语残疾、智力残疾、精神残疾与多重残疾老年人口存在理解与交流障碍、与人相处障碍;视力残疾、听力残疾、言语残疾、肢体残疾、智力残疾、精神残疾与多重残疾老年人口存在生活活动障碍、社会参与障碍及生活自理障碍。另一方面,不在业水平较高与收入来源相对有限导致相当比例的老年残疾人口处于贫困状态。因为年龄与残疾双重因素的影响,老年残疾人大多处于退出劳动力市场的状态,通过自身获得收入的能力很弱。同时,老年残疾人口的收入来源十分有限,主要依靠家庭成员供养。两方面主要因素的共同作用,加剧了老年残疾人口陷入贫困的风险,也造成了收入贫困的事实。因此,老年残疾人的社会融合受到活动和参与障碍及收入贫困的严重制约,很难融入正常的主流社会生活,迫切需要社会保障来加以扶助与支持,加快老年残疾人社会保障模式体系的构建与完善进而促进其社会融合已然迫在眉睫。

第四节 城市老年福利服务社会化发展问题研究

随着人口老龄化的加剧,应对城市养老服务问题迫在眉睫。在整合现有养老资源的基础上,增加社会参与,推动老年福利服务的社会化发展势在必行。本节从河北省张家口市的创新型社会化养老服务路径入手,通过对该市老年福利服务社会化发展现状的调查,总结老年服务社会化发展在传统观念、服务提供、政府支持、公众参与方面面临的困境,并从多角度提出促进社会化发展的相关建议,旨在寻求建设优质老年社会福利体系的有效途径。

一、老年福利服务社会化的相关内涵

全国老龄委办公室公布的数据显示,截至 2011 年年底,我国 60 岁及以上老年人口已达 1.85 亿人,占总人口的 13.7%。预计到 2025 年和 2033 年将分别超过 3 亿和 4 亿,平均每年增加 1 000 万老年人口。① 规模大、增速快、高龄趋向显著的老龄化现状致使养老问题成为亟待破解的社会难题。然而,我国户均规模普遍向小型化发展,第六次全国人口普查数据显示户均为 3.1 人,较改革开放之初的 4.61 人下降了 32.8%,尤其是在城市地区,随着经济社会的快速转型和计划生育政策的有效落实,"4-2-1"小型结构成为最主要的家庭模式,家庭养老功能显著弱化。另外,我国各地的老年福利服务体系建设虽然取得一定进展,但仍然处于起步阶段,供需失衡严重,尚不能为老年人提供必要的生活照料,更无法适应日趋严峻的老龄化发展态势以及老年人持续多元化增长的服务需求。可见,要充分满足老年群体不断增加的服务需求,必须以现有养老资源为基础,鼓励养老功能从家庭向社会转移,号召全社会力量广泛参与,构建社会化的老年福利服务体系。

社会化是老年福利服务的必然发展趋势。然而,许多人却因定义不当和理解偏差而降低了对社会化养老方式的认可度,从而影响老年福利服务的社会化效果。下面将从具体概念和客观环境两方面进行详细阐述,以便重新认识老年福利服务社会化的内涵。

（一）老年福利服务社会化的概念

老年福利服务社会化是指政府、市场、非营利性组织、家庭、社区等多元主体共同参与、合作构建以居家养老服务为基础的,以社区养老服务为依托,以机构养老及其他养老服务方式为补充的良性运行和协调发展的养老服务体系。老年福利服务走向社会化,不是将养老责任简单地由家庭推向社会,而是在家庭养老功能弱化的现状下,构建多主体参与协作的老年福利服务体系。在社会化的养老服务体系中,家庭和社会的养老功能并非单纯的替代关系,家庭仍然是养老的核心,社会力量为其提供支撑和补充,从而更好地满足老年人的服务需求。

从需求方看,社会化的老年福利服务面向社会中有养老需要的全部老年人,并为其提供多层次养老服务,这与以往养老服务需求群体特殊、需求层次偏低的状况大为不同。从供给方看,以往的养老方式多是以个体家庭为单位,老年服务需求者、提供者以及非营利的第三方公益群体往往各自为

---

① 张乃仁:《社会化养老服务体系建设研究综述》,《南阳师范学院学报》2013 年第 4 期,第 6-12 页。

政,缺乏协调性和互济性。社会化的老年福利服务不仅是将养老问题纳入社会范畴,还强调从社会化角度构建健全优质的老年福利服务体系,包括组织机构社会化、管理方式社会化、筹资渠道社会化、服务项目和服务人员社会化等多方面内容,打破了传统养老方式的局限性,鼓励社会力量参与,形成多元化服务供给。

只有准确认识老年福利服务的社会化发展方向,通过多角度全面定位,多方面入手构建服务体系,才能从不同层次提升服务质量,使老年福利服务社会化发展走出困境,实现良性运作。

(二)老年福利服务社会化发展的客观环境

从现实国情看,社会化发展是老年福利服务的一种必然趋势。首先,人口老龄化的加速以及我国社会未富先老的典型现状,迫切要求老年福利服务的社会化发展。其次,家庭结构小型化导致家庭养老功能减弱,要保障老年群体的基本生活,必须将家庭的养老效用外移,呼吁社会力量协同介入养老事业。此外,老年福利服务现状仍不容乐观:政府公共服务职能不到位,对养老服务体系建设的推动不力;社区养老服务发展严重滞后,无法对居家养老形成有效支撑;养老机构功能紊乱,质量参差不齐,影响机构养老的补充作用。所以,要进一步完善我国的养老福利服务,也必须将其纳入社会化发展轨道。

从有利条件看,国家不断出台相关法律、法规、政策,鼓励号召多元主体参与到养老领域中,为养老服务的社会化进程提供了制度保障;我国香港地区有关老年福利服务社会化的实践,强调政府主导下的社会化,实行政府投入为主的社会化筹资,高度重视养老服务专业化,为内地老年福利服务的社会化发展提供了宝贵经验;此外,国内许多省市已尝试推动社会福利社会化,部分地区也有对社会化养老模式的成功探索,这都说明了老年福利服务社会化的可能性与光明前景。

二、老年福利服务社会化的基本现状

张家口市是河北省率先达到老龄化标准的城市之一,人口老龄化呈现出规模大、快速增长、日益高龄化、超越经济发展水平且地区差异大等明显特征。截至 2011 年年底,全市 60 岁以上老年人口总数为 69.53 万,占全市总人口的 14.9%,高于全国(12.5%)和全省(14%)的水平,其中 80 岁以上老人有 7.8 万,占老年人口的 11%,空巢老人有 23.6 万,占比 34%,老龄人口年均以 3%的比例快速增长。预计到"十二五"末,全市老年人口将达到 80 万,老龄化水平将达到 17%。近年来,张家口市因地制宜,积极探索,多渠道破解养老难题,走出一条以居家养老为基础、以社区养老为依托、以机构养老为补充的"三结合"养老服务之路,成为河北省社会养老服务体系建设的典范。本研究旨在从这一创新型社会化养老服务路径入手,对河北省张家口市老年福利服务社会化发展现状进行探究,发现其潜在问题,并提出参考性建议,以期寻求建设优质老年社会福利体系的有效途径。

(一)老年福利服务体系建设基本概况

根据张家口市关于加快推进全市养老服务体系建设的实施意见规划,"十二五"期间,全市将基本构建起以居家养老为基础、社区养老为依托、机构养老为补充的,适度规模、合理布局、完善功能、覆盖城乡的老年福利服务体系,使 90%的老年人享受居家养老,7%的老年人依靠社区养老,3%的老年人通过机构全托来养老。民政部门坚持"依靠社会力量养社会老人"的先进理念,通过整合现有养老资源,汇集公众力量,积极构筑主体多元化、筹资多渠道、形式多样性、服务多层次的社会养老服务体系。目前,该市已形成"社区托老型""日间照料型""居家服务型""医养结合型"等四大类城市养老服务模式,有公办养老机构 159 家,民办养老机构 39 家,社区托老为老服务站 81 个,街道日间照料中心 32 个。人们可以根据家庭的实际情况以及个人意愿,选择适宜的养老方式。

1. 社区托老型养老服务模式

即在社区创建全托为老服务站,充分利用房屋、场地、设施等丰富的社区资源,面向本社区老年人,全天提供托养服务。该模式的显著特点是老年人离家但不离社区,生活环境熟悉,子女、亲属探望方便。但是,社区托老因收费低于一般性养老机构而备受青睐,许多只需要临时性、短暂性服务照料的老年人占用大量床位,影响真正需要全托护理的老年人入住,导致托老服务站供不应求,服务不足。

2. 日间照料型养老服务模式

即由政府、企业等共同建立的,以满足部分老人日间生活照料需要为宗旨而建立的日间照料站。该模式的显著特点是由政府低偿甚至免费提供场所,引进优秀的家政、物业等服务机构,为老年人提供日间护理、居家服务照料、老人饭桌等综合服务。日间照料站的出现缓解了托老服务站供需失衡的压力,为后者专注于老年群体的全托护理提供了可能,同时,也使得老人的日间照料需求得到更好的满足。

"阳光家园"是张家口市第一个为老年人提供日间照料的服务站,是在民政部和社区的支持下建立起来并由"中华好月嫂"家政服务公司经营的。它集全托为老服务和日间照料为一体,并面向老年个体提供居家服务。它已不仅是单纯的老年照料站,而是综合老人餐饮、居住、娱乐、康复等一系列职能的托老中心,是社区养老的丰富和延伸。自"阳光家园"之后,张家口市多个社区也效仿其模式,形成多个日间照料站,为老年人的高质量赡养照料创造条件。

3. 居家服务型养老服务模式

即以社区构建的通信网络为基础,根据需要有针对性地对老年个体开展上门服务。张家口市统一开通了"12349"呼援服务系统,部分社区也专门设有服务电话,老人如有服务需求,拨打后 10 分钟内便可享受到上门的居家为老服务。此外,部分社区创立"代理儿女"服务项目,志愿者们尽"子女"责任,为空巢老人提供日常生活服务和精神慰藉,逢年过节更是"回家"与老人团聚。2013 年 7 月,桥东区率先实行政府购买性服务,推动居家养老服务由被动补缺型逐步向适度普惠型转变,受到很多老年人的关注和欢迎。

4. 医养结合型养老服务模式

即医护型养老服务机构,将康复护理纳入日常养老服务范围,形成综合性服务供给。该模式的主要特点是针对老年人疾病高发的身体状况,在原有老年服务的基础上,注重医疗资源提供,实现其服务便捷化、技能专业化,有利于老年人更好地享受健康、快乐、丰富多彩的晚年生活。

高新区春雷老年公寓是张家口市医养结合型养老服务模式的典范,在"政府主导、公众参与、市场运作、社会化服务"的理念指导下提供全方位的综合养老服务项目,被评为"全国爱心护理工程建设基地"。公寓环境优雅、整洁舒适,所有房间均配有医用呼叫系统和 24 小时监测设备,内设同名医院,与市直三级医院构建医疗平台,配有专业的老年医疗、护理人员和较完备的医疗设施,深受老年人和家属喜爱。

(二)对老年福利服务社会化的调查与分析

为进一步分析张家口市"三结合"养老服务体系,探寻其社会化发展的路径与效果,笔者以"阳光家园"和"春雷老年公寓"以及部分老年服务覆盖范围内的社区为代表,采用问卷法和访谈法深入实地进行调研。通过对所得数据、资料的整理和分析,总结张家口市养老服务实践情况及其社会化发展中的现实问题。

1. 老年人对社会化养老服务方式的接受程度

如表所示,比较被调查者的当前养老状况与其期待的养老方式可以发现,尽管被调查者中的绝大部分(68%)正在享受机构养老或社区日间照料服务,但是在选取个人期望的养老方式时,将近一半(43%)的老年人仍然倾向于家庭养老的传统方式,30%的居家老年人愿意按需购买社区提供的服务项目。在多数老年人的观念中,走出家庭接受社会性养老尤其是机构养老实属无奈之举,但社区居家养老已在一定程度上开始受到人们的认可与关注。

表5-3 被调查者当前的养老状况与期望的养老方式 (单位:%)

项 目	机构养老 占比	社区居家养老 占比	家庭养老 占比	单独生活 占比
当前的养老状况	33	35	24	8
期望的养老方式	21	30	43	6

数据来源:根据调查数据整理

2. 老年人的养老服务需求及供给状况

在生活需求方面,老年人的需求比较丰富,涵盖家政服务(占22%)、维修服务(占15%)、送餐服务(占16%)、康复护理(占11%)等多个方面。其中,家政服务和健康咨询(占18%)的需求量比较大,也有部分老年人需要陪伴外出(占9%)和老人饭桌服务(占7%)。被调查者反映,大部分养老机构目前只能保证机构内餐饮和护理服务的提供,至于送餐、维修、陪伴外出等发散性项目还开发较少,需要额外高消费定制且效果欠佳,难以适应此类需求的普遍性发展。

在精神文化需求层次,30%的被调查者把参与老年活动中心各种活动作为主要需求;28%的老年人仍希望可以完成一些力所能及的工作;有上门陪同聊天和参加兴趣班、培训班需求的分别占14%和17%;另外,法律咨询(占8%)、婚介服务(占2%)等特殊项目也被部分老年人纳入需求之中。老人们虽然离开了工作岗位,无法为社会继续奉献力量,但他们仍希望自己的老年价值得以体现。受访的养老服务人员表示,生活水平的改善与提高不仅致使老年人物质需求膨胀,其精神层次的需要也亟待满足,加上收入差距所造成的老人需求不统一,服务项目往往难以提供;社区或养老机构将来考虑为老年人提供一些培训或继续工作、学习的机会,增强老年人的存在感和价值感,从而更好地适应老年生活。

表 5-4　被调查者对现有服务项目的享受情况及满意度　（单位：%）

项　　　目	不了解	了解但未享受	享受但不太满意	享受且较满意
老人饭桌	28	49	5	18
日常生活照料	15	20	4	61
定期体检、康复护理	6	25	2	67
老年活动室	7	26	40	27
组织娱乐或外出游玩活动	51	36		11
"12349"等紧急救助呼叫	35	42	8	15
代理儿女、精神慰藉	72	20	2	6
政府购买服务	60	27	4	9

数据来源:根据调查数据整理

从服务供给的总体情况看,如上表所示,老年人目前所享受到的服务仍比较有限。许多项目听说的人多,享受者甚少,且服务质量有待提升,一些新兴项目的知情者更是寥寥无几。比如:政府购买服务、一键呼叫、代理儿女等项目虽然从去年下半年开始已走进老人生活,可是仅仅桥东区几个示范社区有,覆盖面太小,许多真正有相应需求的老年人无法享受到所需要的服务项目。

3. 养老服务机构运行过程中的突出问题

通过对"阳光家园"负责人 H 的访谈了解到,老年人有的白天在这里生活、娱乐,晚上再被子女接回家,有的大部分时间在家,只是固定时间到这里用餐、娱乐,只有部分特殊老年群体需要接受全托照顾。"阳光家园"充分结合了家庭养老与机构养老的优势,除了令人称道的"老人饭桌"外,还聘请专业护工照顾老年人的起居生活,社区举办的老年舞蹈队、合唱队为有兴趣参与的老人提供了活动平台。此外,健身房、棋牌室、图书角的设置都丰富了老年人的生活,受到社区老人和子女的青睐。在谈到"阳光家园"的运行困难时,负责人 H 表示,其实政府和社区已经提供了较多的支持,只是面对越来越多的老年人,最大的问题还是资金短缺和工作人员不足。相关工作人员也表示,他们自己何尝不想把养老工作做好,可是专业服务人员和志愿者不足、政府支持力度不够、养老服务又要求低价格提供,费用方面压力太大。面对多方矛盾,要提高养老服务水平、扩大养老服务的覆盖范围确实存在困难。

市居家养老呼叫服务中心的工作人员反映,"12349"热线 24 小时开通,只从移动公司通话费用中返点盈利,无法满足工作人员薪资和日常运营开支。中心副总经理 Y 介绍,目前只有少部分市民知道"12349"热线,宣传力度还不够,将来随着规模的扩大,可能会采取和加盟商签订合约并且收取一定费用的措施,解决资金方面的问题。至于服务项目和人员问题,应该考虑丰富社区和机构服务项目及设施,兴办老年活动中心和老年培训班,广泛招募志愿者及专业医护人员,满足老年群体的养老需求,让其享受到更优质的养老生活。

4. 受访者对老年福利服务社会化的认识

面对日益严峻的老龄化问题,张家口市政府极力号召"依靠社会力量养社会老人",不同层次的养老服务机构也应运而生。针对老年福利服务社会化这一新概念,老年群体自己又是怎样理解的呢? 调查显示,50%的老年人认为推动社会化养老是有必要的,但仍有将近半数人对这一有利举措了解不足、缺乏认识。

在被问到对老年服务社会化内涵的理解时,55%的被调查老人首选筹资渠道社会化;选择组织机构社会化、服务人员社会化的均占 45%;此外,服务项目社会化(占 40%)、参与主体社会化(占 15%)也受到不同程度的重视。在收集的调查问卷中,一位被调查者在"其他"项补充道:要以公办养老机构为主,也要鼓励市场协同作用,形成竞争机制。

对于老年服务社会化发展的制约因素,23%的老年人认为政府支持力度不够,希望政府提高对这一问题的重视程度;选择"缺乏便捷廉价的养老服务"和"专业人员短缺"的被调查者各占 20%;此外,老年活动场所少(占15%)、传统养老观念束缚(占 13%)、社会关注及志愿者参与不足(占 7%)等也是主要制约因素。

三、老年福利服务社会化发展的困境

根据以上对张家口市社会化养老现状及问题的调查,结合相关文献研究,不难发现,老年福利服务的社会化发展虽然已经在许多方面取得显著性进展,但也面临家庭养老的传统观念束缚、养老服务提供不足、政府支持力度不够、社会力量参与度较低等困境。

(一)家庭养老的传统观念束缚

"养儿防老""多子多福"是勤劳质朴的中华民族历来所秉持的家庭理念,既反映了老年群体备受尊敬与爱戴的传统美德,也揭示出家庭养老观念的根深蒂固。尽管人口老龄化的加速已迫使各级政府极力倡导家庭养老功能向社会转移,但是,要让老人接受社会化的养老服务,对于一部分老年人及其子女来说始终是一道坎。

对子女来说,赡养老人是自己义不容辞的责任,无论经济条件怎样、外界养老设施多么健全,将自己的父母拱手交给社会照料,始终是外人评论中的"不孝";对老人来说,离开工作岗位的他们,逐渐从心理上脱离了社会生活,家庭成了一切。他们不愿意去接受新的群体,融入新的环境,即使子女无条件照料,老人们也宁愿在家中接受护理。这种传统观念的束缚不仅严重制约了养老服务的社会化发展进程,更增加了青年子女的压力,无益于老年人享受更好的生活服务照料、安度晚年。

(二)养老服务提供不足

尽管目前我国多个地区都在积极建设较为完善的养老服务体系,并取得一定的成效,但各方面探索仍然停留在初级阶段,养老服务的供给还存在很多不足之处。就服务提供主体方面而言,公办养老机构相对短缺,供需严重失衡,而私营养老机构收费较高,社区养老资源短缺、福利设施较少,导致多数老年人的基本需求无法得到满足;在服务项目设置方面,现有养老服务主要满足老年人的生活照顾需要、层次较低,忽视老人与日俱增的精神需求,如参与兴趣班和培训班、从事力所能及的工作、陪同聊天与外出等;在服务人员素质方面,养老机构的工作人员多是失业者或兼职人员,专业性较差,缺乏对老年护理知识的系统学习,不能准确掌握老年群体的心理、身体特征。

(三)政府支持力度不够

政府对其自身职能的准确认识是社会化路径下养老服务实现良性运作的关键。尽管各级政府已深刻认识到社会化养老的必要性,并不断提供制度保障,但对社会化养老服务体系还缺少完善的顶层设计,支持力度不足。

建立社会化养老服务体系,从组织机构确立到服务项目设置,再到规划服务设施的过程中,都需要大量资金支撑,而"政策丰满、资金骨干"的政府支持现状使养老服务的社会化发展力不从心。一些非营利性的爱心组织最终因为缺乏资金而无法正常运作,被迫变相营利,甚至退出养老服务领域。另外,政府往往对自身缺乏准确定位,又对市场作用认识不清,导致政府职能错位与市场发育困阻、行政手段滥用与市场机制盲目作用并存的情况。①

(四)社会力量参与度较低

无论是从舆论宣传角度,还是从筹资渠道、服务人员方面,社会力量对养老事业的参与度始终不足。养老责任随着"社会化"概念的提出只是单纯地从家庭转移至政府,而政府的养老能力不足,根本无法缓解老龄化给社会养老造成的种种压力。在老龄化问题日益严峻的背景下,老有所养成为社会关注的焦点,需要全体社会成员共同努力,给老年人营造健康、安定、舒适的养老环境。然而,民办、私营企业大多以过度强调利润为目标提供养老服务,虽对养老事业产生一定的支持作用,却缺乏福利性,难以弥补公共养老事业的不足;个体成员、公益组织对老年人的关怀和慰藉十分有限,在此次调查中就有部分老年人反映,来看望他们的人很多,但纯粹关心他们的人太少,大部分都是拍照、合影、做样子,带有一定目的性。

四、促进老年福利服务社会化发展的建议

通过总结张家口市"三结合"养老服务路径的可借鉴之处并广泛参阅相关文献,建议从参与主体、筹资渠道、服务项目和服务人员四方面入手进行老年福利服务社会化探索,从而引导多元化服务提供和全社会广泛参与。

(一)强调多主体协同作用以实现参与主体社会化

老年服务社会化打破了单一主体供给的传统,强调政府、市场、非营利组织、家庭及社区的共同参与及协作发展。不同的主体在养老服务的供给中均承担着相应的职责,明确各方职责是养老服务社会化健康发展的前提与基础。②

第一,政府在老年服务社会化发展中起主导作用。政府应明确自身责

---

① 于戈、刘晓梅:《论我国养老服务业发展研究》,《甘肃社会科学》2011 年第 5 期,第 236 - 239 页。

② 肖伊雪、陈静:《我国养老服务社会化的多元主体责任分析》,《法制与社会》2011 年第 22 期,第 84 页。

任,从管理者转化为服务者、监督者,完善社会化养老的顶层设计,加快养老服务改革步伐,加强对社会化养老的支持力度和宣传力度,健全养老事业监督机制;引入市场机制,开辟养老事业产业化路径,促进现有养老机构的社会化转型;充分利用社区优质资源,推广政府购买性居家养老服务,筑建社区养老服务平台;采取必要的财政政策和货币政策,对公众力量构建的养老机构形成支持;通过政策引导和呼吁,鼓励爱心人士和社会非营利组织广泛参与。

第二,市场是老年服务社会化的重要参与主体之一。市场在资源配置中起决定作用,通过竞争机制的引入,缓解养老范畴内的政府失灵。老龄产业的市场化能够为老年人提供多元化、发展性的养老服务选择,保障其高质量的老年生活。市场提供服务的方式主要有两种:其一,追求利益最大化,单独寻求需求方,并为其直接提供服务;其二,与政府或社区合作,为其服务对象低价提供服务,适度盈利。当然,市场的引入必须接受政府的宏观调控,否则,市场失灵将会导致养老事业的商业化,背离社会化养老的初衷。

第三,非营利组织是社会化养老服务的重要提供主体。非营利组织是公益且伴有福利特征的,既可号召爱心人士为老年人提供服务和关怀,也可以与政府合作,构建养老服务平台,弥补政府养老不足和市场营利性缺陷。此外,作为不涉及利益关系的第三方,非营利组织可以在养老服务供给中承担监督与评估的工作。

第四,社区是老年服务社会化发展的重要依托。社区是老年人生活、娱乐的主要场所,老年人离开工作岗位后,子女工作繁忙,不能及时给予关怀和照料,社区就成为其主要依托。社区养老服务包含以下三种方式:其一,全托照料有需要的社区内老人;其二,为有临时性需求的老人提供日间照料;其三,提供老年娱乐场所、设施以及居家养老服务。三种方式相互结合、相互补充,既满足了特殊老年群体的基本需求,又能保证社区范围内所有老年人不同层次地共享社区服务,更重要的是,老年人离家但不离社区,生活环境熟悉,寻求服务便捷,子女探望方便。此外,社区可以充分利用其丰富的内在资源,主动与非营利组织、政府及医疗机构合作,为老年人提供更优质的服务。

第五,家庭在养老服务提供主体中处于基础性核心地位。家庭养老向社会养老的发展不是两者之间的简单取代,而是家庭与社会在承担养老义务中主次角色的换位。在老龄化背景下,家庭对老年群体的供养能力日趋减弱,然而,家庭成员始终是老人最直接的赡养者,他们在老年人心理和生活护理方面的特殊功能不可代替,加之传统观念的根深蒂固,养老服务体系的发展与完善离不开家庭产生的基础功效。要倡导家庭养老功能的基础性核心价值,鼓励家庭成员积极为老年人提供日常生活照料并关注其精神需求,增加老年群体的幸福感。同时,考虑到青年子女压力大的现实,应鼓励老年人努力降低养老依赖性,追求"独立养老",培养自信、自立、自强的生活方式,树立良好的道德风尚和新型和谐的养老观。

(二)开辟多元化筹资渠道以促进筹资方式社会化

急剧增长的老龄化态势以及庞大的人口基数使得资金短缺成为制约老年服务社会化发展的关键之一。因此,持续加大对老年人社会福利事业的公共投入,采取多元化的筹资策略以扩充老年人福利资金的来源,应当成为发展老年人社会福利事业的努力方向。[①] 一方面,政府应加大对老年福利事业的财政支持,扩大政府购买性服务范围,保障老年服务的福利性;另一方面,通过设立老年产业基金,扩大社会福利彩票筹资功能,发行老龄产业的股票和债券,接纳社会捐赠等方式,为老年人福利筹集资金。此外,政府还可以采用税费优惠、补贴等政策,鼓励其他社会组织、机构广泛参与,并大力宣传社会群体互帮互助的优良传统,增强社区自筹、机构投资和社会捐助的积极性,实现筹资主体的多元化。

(三)发展多层次养老服务以促进服务项目社会化

养老服务水平是评价老年福利服务体系建设的关键,而社会化的养老体系更需要发展多层次的养老服务。高水平的养老服务应满足对象普遍化、类型多样化、层次多元化、收费差异化等特点。在保障特殊老年群体全托照料的基础上,应将有养老需求的普通老年群体同样列为服务对象,根据其实际需要,或全托护理,或日间照料,或提供居家服务,使所有老年人平等地享有被照料的权利。在满足老年群体物质需求的基础上,关注老年人的精神世界,更加合理、有效地设置服务项目;在保证基本服务项目的同时,发展多层次服务项目,满足不同生活水平的老年人的生活需求。另外,服务提供方可根据老年人的生活状况及服务需求有差别地收取费用,以维持自身运营,对高层次养老服务,可收取较高费用,适当营利。

---

① 郑功成:《中国社会福利改革与发展战略:从照顾弱者到普惠全民》,《中国人民大学学报》2011 年第 2 期,第 6 - 7 页。

（四）加强养老服务人员培养以实现服务人员社会化

养老服务质量与服务人员的数量及其专业素养紧密相关。然而,专业的老年护工数量有限且收费较高,要发展社会化的养老服务,必须多渠道引进并大力培养养老服务人员,实现养老服务队伍的职业化、专业化和规范化。首先,各高等院校与职业培训中心应加大对老年服务领域人才的培养,鼓励其参与养老事业,实现自身价值;其次,招聘有爱心的待业、失业人员,对其进行基本服务培训,以弥补专业护工不足;再次,广泛招募志愿者,鼓励其参与到敬老爱老的服务中,为老年人提供常规照顾、上门服务以及必要的精神慰藉。此外,老年人也可通过互帮互助的形式相互照料,既可实现老年群体需求的相互满足,也可暂时缓解工作人员短缺的压力。为了提升养老服务人员的职业技能和专业水平,除上岗培训外,社区、机构还应定期对其开展在职培训,使其能够了解老年人的身心特征,熟悉日常服务项目、护理技术,进而更好地为老年人服务。

第六章　残疾人保障发展
建设研究专题

本章从政策运行效果角度分析探讨了残疾人社会救助完善问题,从成功经验与现实不足层面分析探讨了残疾人就业扶持发展问题,从社会性别角度分析探讨了老年残疾人社会保障建设问题。

第一节　残疾人社会救助政策
效果与完善路径

目前残疾人社会救助政策惠及范围狭窄且应急性特征明显、救助水平无法满足生存性支出需要、医疗及康复救助重视不足、政策参数设计存在缺陷、公共财政投入份额和社会资源动员能力相对不足严重制约救助效果。因此,应基于需求满足导向、以普惠加特惠为宏观路径推进残疾人社会救助政策改革,从而促进残障群体共享社会发展成果。

一、完善残疾人社会救助政策的必要性

近年来,残疾人社会保障权益日益受到党和政府的密切关注。《中共中央国务院关于促进残疾人事业发展的意见》《关于加快推进残疾人社会保障体系和服务体系建设的指导意见》《中国残疾人事业"十二五"发展纲要》等一系列文件的出台,表明了中国政府致力于推动残疾人事业快速进入制度性保障发展阶段的态度和决心。[1] 残疾人群体的社会生活境遇因此有了较

---

① 杨健:《从残疾老年人福利需求特征审视政策转型方向》,《天津行政学院学报》2013年第4期,第96页。

大的改观,其社会救助状况也得到进一步地巩固与完善。残疾人状况及小康进程监测报告表明,2007—2012年度城乡残疾人口领取最低生活保障金和获得救济的比例均呈现上升趋势。2012年,城乡共有1 070.5万残疾人被纳入最低生活保障范围,城镇集中供养的残疾人和农村五保供养残疾人分别达到12.2万和68.5万,261.3万城乡残疾人获得其他救助救济。尽管残疾人社会救助总体上趋好,但由于面向全体公民的社会救助制度尚不健全,针对残疾人的社会救助政策正处于改革探索的完善过程之中,因而涉及残疾人口的社会救助内容也就相对滞后,当前城乡社会救助政策中仍然存在一些影响残疾人充分分享福利保障权益的重大缺陷。本研究旨在通过分析第二次全国残疾人抽样调查数据及相关资料,深入考察和探究残疾人社会救助的运行效果,并提出有针对性的改革完善路径。这不仅恰逢其时,而且对于促进残疾人事业健康发展和加快建立公平普惠的社会保障体系具有重要的现实意义。

二、残疾人社会救助政策运行效果分析

(一)政策惠及范围狭窄且应急性特征明显

根据第二次全国残疾人抽样调查数据,残疾人口的基本需求涵盖了十三个项目,其中残疾人口在医疗服务与救助、贫困救助与扶持方面的需求相对较高,依次排在第一至第二位。但由于社会救助政策中某些缺陷障碍的存在,其严重导致了相当比例的有救助需求的残疾人口不能获得应有的扶助。第二次抽样调查显示,全国残疾人享受最低生活保障和不定期救济的比例分别为7.65%和11.42%,这与有贫困救助需求的人群比例(67.78%)形成强烈反差。如果从分年龄人群状况来看,作为残疾人口主体的老年残疾人享受最低生活保障和不定期救济的比例仅为5.34%和8.65%。而老年残疾人口有贫困救助与扶持需求的比例为61.73%,两者之间相去甚远。同时,残疾人状况监测报告显示:2012年度城乡残疾人口已领取最低生活保障金的比例分别增长到22.6%和29.9%,获得救济的比例也上升至27.0%和32.8%,但仍有高达45.2%和68.6%的城乡残疾人口迫切需要生活救助。由此可见,残疾人口的现实救助需求与政策受益之间还存在巨大差距。

表 6-1　分年龄残疾人口享受低保与救济情况　（单位：%）

年　　龄	接受低保占比	接受救济占比	贫困救助与扶持需求占比
0～14 岁	2.63	5.40	——
15～59 岁	11.07	15.54	——
60 岁及以上	5.34	8.65	61.73
合　　计	7.65	11.42	67.78

数据来源：根据第二次全国残疾人抽样调查数据计算整理而得

如果从享受社会救助的项目内容来看，各年龄段残疾人口均表现出享受最低生活保障的比例明显低于享受不定期救济的比例。残疾人口整体接受低保的比例低于接受救济的比例约 3.77 个百分点。2012 年度城镇残疾人领取最低生活保障金的比例比领取救济的比例低 4.4 个百分点，农村残疾人领取低保与救济的相应比例相差 2.9 个百分点。这表明，残疾人口能够享受到的正式制度性保障偏少。从实践情况来看，大量农村贫困残疾人家庭以及处于低保标准边缘状态的城镇低收入残疾人家庭，其基本生活保障仍然主要依靠家属抚养、亲友邻里扶助以及干部节日走访、党团帮扶等一些临时性的救济。特别是在农村地区，尽管 2007 年以来最低生活保障制度在全国农村的建立使得越来越多的残疾人被纳入救助体系之中，但总体而言，针对农村贫困残疾人的最低生活保障制度尚不完善，直接依靠制度性保障的残疾人还相对有限。因此，目前针对残疾人群体的救助政策仍具有明显的临时性与应急性特征。

（二）救助水平无法满足残疾人的生存性支出需要

以最低生活保障为例，2007 年大部分城市的最低生活保障标准占当地居民人均实际收入的比重低于 20%，即全国很多地区的城市低保标准低于当地维持起码生活需求的保障线。[1] 2010 年城市低保平均标准上升为月人均 251.2 元，农村低保平均标准进一步增至月人均 117 元。民政部《2012 年社会服务发展统计公报》显示：2012 年全国城市低保平均标准为 330.1 元每人每月，比上年增长 14.8%；全国城市低保月人均补助水平为 239.1 元；2012 年全国农村低保平均标准为 2 067.8 元每人每年，比上年提高 349.4 元，增长 20.3%；全国农村低保月人均补助水平为 104.0 元。然而，众所周

---

① 杨立雄：《社会救助研究》，北京：经济日报出版社，2008 年，第 112 页。

知,残疾人口消费支出结构状况是影响其基本生活境遇的重要因素之一,如果将之与低保标准结合起来加以全面分析,更能清晰地反映出救助政策的真实保障水平。

食品、衣着与居住三项消费支出是残疾群体维持最基本生活的支出项目甚至是生存性支出项目。残疾人状况监测数据显示,2007—2012 年食品支出与居住支出一直处于城乡残疾人家庭支出的首位与第三位。2012 年城镇残疾人家庭食品消费年支出为 4 244.1 元,居住支出为 1 127.8 元,衣着支出为 449.2 元;农村残疾人家庭食品消费年支出为 2 521.6 元,居住支出为 860.1 元,衣着支出为 253.7 元。相形之下,当年的城市低保月平均标准只占月食品消费支出的 93.3%,占月食品与衣着消费支出总和的 84.4%,占月食衣居支出总和的 68.0%;而农村低保平均标准占月食品消费支出、月食品与衣着支出总和、月食衣居支出总和的比例分别为 82.0%、74.5% 和 56.9%。由此观之,社会救助水平确实有些偏低,尚无法充分满足残疾人群体最基本的生活需要,亟待给予关注并及时加以解决。

表 6-2 城乡低保标准占残疾人消费性支出的比例情况

项　　目	城　镇	农　村
衣着月支出/元	37.4	21.1
居住月支出/元	94.0	71.7
食品月支出/元	353.7	210.1
低保占食品比例/%	93.3	82.0
低保占衣食比例/%	84.4	74.5
低保占衣食居比例/%	68.0	56.9

数据来源:根据 2012 年度残疾人状况及小康进程监测数据计算而得

(三)医疗、康复救助重视不足

目前的社会救助主要集中在基本生活领域,对医疗救助、康复救助领域的关注严重不足,有限的救助资金在使用上也存在针对性不强的问题。目前救助对象的确定主要以低保线为标准,尚未综合考虑救助对象的残疾、健康和疾病状况,没有充分认识到医疗、康复救助不应等同于生活救济,致使资金无法落到真正需要救助的残疾人手里。

从实际运行情况看,残疾人医疗救助的力度不大、针对性不强。例如,北京市出台了《北京市城市特困人员医疗救助暂行办法》和《北京市农村特困人员医疗救助暂行办法》，城乡贫困残疾人可以依据这两个办法享受医疗救助。但调查结果显示，通过政府帮扶解决了医疗问题的残疾人只占8.6％，远低于解决了基本生活问题(占72.1％)的人群比例。[1] 为推进残疾人康复事业的发展，全国残疾人康复工作办公室制订了不同残疾类型的康复实施方案，康复救助项目是其中的重要组成部分。一些地方政府也尝试建立了专项残疾康复救助制度。比如江苏省常州市对残疾人康复实行"三助一免"(助视、助听、助行、免费供药)工程，帮助贫困残疾人得到有效的康复服务。但由于总体上康复救助保障项目较少，残疾人难以负担起高昂的费用，时常出现延误康复甚至放弃康复治疗、造成终身遗憾的现象。

（四）政策参数设计存在缺陷

我国普遍意义上的社会救助标准整体偏低，同时针对残疾人群体需求的特殊救助措施的标准也较低，加之缺乏随社会经济发展状况而变的待遇调整机制以及享受资格条件等政策参数设计存在弊端，这严重地导致了残疾人社会救助保障水平的低下，同时也致使确实存在生活困难的残疾人群被既定的参数设置排斥在获取救助的范围之外。

残疾人群因为自身残障，其医疗保健、辅助器具等方面的额外支出均要高于健全人群。同时，残疾人大多需要看护照顾，这往往导致家庭成员相应减少外出工作甚至是中断或放弃工作。因而，残疾人家庭的贫困程度普遍高于一般家庭。2003年以前实践操作中的最低生活保障制度并不区分贫困家庭的类型，只是统一补足实际人均收入与低保标准的差额，并未充分考虑到残疾低保人员的特殊性，根本无法满足和弥补该群体的实际费用支出。2003年以后，低保制度开始实行"分类救助"。其主要目的之一，就是通过上调一定比例待遇的做法，对特殊困难群体给予重点救助。然而，目前大多数"分类救助"的执行是在低保标准的基础上再调高一定的比例，而作为基础参数的最低生活保障制度整体标准偏低必然导致调整后的标准仍然相应较低，因此无法达到切实有力地保障残疾人员等特殊困难群体的目的。另外，根据目前各地实施的"分类救助"的有关规定，残疾人群体中只有重残人员或基本丧失劳动能力的低保人员才能享受重点救助，而其他残疾低保人员

---

[1]　齐心、厉才茂：《北京市残疾人医疗保障研究》，《卫生经济研究》2007年第2期，第108页。

并没有被政策顾及,特别是老年残疾人口尚未被置于制度供给的特惠照顾的角色地位。

(五)财政资金投入及社会资源动员能力相对有限

社会救助通常被视为一国公民应有的基本权利与政府不容推卸的当然责任,残疾人社会救助更需要政府承担最主要的责任并提供直接的财政方面的扶助与支持。从实际状况来看,近年来随着中国社会保障体系的初步形成,社保支出占 GDP 的比例趋于稳定,大约保持在 5.3% 左右,但这仅相当于西方发达国家 20 世纪 50 年代的水平;同时财政用于社保的支出水平仍低于发达国家及中等发展中国家的状况,甚至低于诸如斯里兰卡等个别低收入发展中国家的相应水平。[①] 受以上宏观因素影响,中国公共财政对社会救助的投入一直相对有限。1979 年全国社会救济经费占 GDP 的比重仅为 0.6%,但此后逐渐下降;2001 年至 2004 年全国社会救助资金占 GDP 的比重不足 0.2%,占国家财政支出的比例不到 1%。2007 年财政投入城乡居民生活救助的资金达到自改革开放以来的首个峰值,但仍不足 500 亿元人民币。2012 年全年各级财政共支出城市低保资金 674.3 亿元,比上年增长 2.2%,其中中央财政补助资金 439.1 亿元,占总支出的 65.1%。2012 年全年各级财政共支出农村低保资金 718.0 亿元,比上年增长 7.5%,其中中央补助资金 431.4 亿元,占总支出的 60.1%。尽管如此,相对于广大残疾困难群众的实际需求,财政投入资金的增长幅度依然有限。特别是一些贫困农村受财力状况的制约,低保补贴仅有十几元,远远达不到保障农村贫困残疾人最低生活的效果,只能起杯水车薪的作用。

民政部《2012 年社会服务发展统计公报》显示,截至 2012 年年底,全国共建立经常性社会捐助工作站、点和慈善超市 3.1 万个。全年各地直接接收社会捐赠款物 578.8 亿元,其中民政部门直接接收社会各界捐款 101.7 亿元,捐赠物资折款 6.3 亿元,各类社会组织接收捐款 470.8 亿元。2012 年全年筹集福彩公益金 449.4 亿元。民政系统共支出彩票公益金 159.0 亿元,其中用于社会福利 92.2 亿元,用于社会救助 24.1 亿元。残疾人福利基金会作为支持残疾人群体的重要公益组织之一,其成立以来积极为残疾人康复、教育、就业培训和基层残疾人服务设施建设募集并投入资金。截至 2012 年 12

---

① 第三届社会保障论坛组委会:《中国社会保障的科学发展》,北京:中国劳动社会保障出版社,2008 年,第 14 - 26 页。

月 31 日,其资产总额为 78 701.43 万元,净资产总额为 77 105.57 万元。其中,2012 年度公益项目支出 32 003.44 万元。而上述社会资源能够切实分配到残疾人社会救助方面的数额并不大。政府财政投入不足加上社会资源动员能力有限,致使残疾人社会救助的总体投入严重不足,从而间接制约了政策运行效果。

三、完善残疾人社会救助的宏观路径与对策建议

建立健全残疾人社会保障体系,是落实科学发展观、全面建设小康社会和履行《残疾人权利公约》、促进残疾人生活改善共享改革发展成果的基本要求与重要举措。社会救助政策对于维护残疾人群体的生存权与发展权具有基础性的支撑功能,是建立转型期我国社会保障体系和推进残疾人基本公共服务均等化的重要基点。研究表明,目前城乡残疾人的社会救助受益范围较小、政策应急性特征明显、救助保障水平低下、医疗与康复救助重视不足、政策参数设计存在缺陷、政府财政投入和社会资源动员能力相对有限等问题依然比较突出,社会救助政策尚不能充分满足残疾人的现实需求,其运行效果并不理想。因此,以需求满足为导向、以普惠加特惠为路径方式稳步推进残疾人社会救助政策体系的改革与完善,已凸显出必要性、重要性与紧迫性。

首先,应合理优化政策设计。继续不遗余力地扩大城乡残疾人社会救助的覆盖面,使符合低保基本条件的残障人员及边缘群体尽快实现应保尽保。适度提高社会救助标准,特别是针对残疾老年人以及享受低保后基本生活仍有困难的低收入残疾人家庭,应结合其生活中的现实需求提高救助待遇水平。贫困残障者的需求除了包括正常低保人员的基本需要外,还涉及额外的并且是必要的康复照料等特殊性需求。因此,残疾人社会救助的内容除低保之外,还应关注残疾人群体的医疗保健、康复护理和生活照料等方面,并提供相应救助资金与服务,从而着力突破"重低保救助、轻服务救助"的局限。

其次,积极调整政府财政用于社会保障支出的结构,使公共财政资源制度化、常态化地适当向残疾弱势群体倾斜。世界卫生组织指出,在低收入国家,残疾人比非残疾人承受巨额医疗费用的几率高出 50%。[①] 部分老年残

---

① 世界卫生组织、世界银行:《世界残疾报告》,《中国康复理论与实践》2011 年第 6 期,第 16 页。

疾人可能还需要为康复护理和日常生活照料等多支出一部分费用。因此，必须加大对社会救助特别是残疾人生活补贴和护理补贴方面的投入力度。另外，还应科学审慎地抓紧研究设计随物价和生活水平变动的社会救助金调整机制，这部分待遇调整补助资金由财政负责，实属国家承担福利制度主体责任的应有之义。同样需要注意的是，加强对农村残疾人及其家庭的扶贫力度应是相关政策的重中之重。

最后，大力动员和鼓励社会资源参与和推动残疾人事业发展。鼓励支持残疾人福利基金会筹集善款和开展捐助的相关活动以及推广残疾人慈善品牌项目。通过推动红十字会、慈善会等社会组织开展残疾人慈善项目，树立榜样和典型，以经济奖励、税收减免优惠与名誉表彰等多种方式鼓励和引导社会单位、团体和个人投身于残疾人福利事业。此外，还需要在全社会范围内进一步宣传弘扬扶残助困、共享和谐的人道主义思想和现代文明观，通过扩大和示范效应，创造有利于残疾人事业健康发展的社会氛围。

第二节　残疾人就业扶持模式
评估与发展对策

本节通过考察残疾人就业扶持的主要模式，归纳分析残疾人就业扶持的成功经验和突出问题，从注重提升政府责任意识、加强政府主导、强化残疾人就业保障权益的相关立法、多途径提高残疾人自身综合素质等方面提出对策建议。

一、推进残疾人就业扶持的必要性

我国目前有各类残疾人 8 300 万，占到总人口的 6.34%，影响着全国 20% 的家庭和人口，[①] 预计未来 5 年，残疾人总数将突破 1 亿。加快发展残疾人事业，让残疾人尽早步入小康，将对我国经济社会发展的大局产生重大影响。然而，我国仍是一个发展中国家，不能完全效仿西方国家的高福利政策。但是，如果不能使有就业需求和就业能力的残疾人得到就业扶持，就无

———————

①　第二次全国残疾人抽样调查办公室：《第二次全国残疾人抽样调查主要数据手册》，北京：华夏出版社，2007 年，第 50 页。

法将更多的残疾人由一个客观上较多依靠国家救济、社会扶持和亲属帮助的群体转变为充分展示自身价值、尽其所能的劳动者,也就难以真正实现"平等、参与、共享"的残疾事业发展目标。怎样使有能力的残疾人平等地与其他健全人群共同参与到社会生活的各个领域之中,以便共享社会发展成果,并使这一特殊群体实现特殊的自我人生价值,成为一个亟待解决的难题。

我国政府通过不断地探索和创新,为残疾人就业和创业开辟了广阔的道路。这一方面使欧美发达国家那样高水平的残疾人就业率在中国成为可能,另一方面也让有能力的残疾人像健全人一样参加正常劳动,不仅实现了他们的人生价值,也激励和带动了其他劳动者就业。这是中国人权事业发展的一大特点和历史进步。相关资料显示,目前已经实现就业的残疾人口数量为2 266万,其中,城镇实现就业的残疾人数量是463万,农村实现就业的残疾人数量是1 803万。① 由于我国人口基数大,加之残疾人受教育水平比较低、综合素质常常无法与现代社会的发展要求相符合、就业扶持政策存在缺漏等现实原因,虽然部分残疾群体在国家政策的引导下积极参与到社会工作之中,但依然有很大一部分残疾人就业困难。残疾人不好找工作、薪酬水平低、工作不稳定等现象仍然普遍存在。

有鉴于此,本研究试图通过考察残疾人就业扶持的主要模式,归纳分析残疾人就业扶持的成功经验与实践中存在的突出问题,以此探究残疾人就业扶持的政策效果,并提出完善残疾人就业扶持的合理化建议。这不仅有利于维护和充分实现残疾人就业保障权益,而且对于增进残疾人福祉和共享社会经济发展成果具有重要的现实意义。

二、残疾人就业扶持的主要模式

目前,我国基本上形成了集中就业、按比例就业、庇护性就业、自主创业等多种就业形式相结合的多元化就业体系,② 帮助和扶持越来越多的残疾

---

① 国务院:《中国残疾人事业"十二五"发展纲要(摘要)》,《中国残疾人》2011年第7期,第18页。

② 张杨、袁茵:《试析我国残疾人就业的主要模式》,《南京特教学院学报》2008年第3期,第52页。

人加入到社会主义现代化建设的行列,使之成为国家社会经济建设的重要贡献力量。残疾人就业扶持可以分为集中就业、分散按比例就业、自主就业三种主要模式。

(一) 集中就业

集中就业的含义是指残疾人在各类福利企业(包括工疗机构和盲人按摩医疗机构)劳动就业。集中就业的主要形式是福利企业集中接收残疾人职工。福利企业是集中安排残疾人就业的具有福利性质的特殊生产单位。目前我国有福利企业4万多家,集中解决70多万残疾人的就业问题。随着经济改革和社会的发展,有关福利企业的政策正面临着新的调整与优化。

(二) 按比例就业

按比例就业是残疾人就业体系中另一种就业形式,是指国家法律规定的、有关单位必须遵循的、按照一定比例雇佣残疾职工的就业扶持模式。其具体是指按照《中华人民共和国残疾人保障法》的有关规定,企事业单位、机关、团体、城乡集体组织等相关组织,要求按照一定比例安排残疾人就业,并为其选择适当的工种和岗位。具体比例可由省、自治区、直辖市人民政府根据当地的实际情况来规定。

目前规定的企业安排残疾人就业的标准比例是1.5%,对于那些没有达到标准的企业或者根本不安排残疾人就业的企业,要征收残疾人保障金。"残疾人就业保障金"是指在实行按比例就业的区域内,凡是达不到省、自治区、直辖市人民政府所规定的残疾人就业比例的企事业单位、机关、团体、城乡集体组织等相关单位,要根据地方有关法规的规定或要求,根据年度差额人数和上一年度该地区职工年平均工资等相关基数,来计算单位应该交纳的用于残疾人就业的专项资金。

(三) 自主就业

自主就业形式极具灵活性,如报摊、小规模杂货店、修理摊铺、残疾人理发(按摩)店等。当前残疾人个体就业已经达到甚至超越了集中就业和按比例就业的规模,这充分体现了我国残疾人自觉寻找工作机会的积极性和主动性。

对于自主择业、自主创业的残疾人,政府及相关部门给予了一系列扶持政策补助。比如设立残疾人创业扶持基金,大力扶持残疾人自主创业;为残疾人提供小额贷款,给予贴息、担保等税收优惠或者按照相关规定实行税费减免政策;对从事个体经营的残疾人,免收3年的管理类、登记类和证照类等有关行政事业性税费;对从事个体经营或者灵活就业的,按照个人缴纳社会保险费给予补贴;对于首次自主创业的残疾人,经营时间在 1 年以上且正常申报纳税的,地方政府在条件允许的情况下可按照相关政策给予一次性创业补贴等。

三、残疾人就业扶持的成功经验

通过结合自身发展的实践经验和对国外先进经验的借鉴,我国残疾人事业不断发展壮大,残疾人就业扶持体系日趋发展完善。

(一)结合国外有益经验尝试开展残疾人就业试点

国外一些先进经验也对我国残疾人就业扶持政策产生了重要影响,如按比例就业形式的形成,便开辟了"劳动保障型"就业主渠道。率先引入国外按比例就业办法的是江苏省无锡市,无锡市政府规定每个企事业单位、政府机关都要按比例安置一定数量的残疾人就业,效果非常显著。按比例就业正式被纳入国家法律体系是 1991 年颁布的《残疾人保障法》。《残疾人保障法》规定,所有用人单位要按照不低于 1.5% 的比例安排残疾人在本单位就业;安置比例达不到 1.5% 的单位要缴纳残疾人福利基金。与此同时出台的还有《促进残疾人就业税收优惠政策》,该政策鼓励全社会各类用人单位可采取集中和分散等多种方式广泛吸纳残疾人就业。

我国在按比例安排残疾人就业方面已经取得了成功经验。1991 年,国家计委、劳动部、民政部、中国残联共同在 5 个省的 9 大城市、296 个区县进行了按比例安排残疾人就业的试点。平均不到一年时间,试点工作就安排了 11 092 名残疾人就业,解决了这些残疾人长期就业的难题。试点的首要经验在于立法推动。这些试点单位共出台 143 个法规性文件,把按比例安排残疾人就业的工作法制化。其次是建立起残疾人就业领导小组和服务机构,在试点单位成立了政府领导参加的领导小组,共建立了 296 个服务机构来负责开展这项工作。

(二)独创的残疾人福利企业就业形式

福利企业是由我国首创的残疾人就业形式,福利企业的出现,为建立以劳动福利型为主要特色的新型中国残疾人事业开了先河。截至 20 世纪 90 年代初,福利企业成为我国安置城镇残疾人就业的主要渠道。依据政策规定,若企业中残疾人职工人数占到企业职工总数的 25% 以上,可免征企业所得税;如果比例不足 25％但高于 10％的,可减半征收企业所得税。

改革开放以来,乡镇企业和集体企业日益崛起,原来的国有福利企业的局限性逐渐显现出来。1985 年财政部发布了关于"乡镇(街道)福利企业和民政部门的福利企业同等待遇"的规定,解决了很大一部分残疾人的就业问题,由此带来了残疾人就业的"黄金十年",福利企业也最大数量的安置了残疾人就业。截至 1995 年,中国福利企业数量达到 6 万多家,安置了 90 多万残疾人职工,创造了 60 多亿元的年度税收。

（三）针对自主就业设立创业基金

残疾人行动不方便、各项能力不同程度地受到限制,于是个体就业和灵活就业便成为一个被广泛选择的就业途径。目前我国 400 多万城镇残疾人就业人口中将近 50％都采取了个体就业、灵活就业或自主择业的就业方式。

残疾人普遍从事的职业有刺绣、编织、修鞋、修表、陶艺、剪纸、绘画、书法、雕刻等。进入 21 世纪以来,上到国家下到地方,残疾人创业基金不断设立,发放小额贷款、税费减免等优惠政策日益颁布,在政府的帮助下,越来越多的农村残疾人学习了种养技术,而城镇残疾人则从事个体经营、电子商务等职业。

四、残疾人就业扶持存在的突出问题

（一）福利企业"未老先衰"

当前我国福利企业的数量有逐年减少的趋势。[①] 究其原因,首先是福利企业结构单一、机械老化、资金缺乏、管理人员和生产人员素质较低,从而被现代竞争所淘汰;其次,作为残疾人集中就业主要形式的福利企业,其投资主体和经营范围受到严重限制。福利企业的申办主体局限于国有或集体企业,投资主体主要受限于民政部门、乡镇政府等,于是福利企业的发展受到制约;再次,福利企业中严重滞后的生产政策束缚了企业发展,导致了企业中出现弄虚作假的现象;最后,税后返还标准执行不力导致福利企业资金周转困难。除了民政、乡镇、街道兴办的福利企业,其他投资主体兴办的福利企业一般不享受退税政策。

---

① 张晓峰:《创造有利环境 推动社会福利企业健康发展》,《社会福利》2011 年第 7 期,第 34 页。

（二）残疾人就业的专项配套工作缺失

残疾人受教育程度不高、接受培训时间短，加之残疾人本身存在生理上的缺陷，一定程度上无法胜任与正常人同等的工作；此外，由于社会或企业对残疾的歧视态度，造成残疾人职工产生自卑感，心理素质较差，加上本身缺乏竞争实力，无法胜任较高难度的工作。众所周知，劳动力市场上高素质、高技能的劳动力供不应求，低素质、低技能的劳动力却供过于求，而大部分残疾人恰恰是"双低人员"，所以残疾人在求职过程中经常备受冷落。另外，残疾人缺乏自我维权意识，不懂得使用法律武器来维护自己平等就业的权利，在受到不公平待遇时，很多残疾人都自认倒霉、了结纠纷，而不是运用法律武器据理力争。再者，残疾人自主就业大多局限于小规模经营的传统摊铺项目，项目竞争力不强。同时残疾人个体的社会保险缴费能力不足，参保率非常低，残疾人的可持续生计问题难以得到保障。

上述现象的产生，一方面是由于政府对残疾人就业的指导力度不足，残疾人就业培训等专项工作缺失；另一方面是由于税收优惠政策、信贷政策、社会保障照顾政策、劳动维权政策等专项扶持措施对残疾人自主就业的开放范围较小，也导致了残疾人就业方面的资金缺乏、技术较低、能力不足等现实问题未能得到及时有效地解决。因此，针对残疾群体劳动就业特征的专项扶持措施亟待充实完善。

（三）消解残疾人就业歧视的政策力度不足

有关数据表明，数量超过 70% 的残疾人在就业过程中有过被歧视的经历，这其中又有 32% 的人经常受到歧视待遇。由于社会缺乏对残疾人能力的正确认识，以至于残疾人就业机会少、岗位层次低、薪酬水平不高、失业风险大等问题大量存在。另外，企业对残疾人岗位安置也较低。由于国家政策的执行不力，有些企业既不雇佣残疾人职工，也不缴纳残疾人保障金，或者有些企业虽然雇佣残疾人，但当国家检查达标后便立即辞退，以此逃脱缴纳保障金。

某些企事业单位、机关团体对开展按比例安排残疾人就业的工作认识不足，时而表现出不支持、不配合；也有一些单位和个人对残疾人就业存在明显的偏见，把残疾人看作单位的包袱，觉得影响单位的形象，不愿接纳他们并安排就业。甚至还有些单位不给残疾人安排与他们自身情况相适应的工作岗位，而且存在残疾人和健全人同工不同酬的现象；最令人气愤的是有些福利企业一边享受着国家的税收优惠政策欺骗性地挂名安排残疾人就业,另一边却每月或每年只给残疾人发放数额很少的生活补助费。

五、完善残疾人就业扶持的对策建议

若想改善残疾人的生活状况,最终实现"平等、参与、共享"的目标,关键是要增进残疾人的就业能力和扶助有就业愿望的残疾人走上共同致富、共奔小康的道路。本研究尝试性地提出以下完善残疾人就业扶持的对策建议。

(一)提升政府责任意识加强政府主导

针对残疾人就业困难的问题,政府应该采取积极手段加强公共干预。政府的主导工作主要是制定特殊的就业政策、鼓励雇主承担社会责任并且对随意解雇残疾人的雇主进行防御和惩罚等。用人单位按比例安排残疾人就业,或者按规定缴纳残疾人就业保障金是国家强制要求的保障措施之一,然而政府部门的监督和干预力度明显不足。针对目前某些用人单位既不给残疾人安排就业,又不为残疾人缴纳就业保障金的违规现象,相关机构并没有充分起到应有的督促作用。另外,由于缺乏政府的积极引导和政策鼓励,残疾人自主就业形式发展缓慢,尚不能充分发挥解决残疾人就业问题的功能。因此,政府应加强责任意识,担当起领导责任,切实有效发挥对残疾人就业等相关工作的监督或裁判功能,制定和完善解决残疾人就业的政策措施。

(二)强化和推动残疾人就业保障权益的相关立法

保障残疾人就业最有效的手段之一便是立法。世界上第一部保障残疾人就业的法律是 1920 年美国制定的《职业康复法》,迄今为止,立法已经成为世界各国保障残疾人权益的重要且必要的手段之一。《中华人民共和国宪法》第 45 条规定:"把国家和社会帮助安排盲、聋、哑和其他有残疾的公民的劳动、生活和教育作为一项宪法原则。"近年来我国陆续出台了一系列用于维护残疾人权益的法律法规,主要有《残疾人保障法》《残疾人就业条例》等。但由于部分法律条款对于用人单位某些不合法的行为并没有规定明确的法律责任,因而造成法律执行不严、保障不力等问题相当突出。因此,相关立法仍有待完善,需将相关法律法规的责任条款具体化、明确化、细致化。

(三)多途径提高残疾人自身综合素质

仅仅依靠政府和法律的保护来促进残疾人就业是不够的,企事业单位、机关团体、家庭和个人都要肩负起相应责任,但关键是要提升残疾人自身的综合素质。政府应起到主导模范作用,制定切实可行的政策措施,出台保障残疾人就业的税收政策、信贷政策、教育培训政策等,成立专门保障残疾人就业权利的委员会等相关部门,监督和落实保障残疾人就业的政策实施。相应社会团体应结合企事业单位的工作要求,组织残疾人就业培训和文化教育,为残疾人提供更多进行知识学习和技能培训的机会。家庭要为残疾人营造良好的生活氛围,对家庭中残疾人成员就业给予鼓励和支持,并努力帮助残疾人成员对生活充满希望。

我国残疾人就业保障经过几十年的发展,已经有了长足的进步,但同残疾人的现实需要相比,仍处在较低的水平。在 8 300 多万残疾人口中,已经实现就业的仅为 2 300 万人左右。值得庆幸的是,我国政府始终将就业定位于残疾人改善生活状况、增进自强自立、实现人生价值的重要途径,力主保障残疾人就业就是保障残疾人的生存权和发展权。为进一步加强对残疾人的就业援助,党中央国务院颁发了《关于批转促进就业规划(2011—2015 年)的通知》。《规划》根据《中华人民共和国就业促进法》和《中华人民共和国国民经济和社会发展第十二个五年规划纲要》编制,主要阐明了"十二五"时期国家促进就业的总体思路、发展目标和任务措施,是未来促进就业工作的行动纲领,为今后政府履行促进残疾人就业职责提供了重要依据。

就业是保障残疾人生活的重要基础,也是帮助残疾人积极投身社会、努力实现自身价值的最佳途径之一。法律赋予残疾人和其他社会成员的权利是平等的,这也是现代社会道德文明的一项准则,并且是现代文明社会提倡的"平等、参与、共享"的残疾人观的核心体现。以政府为主导,多方努力、多管齐下促进残疾人就业,不仅有利于残疾人就业保障权益得到充分维护,而且有助于促进和谐社会的整体构建和全面发展。政府及社会各方力量,应该齐心协力使更多有能力的残疾人劳动者充分参与到社会生产和生活中来,帮助更多的残疾人打开幸福之门,共享社会经济发展的丰硕成果,为构建社会主义和谐社会承担应有的责任。

第三节　社会性别与老年残疾人社会保障建设

从社会性别角度来看,女性老年残疾人不仅是具有年龄与残疾两个弱势属性的双重弱势群体,而且较男性群体处于更为弱势的地位。本节通过分析全国第二次残疾人抽样调查数据,发现我国老年残疾人口在主要社会保障需求方面存在比较明显的性别差异,女性老年残疾人口的需求满足状况弱于男性,进而基于社会性别视角提出老年残疾人社会保障的"主流化"发展路径。

一、老年残疾人口的性别构成

我国于 2006 年进行了第二次全国残疾人抽样调查,全国各类残疾人总数为 8 296 万人,残疾现患率即残疾人占全国总人口的比例为 6.34%,较 1987 年第一次全国残疾人抽样调查时的绝对人口数量 5 164 万增长了 3 132 万,残疾现患率提高了 1.44%。依据抽样调查数据分析,老年残疾人口(60岁及以上)约占残疾总人口的 52.80%,推算老年残疾人口为 4 416 万人。[①] 从性别角度分析,老年残疾人群体中的男性大约占 47.29%,女性占 52.71%,老年女性残疾人口较男性高出 5.42 个百分点,老年男性残疾人口规模推算数为 2 088 万人,老年女性残疾人口规模为 2 328 万人,老年女性残疾人口数量及比重明显高于男性。与此同时,老年残疾人口性别比为 89.72,不仅低于 0~14 岁与 15~59 岁年龄组残疾人口的相应水平,而且明显低于全国残疾人口的相应水平。由此可见,我国老年残疾人口的女性化特征比较突出。[②]

二、老年残疾人口社会保障主要需求的性别差异

不同性别老年残疾群体的主要社会保障需求涉及医疗服务与救助、贫困残疾人救助与扶持、辅助器具、康复训练与服务和生活服务项目,并且两大群体对具体需求的偏好程度相一致。但不同性别老年残疾人对具体项目的需求程度存在明显差异、不同特征子群体在各需求项目中的地位也存在

---

① 第二次全国残疾人抽样调查办公室:《第二次全国残疾人抽样调查主要数据手册》,北京:华夏出版社,2007 年,第 16 页。

② 张金峰:《中国老年残疾人口异质性分析》,《石家庄经济学院学报》2010 年第 1 期,第 81 - 83 页。

差异。

（一）分性别老年残疾人的主要需求项目与需求偏好

从分性别老年残疾人口对不同项目的需求比例来看,医疗服务与救助、贫困残疾人救助与扶持、辅助器具、康复训练与服务、生活服务项目的相应比例较高,均在19%～77%之间,其余项目的需求比例很小,均在4%以下。从分性别老年残疾人口的需求项目构成情况来看,男、女老年残疾人口对医疗服务与救助、贫困残疾人救助与扶持、辅助器具、康复训练与服务、生活服务项目的需求比例相对较高,且上述五项需求的比重之和分别为94.26%和94.77%,此五项需求成为不同性别老年残疾人口的主要需求。

表6-3　分性别老年残疾人口的基本需求状况　　（单位：%）

需　求　内　容	男性占比	女性占比
医疗服务与救助	72.79	76.38
贫困救助与扶持	60.12	63.17
辅助器具	51.94	46.55
康复训练与服务	23.84	22.60
生活服务	19.63	21.37

数据来源：根据第二次全国残疾人抽样调查数据计算整理而得

在具体需求的偏好程度方面,男、女老年残疾人口在上述需求项目的排位相一致,医疗服务与救助、贫困残疾人救助与扶持、辅助器具、康复训练与服务、生活服务项目的需求均依次排在第一至第五位。

（二）分性别老年残疾人口对具体项目的需求程度存在差异

就医疗服务与救助、贫困残疾人救助与扶持、生活服务方面而言,女性老年残疾人口对此类项目的需求程度相对较高,分别高于男性老年残疾人口相应水平约3.59个百分点、3.05个百分点和1.74个百分点。而男性老年残疾人口对辅助器具、康复训练与服务的需求程度相对较高,其需求比例分别超过女性老年残疾人口相应水平5.39个百分点和1.24个百分点。

（三）分性别老年残疾人口在各需求项目中的地位存在差异

从前五项主要需求中的性别构成状况来看,女性老年残疾人口在医疗服务与救助、贫困残疾人救助与扶持、康复训练与服务、生活服务等需求项目中的比重均高于男性,男、女需求比率分别为0.855 1、0.853 9、0.946 8和

0.824 3;在辅助器具需求方面,女性老年残疾人口所占比重低于男性水平,但两者相差很小,分别为 49.97% 和 50.03%,男、女需求比率为 1.001 1。

在前五项主要需求中,女性老年残疾人口在医疗服务与救助、贫困残疾人救助与扶持、生活服务、康复训练与服务等四个需求项目中的比重均超过 50%,且高于男性相应水平,其中前三者的需求比重更明显高于男性相应水平,因此女性老年残疾人口成为以上四项的主要需求群体。

三、老年残疾人社会保障需求满足状况的性别差异

从男、女老年残疾人口主要社会保障需求的满足情况分析,存在接近 1/2 的有社会保障需求的老年残疾人不能分享到社会保障供给,而女性老年残疾人的各项需求满足程度均低于男性;同时,女性老年残疾人在具体项目中的需求主体角色没有与供给针对的重点对象相匹配,其实际需求没有得到充分满足。

(一)需求满足的总体状况

从分性别老年残疾人口五项主要社会保障需求的满足情况看,针对医疗服务、辅助器具、康复服务、生活服务和贫困残疾人救助与扶持方面的提供水平均较低,除男性老年残疾人口的医疗服务供给占到需求的 50.5% 左右之外,其余项目的供给均不足需求的一半,男、女老年残疾人口的主要需求没有得到有效满足,即存在 49% 以上的有社会保障需求的老年残疾人不能分享到福利供给。

与其他主要需求项目相比,男、女老年残疾人口在贫困残疾人救助与扶持方面的需求满足状况最差,供给分别只占需求的 17.54% 和 13.77%。从性别角度分析,在医疗服务、辅助器具、康复服务、生活服务及贫困残疾人救助与扶持项目上,女性老年残疾人口需求满足程度均低于男性相应水平。特别是贫困残疾人救助与扶持项目,女性老年残疾人的满足状况低于男性将近 4 个百分点,这是五个主要项目中男女分性别需求满足程度差距最大的一项。

(二)各项目中需求主体的满足状况

从前五项接受服务项目中的分性别老年残疾人口构成情况看,在接受医疗服务与救助、生活服务、康复训练与服务方面,女性老年残疾人口所占比重均高于男性的相应水平,而在接受贫困残疾人救助与扶持、辅助器具方

面,情况恰恰相反,女性老年残疾人口的所占比重低于男性水平。

在医疗服务与救助、生活服务项目方面,男、女老年残疾人口接受服务的情况相差较大,后者分别高于前者6.11和5.51个百分点;而在接受康复训练与服务方面,男、女老年残疾人口所占比重的差异较小,后者仅比前者高出0.7个百分点;在辅助器具方面,男、女老年残疾人口接受服务的差异不是很大,前者比后者高出1.91个百分点;在贫困残疾人救助与扶持方面,男、女性老年残疾人口接受服务的情况相差较大,前者比后者高出4.2个百分点。

以上情况充分反映出,医疗服务与救助、生活服务、康复训练与服务项目的提供重点在于女性老年残疾人口,其中前两项服务的提供更偏重于女性老年残疾人口;而贫困残疾人救助与扶持、辅助器具项目的提供重点在于男性老年残疾人口,其中贫困残疾人救助与扶持偏重于男性老年残疾人口的特征尤其明显。

结合前文的分析显示,女性老年残疾人口在医疗服务与救助、贫困残疾人救助与扶持、生活服务、康复训练与服务等四个项目上是主要需求群体,而实际的贫困残疾人救助与扶持项目的提供重点在于男性老年残疾人口而非女性老年残疾人口,在贫困残疾人救助与扶持方面,女性老年残疾人口的需求主体角色没有与供给针对的重点对象相匹配,其实际需求没有得到充分满足。

表6-4 分性别老年残疾人在供给与需求项目中的主体地位对比

项 目	最主要供给对象	最主要需求群体
医疗服务与救助	女性	女性
康复训练与服务	女性	女性
贫困救助与扶持	男性	女性
辅助器具	男性	男性
生活服务	女性	女性

数据来源:根据第二次全国残疾人抽样调查数据计算整理而得

四、基于社会性别视角的老年残疾人社会保障发展路径

我国社会目前正处于急剧的转型进程当中,残疾人群体在社会融合方

面,由于自身特征与复杂的社会环境的相互作用而面临着比健全人更多的困难和障碍。从性别角度来看,女性老年残疾人则较男性群体处于更为弱势的地位。一方面,本研究通过分析第二次全国残疾人抽样调查数据在一定程度上已经证明了,女性老年残疾人口的主要社会保障需求没有得到相关制度安排的积极关注与充分满足。另一方面,发达国家残疾人社会保障的发展实践表明,各国的相关制度安排既充分考虑了残疾人与普通大众相同的普遍性需要,更注重于残疾人的多样性及其特殊需要,体现了以人为本、致力于推动和促进残疾人社会融合的精神与宗旨。这为我国老年残疾人社会保障的未来发展与完善提供了宝贵经验。因此,基于社会性别与社会公平的视角,针对残疾人口不同特征子群体的差异性需求,旨在促进老年残疾人群社会融合的残疾人社会保障模式应是一个"主流化"保障模式。其一,是通过"主流化"途径,优先把女性老年残疾人纳入养老保障、医疗保障、社会救助等一般性社会保障项目,以满足大众一般性需求,从而确保其能与健全人一样平等地享受公民权赋予的社会保障待遇,消弭福利制度的障碍与排斥,促进残疾人群的社会融合;另一层次是通过"主流化"途径,重点为女性老年残疾人提供康复服务、辅助器具、生活护理等专项保障满足其特殊性需求,通过增进该群体的自身能力、弥补和消减其在融入社会生活方面相对于男性群体的弱势,从而促进残疾人群的社会融合。我国老年残疾人社会保障的构建与发展不是通过白纸写字、从无到有的探索来创造一个全新的完全独立的制度系统,而是应在已有社会保障基本框架的基础上进行系统内容的充实与完善,进而突出对老年残疾人基本需求的满足以促进老年残疾人保障权利的实现。在"主流化"保障模式的宏观构架下,我国老年残疾人社会保障体系的内容应相应涉及:基本生活保障,医疗、康复、生活照料等基本服务保障,无障碍环境和相应的技术支持等环境支持保障。在继续完善现有残疾人社会救助、社会保险、社会福利项目的同时,社会保障体系的内容充实应侧重考虑福利津贴制度的推广、护理保险及津贴制度的适时建立以及社区康复的充分发展。

残疾人福利津贴制度是对现有残疾人社会保障内容的充实与完善,建立残疾人福利津贴制度的宗旨在于适当提高残疾人的社会保障水平。残疾人福利津贴制度应包括残疾人救助型津贴、保险型津贴和纯福利型津贴。纯福利型津贴主要是为特殊群体的需要而设立的。比如应给予重度老年残疾人生活补贴,对老年高龄残疾人给予特别补贴,对生活不能自理的老年残疾人实行特别护理补贴,尤其是对处于上述情况中的女性老年残疾人给予待遇水平适当调高的津贴扶助。护理保险制度可以通过由社会提供必要的保健及医疗等护理服务将家庭护理社会化。在护理保险的体系建设上应采取因地制宜、循序渐进的方针,从发达地区开始首先将女性老年残疾人纳入制度中,并逐步推广完善以扩大覆盖范围;对欠发达地区则可以通过建立护理津贴制度加以推进。国内外的康复实践表明,康复机构仅能为10%的残疾人提供医疗康复服务,而社区康复则可以为70%的残疾人提供全面康复,社区康复是实现残疾人机会均等、充分参与、消除贫困、改善残疾人状况的基本手段。[①] 一直以来,我国政府把妇女健康作为促进性别平等与妇女发展的优先领域。为使包括女性老年残疾人在内的所有残疾人享有康复服务、融入社区生活,社区康复应成为老年残疾人康复未来发展的主流。

---

　　① 李建军等:《我国康复服务的未来发展方向探讨》,《中国康复理论与实践》2008年第11期,第1082页。

第七章 社会保障体系建设的探索途径

本章结合实地调研分析探讨了农村社会保障体系发展问题,从现实需求与制约因素层面分析探讨了农民工社会保障体系发展问题,从总结借鉴英美日制度实践经验层面分析探讨了残疾人社会保障体系模式发展问题。

第一节 农村社会保障体系的发展完善

农村社会保障体系的建立与完善对我国的社会稳定与经济发展具有重大意义。由于城乡二元结构的存在,我国城市社会保障体系建设与农村社会保障体系建设严重失衡。21世纪以来,我国先后建立了新型农村合作医疗制度、新型农村养老保险制度、农村最低生活保障制度,并且逐步完善五保供养制度。本节以河北省霸州市王庄子乡王村为例,通过实地调研客观反映农村社会保障体系的建设情况及存在的现实问题,从而为我国农村社会保障体系的完善与发展提供有益的参考。

一、发展完善农村社会保障体系的必要性

新中国成立以来,我国在社会保障制度的建设方面做出了极大努力。在探索过程中,对于城市的社会保障制度建设要多于农村。目前,我国城市已经逐步建立起较为完善的社会保障体系,国家机关、企事业单位的劳动者根据现行政策规定,可以享受养老、医疗、工伤、失业和生育保险待遇,部分城镇困难群众能够享受城镇低保待遇。但在我国农村地区,针对农民群体的社会保障远远滞后于现实需要。随着我国社会经济的发展、综合国力的增强,农村社会

保障事业逐渐被重视起来,建立和完善农村社会保障体系已成为大势所趋。

河北省是我国传统农业大省,考察和探究其农村社会保障体系建设情况具有典型意义。河北省霸州市是环京津经济产业带上新兴的交通枢纽城市。王庄子乡位于霸州市区东南方,距离霸州市 20 公里,地处京、津、保三大城市中心地带,北距北京 100 公里,西距保定 112 公里,东距天津 50 公里,属于大北京经济圈范畴。王村位于王庄子乡南部,北距津保高速公路 9 公里,距离 112 国道 11 公里,东距廊泊公路 8 公里,东北临华北重镇胜芳,东与全国最大的胶合板生产基地文安县左各庄镇接壤。第六次全国人口普查数据显示,河北省霸州市王庄子乡王村总人口为 6 379 人,共有 1 615 户,男女比例为 115∶100。由于王村工厂较多,导致外来人口多,王村现有外来人口大概 6 000 多人。王村常住人口为 13 000 人左右。王村社会保障体系建设的历程是我国农村社会保障体系发展的一个缩影。本研究通过对王村的社会保障发展历史与现状的分析探究,考察反映王村社会保障体系建设的实际情况及存在的突出问题,从而为我国农村社会保障体系的健全与完善提供一些有益的参考。

二、农村五保供养发展状况

(一)王村的五保供养历史

我国的五保供养制度起源于 20 世纪 50 年代,历经了五六十年的发展,在当下的农村社会保障体系中仍发挥着重要的作用。王村的五保供养制度是伴随着我国五保供养制度的建立与发展而慢慢发展起来的。在 20 世纪 50 年代全国大力建设敬老院的时期,王村也建立了敬老院。敬老院建在王村中心的原村委会旧址,当时符合标准的五保户对象大多数实行集中供养的模式,居住在敬老院里。由于该时期距今久远,数据资料保存得不完整,具体的五保户数字已很难获得。通过采访一位王村的老者获悉,在人民公社化时期,王村有人口 450 户左右,其中五保户 130 户,补助标准是年人均 600 斤稻子(约合 360 斤米)、5 斤油、60 元钱。这足以表明五保供养制度在王村有着悠久的历史。

(二)王村的五保供养现状

改革开放以来,王村的经济有了突飞猛进的发展。王村现有人口 1 615 户,其中五保户仅 50 户,实行分散供养的模式,每户每月补助 200 元。王村的五保供养资金主要来源于霸州市政府财政拨款和村集体补助,资金分配中政府拨款占到 75%,村集体补助达到 25%。

表 7 - 1　王村的五保供养状况

年　　份	五保户户数/户	每户每月补助金额/元
2009	51	200
2010	51	200
2011	51	200
2012	50	200
2013	50	200

资料来源：王村村委会

王村享受五保供养的对象是严格按照国家的规定来选择的：无法定扶养义务人，或者虽有法定扶养义务人，但扶养义务人无扶养能力的；无劳动能力的；无生活来源的(不包括捡垃圾者，法律没有明文规定)；老年、残疾、未满 16 周岁的村民。法定扶养义务人，是指依照婚姻法规定负有扶养、抚养和赡养义务的人。凡是满足上述任一条件的都可以由本人申请或者由村民小组提名，经村民委员会审核，报乡镇政府批准，发给"五保供养证书"，凭"五保供养证书"享受五保待遇。

（三）王村五保供养问题分析

其一，王村的五保供养救助内容单一。王村的五保供养救助内容只有现金补助一项。国家规定的五保供养的其他内容，王村都没有涉及。例如，供给粮油和燃料；供给服装、被褥等用品；提供符合基本条件的住房；及时治疗疾病，对生活不能自理者有人照料妥善办理丧葬事宜；五保对象是未成年人的，还应当保障其依法接受义务教育的权利等。

其二，王村的五保供养功能与最低生活保障重叠。五保的救助内容主要包括食物、衣物、住宿、医疗、丧葬和未成年人的教育，主要是实物和服务的提供，较少涉及救助金的发放。而农村低保制度则与之相反，主要是救济金的发放，较少涉及实物和服务的提供。

三、农村合作医疗发展状况

（一）王村农村合作医疗的历史

在二十世纪八九十年代，王村还是一个特别贫穷的小村子，医疗卫生条件极其落后。当时村子里实行的是集体医疗，由村委会出资组织建立了一个村民救助站,村民能在这里看病。在当时交通还不方便的情况下,这个小救助站极大地解决了王村村民看病难的问题。伴随着王村经济的发展、人民生活水平的提高、交通的便利,现在人们看病首选去市里,甚至北京、天津、廊坊等大城市,再加上私人诊所的兴起,救助站失去了它的存在基础,在完成了它的历史使命后消失了。

(二)王村的新型农村合作医疗现状

自 2003 年国家开始实施新型农村合作医疗制度以来,王村人民积极加入新农合。新农合的实施使王村村民看病有了保障,减少了因病返贫现象的发生。2013 年王村新型农村合作医疗的参合农民个人缴费标准为 70 元,有 6 060 人参保,共缴纳保险金 424 200 元。这些保险金无须村民缴纳,由王村村委会代缴,也就是说王村村民已经不需要自掏腰包就可以加入医疗保险了。

表 7-2　王村的新型农村合作医疗参保情况

年　份	参保人数/人	王村人口数/人	参保比率/%
2009	5 231	6 379	82.0
2010	5 418	6 379	84.9
2011	5 729	6 379	89.8
2012	5 983	6 379	93.8
2013	6 060	6 379	95.0

资料来源:王村村委会

从统计数据可以看出,王村村民参加新型农村合作医疗的人数逐年增多,参保的比率也在逐年提高。这说明新型合作医疗制度在王村的运行比较平稳,王村村民享受到了一定的实惠。通过与全国新农合参保率的对比可以发现,在 2010 年全国参保率达到 96% 的时候,王村只有 84.9%,相对来说比较滞后。但在 2010 年后,王村的参保率得到了迅速的提高,2013 年达到 95%,赶上了全国参保率的水平。这也表明新型农村合作医疗制度在王村很受村民的欢迎,所以才得到了迅速的发展。

(三)王村的新型农村合作医疗制度评价

王村新型农村合作医疗的优点主要表现在两方面。其一,覆盖范围广。2013 年王村参合率达到 95%,并且伴随着村委会替缴保险费这一政策的实施,王村的参合率必然会继续增高,不久就能够实现本村村民全覆盖。其二,村民无须缴纳保险费,减轻了村民负担。村委会替村民缴纳几十万的保险费,这是以雄厚的经济实力为基础的,相信并不是每个村庄都有这样的实力,王村这一举措是一个特例。

由于村委会承担了巨额的保险费,王村新型农村合作医疗存在的首要问题便是财政负担较重。每年几十万甚至更高的保险费,这是一笔不小的费用,王村村委会应该认真考虑一旦丧失支付能力,这个政策该如何执行下去?王村参加新农合的人数逐渐增多固然是好事,但仔细分析其中原因,王村参合率的迅速提高可能完全缘自村委会替交保险费政策的实施,实际上村民对于新农合政策并不一定十分了解。

四、农村社会养老保险发展状况

(一)王村社会养老保险的历史

王村在过去主要实施的是旧农保制度。旧农保主要依靠农民自己缴费,实际上就是自我储蓄的模式。由于王村农民社会保障意识欠缺,再加上收入水平不高,大多数农民不愿意再拿出多余的钱去缴纳保费,家庭养老模式的主导地位也决定了旧农保制度的不足与覆盖面的狭小。

(二)王村新型农村社会养老保险现状

王村新农保的缴费标准分为 100 元、200 元、300 元、400 元、500 元 5 个档次;基础养老金按每月 65 元的标准发放;个人账户养老金的月计发标准同国家标准,为个人账户全部储存额除以 139(与现行城镇职工基本养老保险个人账户养老金计发系数相同)。

表 7 - 3　王村新型农村社会养老保险参保情况

年　份	参保人数/人	符合参保条件人数/人	参保比率/%
2009	437	5 625	7.8
2010	462	5 625	8.2
2011	469	5 625	8.3
2012	478	5 625	8.5
2013	491	5 625	8.7

资料来源：王村村委会

从统计数据可以看出,王村新型农村社会养老保险参保人数逐年增加,参保比率也在逐年上升,这说明新型农村社会养老保险在王村的影响力在逐渐扩大,一些村民的社会养老意识在逐渐提高。但是,王村村民参加新型农村社会养老保险的人数总体上还是偏少。截至2013年参保人数还不到500人,参保比率也不足10%,相对于新农合高达95%的参保率而言,新型农村社会养老保险在王村的推行并不顺利,王村的新农保制度建设工作任重而道远。

（三）王村新农保运行存在的问题

通过对比我国新农保的运行情况可以发现,王村新农保的参保率较低。相对于全国60%的新农保参保率,王村在2013年仅达到8.7%。另外,王村新农保参保人数以60岁以上的老年人居多,青年人比例过低。老年人单独领取基础养老金的比例较大,缴费情况不理想。

就目前的情况来看,新农保的实施在王村并没有产生很大的影响,只有比例不多的王村人参加了新农保。很多王村人经历了旧农保的失败经验,所以对新农保这项新制度信心不足。但总体来说,新农保的出现还是为以家庭养老为主的王村在制度上提供了有益的保障。

表7-4　王村60岁以上老人参保比例情况

年　份	参保人数/人	60岁以上参保人数/人	所占比率/%
2009	437	392	89.7
2010	462	400	86.7
2011	469	408	87.0
2012	478	408	85.4
2013	491	417	85.0

资料来源：王村村委会

五、农村最低生活保障发展状况

（一）王村农村最低生活保障现状

2013年10月全国农村最低生活保障人均支出水平与河北省的同期人均支出水平大体相当,河北省的人均支出水平略高于全国水平;霸州市同期农村最低生活保障人均支出水平和王村基本相当,只是略高于王村的支出水平,可见王村还是较好地执行了农村最低生活保障政策。

表 7-5 2013 年 10 月农村最低生活保障制度运行情况

地　区	最低生活保障人数/人	最低生活保障家庭数/户	最低生活保障累计支出/万元	最低生活保障人均支出水平/元
全　国	53 558 055	28 888 397	5 669 525.3	106.43
河北省	2 184 721	1 579 233	227 719.3	107.11
霸州市	13 870	6 153	1 910.7	143.87
王　村	80	46	1.132 4	141.55

资料来源:根据民政部网站和王村村委会统计数据整理

王村近 5 年的低保户数相对稳定,人数在 80 人左右。这主要是由农村最低生活保障制度保障对象的资格条件所决定的。农村最低生活保障对象是家庭年人均纯收入低于当地最低生活保障标准的农村居民,主要是因病残、年老体弱、丧失劳动能力以及生存条件恶劣等原因造成生活常年困难的农村居民。这个条件基本上决定了低保人数的稳定性。此外,最近 5 年王村低保金发放的标准在逐步提高。

(二)王村农村最低生活保障存在的问题

调查显示,王村的低保对象通过自己申请而获得低保资格的仅有 8 户,所占比例仅为 17.4%。这表明王村村民的社会保障意识不强,对国家的社会保障政策也不甚了解。而王村低保对象中通过村干部指定的竟然高达 31 户,所占比例达到了 67.4%。这一方面说明王村村委会及相关部门执行农村最低生活保障制度不严格,没能按照国家规定去实行这项惠民的政策,可能造成社保资源的浪费;另一方面也表明王村低保对象的选择和界定可能导致人情保、关系保,从而在某种程度上使农村最低生活保障制度的公平性受损。另外,通过实地调查发现,王村年人均收入能够达到 50 000~60 000 元的水平。而王村每月低保标准仅为人均每月 141.7 元,一年也才 1 700 元,保障水平明显偏低,不能够很好地保障低保群体的生活。

表 7-6 王村低保对象的选择与界定情况

界定的方式	户数/户	总户数/户	所占比例/%
通过自己申请	8	46	17.4
村干部指定	31	46	67.4
其　他	7	46	15.2

资料来源:根据实地调研结果整理而得

六、总结与讨论

在计划经济时期,我国的农村社会保障体系很不健全,保障水平较低。农村地区的社会保障制度主要有五保供养制度、农村合作医疗制度等,养老保障主要以家庭养老为主,农民几乎成为游离于社会保障之外的边缘群体。进入 21 世纪以来,国家相关政策逐渐向农村倾斜,农村社会保障体系开始逐步健全。我国分别于 2003 年、2007 年和 2009 年开始建立新型农村合作医疗制度、农村最低生活保障制度、新型农村社会养老保险制度。自此,我国广大农民开始享受以前只有城市居民才能享受到的社会保障权益。虽然各项制度的待遇标准依然不能和城市相提并论,但我国农村社会保障制度已经实现了从无到有、从不完善到逐步完善的跨越,这是一大成就。

作为发展中国家,我国的农村社会保障体系尚不健全,正处于发展建设的重要历史时期。王村的社会保障状况在一定程度上反映了我国农村社会保障体系建设与运行中存在的若干共性问题。未来我国农村社会保障体系的建设与完善,需要在继续发挥政府主导作用的同时,努力做好政策宣传和专业人才培养等基础性工作。因为在现阶段我国农民的素质虽然有了提高,但依然处于偏低的水平,他们社保意识不强,尤其对需要缴费的社保政策存在消极情绪。所以要想很好地在农村推行社保政策,就必须使广大农民对相关政策有一个充分地了解,增强他们对于政策的信心,这是建立与完善农村社会保障体系的重要基础。另外,在我国农村地区,负责执行国家社保政策的最低层级单位是村委会,他们亟须懂社保知识的专业人才。因此,应着力培养大量的相关社保人才,将他们派赴农村地区,建立专门的社保咨询服务平台,保证国家社保政策在农村地区的正常推行。

第二节　农民工社会保障
体系的发展完善

为农民工建立社会保障体系日益成为我国不容忽视的重要社会问题之一。从社会保障的专业理论角度考察,制约农民工社会保障体系建立的相关因素主要包括:社会保障法规、制度层面存在缺位,政府、企业、农民工个体缺乏社会保障意识,就业不畅严重削弱建立农民工社会保险的经济基础。

必须以积极有效的政策推动和促进农民工社会保障体系的建立,维护农民工的社会保障合法权益。

一、建立健全农民工社会保障体系的理论立足点

(一)社会保障的公平性要求

社会保障制度的公平性原则首先体现在保障范围的公平性,通常不会对保障对象的性别、职业、民族、地位等方面的身份有所限制。[①] 农民工群体完全有权利要求享受与城镇人口同样的社会保障待遇。现行社会保障制度仅仅覆盖了一小部分城市人口,尚未涉及农民工群体,这是极不公平的。目前城镇已经初步建立了水平较高且相对完善的社会保障体系,养老保险确立了个人账户与社会统筹相结合的部分积累基金制模式,医疗保险、失业保险、工伤保险等在原有基础上进行了改革与完善。构成总人口20%的城镇居民享受着89%的社会保障经费。农村社会保障体系虽然刚刚起步,但其养老保险和医疗保险的改革试点工作已然有序推开。相比之下,占据我国人口1/6左右的农民工竟然少有保障可依。

(二)社会保障的普遍性原则要求

普遍性是指社会保障全面化的趋势,即城镇的各类人员都应被囊括在社会保障范围之内。农民工为城市社会经济发展和国民经济增长做出了巨大贡献。1978年至2001年期间农民工不断向城市转移的结果是,中国人均GDP平均每年以0.9个百分点由农业向第二、第三产业转移。保守地以两大产业人均GDP是第一产业的四倍估算,即可为每年的GDP总量带来2.7%的增长。实际上农民工群体已经成为现代城市经济生活不可或缺的重要组成部分,他们的生存状况理应受到关注与保护。同时,国家财力的快速增长表明政府的承受能力在增强,以财力不足作为不考虑农民工社会保障的理由越来越不充分。[②]

(三)社会保障作为社会稳定器的功能要求

我国人均GDP早已超越1000美元,从国际上一些国家的发展历程看,

---

① 郑功成:《社会保障学》,北京:商务印书馆,2000年,第258页。

② 郑功成:《农民工的权益与社会保障》,《中国党政干部论坛》2002年第8期,第23页。

这意味着劳动力结构变化加快的转折点已然出现,[①] 这种变化趋势突出地反映在农业劳动力的转移上。据统计我国约有上亿农民工转移到城市。按照全面建设小康社会的指标预计,2020 年我国城镇化率将超过 56%,那时城市人口将升至 8.3 亿。西方发达国家城市化进程中出现的与农村劳动力转移相共生的现代城市顽疾给了我们深刻的教训与启示。如果社会保障体系不能成为农民工防范和化解各种社会风险的安全网,这势必会对城镇化的整体推进和社会稳定造成不良影响。

二、制约农民工社会保障体系建立的相关因素

(一)社会保障相关法律、制度存在缺位

任何一项社会保障制度的建立和改革,通常都以立法机关制定或修订相关法律、法规为先导,以管理部门制定相应的实施细则为条件,于后才是具体组织实施社会保障项目。[②] 然而我国的社会保障制度立法工作相对滞后,目前尚没有一部全国性的《社会保障法》。现行社会保障法规政策中更没有一部综合性的关于农民工的全国性专门法律、法规,很大部分仅以暂行规定、条例、办法等形式出现。尽管国家正在积极组织完善这方面的改革,但全国性立法中对农民工社会保险的规定相对较少并且内容笼统。同时各种关于农民工社会保险的地方性法规差别很大、立法层次低、缺乏可操作性,有的甚至还没有出台。

其次,针对农民工的社会保险项目缺乏。作为保障劳动者失去劳动能力、工资后仍能享有基本生活的基本保障,社会保险的保障对象是"劳动者"。[③] 中央一号文件已经明确指出农民工是新时期产业工人的一部分,农民工的社会保险自然应包括养老、医疗、工伤等基本项目。但我国社会的城乡二元结构使得农民工的社会保障基本处于空白,广大农民工被排斥在社会保险的多数项目之外。如果按照属地原则,农民工应被纳入城市社会保障体系,如果按照属人原则,应被纳入农村社会保障体系。然而并未与土地

①　蔡昉:《论就业在社会经济发展政策中的优先地位》,《中国人口科学》2003 年第 3 期,第 3 页。

②　郑功成:《社会保障学》,北京:商务印书馆,2000 年,第 372 页。

③　穆怀中、陈德君:《社会保障概论》,沈阳:辽宁大学出版社,2000 年,第 8 页。

断绝联系的现实情况不仅使农民工成为非农非工的社会独特阶层,而且间接导致他们被隔离在城市社会保障和农村社会保障之间的真空地带。大量的工伤事故以及由此引发的劳动纠纷无不暗示着农民工至少应该得到工伤保险的保护。从世界上业已建立社会保障制度的160多个国家和地区的社会保障发展实践来看,工伤社会保险的建立几乎都优先于其他项目。面向农民工的社会保险项目尤其是工伤保险的缺位可以说是我国社会保障制度发展完善过程中的一大遗憾。

表 7-7　各国社会保险主要项目建立时间

国　家	工伤保险建立年份	养老保险建立年份	医疗保险建立年份	失业保险建立年份
英　国	1897	1908	1911	1911
瑞　典	1901	1913	1955	1934
法　国	1898	1910	1928	1905
德　国	1884	1889	1883	1927
加拿大	1908	1927	1966	1940
美　国	1908	1935	1965	——
日　本	1911	1941	1922	1947

资料来源:根据郑功成《社会保障学》399-401页整理

第三,保障制度执行不力。在劳动就业保障方面,许多用人单位根本不依据《劳动法》与农民工签订劳动合同,多以临时劳动协议或口头上的双方协定来代替,用人单位随意解除合同时拒绝履行支付违约金的责任。就工资保障而言,任意克扣工资、恶意拖欠农民工工资的现象相当普遍。另外,部分企业无视农民工的劳动安全保障导致农民工发生工伤事故和职业病的概率极高。仅2002年卫生部通报全国的五大化学品恶性中毒案件中就有两起农民工苯中毒案件。

(二)社会保障意识缺失

社会保障意识的强弱直接影响着国家、企业、个人之间的横向的社会结合。作为一种社会心理认同,良好的社会保障意识可以增强畅通和谐的横向交往网络的凝聚力,有利于社会保障事业的长期可持续健康发展,实际上它充当着通过促进协调行动而提高社会效能的社会资本的功能角色。从政府角度讲,部分管理者还没有充分意识到社会保障制度所赋予农民工的基本权益问题。城市农民工大多进入"岗位成本"最为节省的非正规部门就业。企业主为片面追求经济效益最大化,不愿意甚至根本不为农民工办理社会保险。有的企业不雇佣城镇求职人员而专门选择农民工,其相当原因就是看中了其成本低廉(偷逃社会保险费)。WTO 竞争冲击的影响以及部分企业原有离退职工的社会保障负担也使得企业的社会责任感淡薄,在思想意识上忽视了农民工权益。就个体而言,除了在经济上普遍不具备缴纳社会保险费的承受能力,农民工的文化素质也较低,这直接导致他们社会保障意识淡漠,不能认清社会保险的社会互助互济性。

(三)就业困难瓦解其社会保险建立的经济基础

依据福利经济学和劳动经济学的观点,就业增长可以熨平社会波动增强社会保障的物质基础。郑功成教授认为,社会保障(主要是各种社会保险以及包括补充保险和其他职业福利)通常以就业为条件。农民工就业困难,不能获得稳定的工作,这就意味着他们自动处于现行社会保险制度的覆盖范围之外。同时还应看到,在自我保障和支撑家庭保障面对城市化的高消费水平而艰难维系的情况下,就业不畅所导致的个人收入的减少或中断无疑将使农民工无力承受缴纳社会保险费的经济负担,进而截断潜在社会保障资金的筹集渠道,最终使为农民工建立社会保险的理论设想变成奢望。

就宏观层次来看,国内趋于严峻的就业形势严重挤压了农民工有限的就业机遇空间。从就业布局来看,我国 80% 的农民工集中在用人需求比重较大的第二产业和第三产业,这主要是工业、建筑业、服务业和餐饮业。但在国际竞争日益激烈、技术与资本替代劳动力趋势高涨的大背景下,第二、第三产业吸纳就业的潜力毕竟有限。我国的第三产业不仅先天不足且呈现用人需求下降的趋势。尽管第二产业用人需求相对乐观,但随着世界加工中心转移到我国,制造业用人需求的增加将转向专业技术人员而非熟练工人。此外,近些年国家为抑制经济过热而出台的限制电解铝、建筑等行业盲目上马的系列政策以及由劳动力市场供大于求而引发的就业门槛的提高都将对今后农民工就业产生负面影响。微观层次上,最为突出的问题是农民工人口基数庞大。据人力资源和社会保障部估算,现在已有上亿的农民工从农村流出,农业生产中大约还有 1.5 亿富余劳动力需要转移。此外,城乡二元的户籍制度已成为农民工在流入地就业和社会保障方面被排斥的根源之一。某些城市为缓解本地区就业压力,在实际操作中排斥农民工在本城市就业。信息匮乏同样使得农民工就业举步维艰。农民工在城市中缺乏可供借助的社会资本,收入不足与社会服务机构提供就业信息收取费用的现实也常常迫使他们游离于正规的劳动力市场之外。

三、对策与建议

(一)尽快将农民工社会保障立法提上议程

社会保障法制化迫切需要我国制订一部全国性的有关农民工社会保障的法律法规。在基本原则上,社会保障制度的立法应充分听取和反映最微弱的声音。可以考虑修订完善综合性的面向全体社会成员的《社会保险法》或制定针对农民工的综合或单项社会保障法律与法规,至少要在当前制订和增补一些能够切实保护农民工基本生存权益和劳动权益的社会保障法规。

(二)审慎建立农民工社会保险制度

鉴于各险种不可能一并而上的实际,农民工社会保险制度体系应首先建立起以普遍性为原则的全国性工伤保险制度,其保险关系等同于城镇正式职工。其次,建立农民工的大病医疗保险或疾病住院保障机制。这需要劳动监督部门的同步配合:重点检查职业病、工伤事故重灾区及农民工集中企业与行业的劳动安全卫生状况。必要时政府还应给予适当的财政支持。农民工大多处于青壮年时期,如果不能以发展的战略眼光为其建立养老保障势必会为未来的社会保障留下隐患。考虑其流动性很强,高缴费率会影响其雇佣成本和就业境遇,可以先规划远景目标,待慎重确定缴费率后再适时建立农民工社会养老保险制度。

(三)正确引导舆论与提高农民工受教育水平

在建立城乡统一的社会保险制度过程中一定要加强舆论引导,使全社会明确社会保障覆盖对象应是所有工资收入者,而非将农民工区别对待,使人们在思想意识上充分认识到农民工的社会角色已经发生根本性改变,城镇社会保障应将其逐步纳入保障范围。国家财政应加大对农村地区的预算内教育投入,巩固和扩大九年义务教育覆盖面,进一步发展农村中等教育和职业技术教育,以培育农村居民的社会保障意识、增强其就业能力。同时应打破城市教育的封闭格局,消除歧视性教育政策,拓宽农民获得教育资源和进行人力资本投资的渠道。

（四）政府应成为扩大农民工就业的坚强后盾

继续推动第二产业和第三产业特别是引导制造业、社会服务业、批发零售贸易餐饮业的发展，积极为私营、个体、股份制企业提供宽松环境以创造就业岗位。在农民工培训制度方面，浙江衢州模式（定单培训，政府买单，培训券制度）为建立"国家、社会、个人"三位一体的职业培训支撑体系提供了范例。国家应对不同类型吸收农民工就业的企业给予优惠的政策性鼓励。除政府劳动部门直接提供培训外，还应以税收减免倡导专职的社会营利性机构开发农民工的职业技能。户籍制度改革可以渐进实现以职业确认身份，以常住、暂居、寄居户口的管理形式为基础的登记制度。在建议为农民工提供优先服务和减免手续费的同时，政府应积极组织各级劳动力市场信息中心、职业培训机构以及正规职业中介团体建立统一的信息网络平台，进而实现农民工劳动力资源的高效配置。

探索构建农民工社会保障体系具有稳定社会和推动国民经济健康发展的重要现实意义。从客观角度分析，目前构建农民工社会保障体系主要存在"社会保障法规、制度缺位，社会保障意识淡薄，就业不畅严重削弱建立农民工社会保险的经济基础"三大障碍。针对于此，本研究提出了尽快完善农民工社会保障立法、适时建立农民工社会保险制度、正确引导社会舆论与提高农民工受教育水平、政府应以一系列积极政策扩大农民工就业等具体建议。构建农民工社会保障体系是一项复杂的系统工程，政策建议是否合意有待于时间的检验，关于农民工群体保障与权益问题的深入研究还需要广大理论工作者和政策实践者以更为审慎而科学的态度去不断探索与思考。

第三节　残疾人社会保障
体系的发展完善

发达国家的残疾人社会保障经过多年的不断完善，已经形成一个覆盖绝大多数甚至全部残疾人口、涵盖各种福利的相对完整的体系，从而比较有效地保障了残疾人群体的基本福利权益。这些制度实践与发展的宝贵经验可以为我国残疾人社会保障体系建设提供重要的参考依据和启示。

一、英国残疾人社会保障状况

在英国,虽然社会保险是社会保障体系的基本组成部分,但为残疾人和疾病患者提供的大量补贴项目,构成了社会保障预算的第二大部分,这些补贴项目几乎涉及残疾人生活的各个方面。此外,英国政府还针对残疾人群体提供了积极的康复、教育、就业等方面的支持和帮助。

(一)重要的残疾人津贴项目

目前涉及残疾人的财政补贴非常广泛,按照其相关领域可以归纳为九个大类,包括生活津贴、健康和独立生活方面的津贴、特殊群体支持、雇佣与就业方面的帮助、住宅和房屋方面的支持、交通方面的帮助、教育方面的帮助、工伤和职业病和军队津贴、与工作收入相关的津贴。其中重要的津贴项目主要涉及残疾生活津贴、残疾看护津贴、连续护理津贴和独立生活津贴。

残疾生活津贴于 1992 年 4 月实施,是活动津贴与护理津贴合并而成的产物。生活津贴具有免税的性质,旨在补助因身体或精神残疾而确实需要护理的 65 岁以下群体。倘若领取者年龄超过 65 岁以后仍有护理需求或存在行动困难,可以继续提出申请。残疾看护津贴从 1975 年开始实行。1995年的《社会保障补贴法》明文约定,残疾看护津贴为无需进行家庭经济状况调查的非缴费性补贴。只要申请者年龄在 65 岁以上、因身体或者精神残疾而需要照顾即可。连续护理津贴是向那些已经获得工伤残疾补助和战争伤残退休金的、需要日常护理和照顾的和 100% 残疾者提供的津贴,该项津贴视残疾的情况和需要照顾的程度设有四种不同的支付率。独立生活基金是用来帮助严重伤残人士,使他们通过接受专业人士或相应机构的照顾,能够在家中独立生活而不是居住在护理院中。

(二)残疾人医疗康复

在英国 NHS(国民保健服务)体系中,残疾人医疗康复大多是无偿的,对于有特殊困难的残疾人,一些治疗与服务项目会收取低偿的费用。残障人群的康复及治疗通常由 NHS 体系提供,但日常照料服务则由社区服务、慈善机构及为数众多的社会工作者队伍输送。面向生理残疾人的医疗康复包括"集中式康复"与"分散式康复"两种主要形式。前者是指建立康复中心和康复医院集中对残疾人提供良好的医疗康复;后者是指残疾人在个人居住的社区或家庭接受医疗康复,也就是通常讲的社区康复。现在这种模式已经成为英国医疗康复的发展趋势。2007 年 10 月 1 日,针对因有学习障碍、精神疾病等原因而不能自己做出决定的残障人群,英国进一步出台并实施了《精神能力法案》。法案规定,精神损伤者在通过精神健康评估之后,需根据症状的轻重程度具体确定分派到医院门诊部还是短期住院部接受治疗,抑或转送到中、长期疗养部诊疗。

二、美国残疾人社会保障状况

美国的残疾人社会保障制度以社会保险为主、补充保障收入为辅,自成体系。此外,符合法定资格的残疾人还能享受诸如特殊教育、特殊家庭临时救助、医疗救助等待遇。① 残疾人社会保险和补充收入保障构成美国联邦政府两个最大最重要的残疾福利项目。

(一)残疾人社会保险

"老年和遗嘱保险"制度在原有的基础上追加了残疾保险的相关内容,于是在 1954 年其演变为"老年、遗属与残障保险"。美国政府又于 1956 年正式通过了残疾人社会保险制度,使之成为一项全国性的社会保险项目。目前,它已成为美国最庞大、最显著的收入转移政策之一。其支付标准主要细分为残疾人收入给付、医疗给付和职业恢复服务。具体而言,残疾人收入给付通常指被保险人在残障期间应得到的基本保险待遇;65 岁以下符合资格规定领取残疾年金 24 个月及以上的残疾工人可以享受医疗给付;被保险人的职业恢复训练可以通过州政府下属的就业机构获得。

(二)补充收入保障

补充收入保障的获得与此前工作的积累无关,补充收入保障作为残疾人社会保险的补充项目,大大降低了残疾人的生活风险。联邦政府、州政府和地方政府构成该项目的主要资金来源,州和地方两级政府主要负责行政性管理,并确定受助对象的资格与待遇水平。国会还相应制定了最低待遇标准和工作性激励法规。实践中补充收入保障因约束条件过于严格,以至于符合申领资格的大多是盲人和残疾人,其在美国福利紧缩性改革中所受到的影响也微乎其微,所以制度运行一直相对平稳。

---

① ［美］A. H. 罗伯逊:《美国的社会保障》,北京:中国人民大学出版社,1995 年,第 39 页。

（三）医疗康复

美国国会 1973 年通过了《残疾人康复法》。美国在残疾人的职业康复以及医疗康复方面，形成了国家与地方政府的分权以及国家与私人、志愿机构互动互补的格局。社会工作者的加入以及与社会福利工作人员的密切配合，大大提高了为残疾人服务的质量。以残疾人为对象的医疗服务一般都是由普通医院或护理机构提供，或由保健局或护理机关提供护理人员，"访问护士制度"是美国提供残疾人福利的主要支柱。对于精神病患者，美国从隔离保护的政策走向社区护理，由社区卫生中心、州立精神医院、康复中心等机构协作进行。

三、日本残疾人社会保障状况

日本深刻结合本国固有文化构建了卓有成效的统分模式的残疾人社会保障。[①] 其残疾人社会保障制度，主要包括社会保险、社会福利和社会救济三个部分。首先，残疾人原则上免费享受医疗保险、年金保险、健康护理保险、雇佣保险等社会保险。其二，在康复机构的康复治疗、训练等相关费用基本上也由政府承担。其三，是对生活较为困难的残疾人实施社会救济。具体看来，年金制度与护理保险制度是比较具有特色的主要福利项目。

（一）年金制度

日本国内通常提及的社会保险即指年金制度，其社会成员自身的差异性与享受残疾保险待遇的区分紧密联系。从雇佣层面来看，年金制度由雇员年金与国民年金制度构成。日本年金制度为残疾人群体设立了第一道保障防线。残疾年金的享受条件约定：完全丧失谋生能力且曾经缴纳半年保费的雇员年金保险制度参加者，可以享受全额残疾恤金；丧失能力 70% 者可以领取部分比例的残疾恤金；而对于丧失能力 30%～60% 的人员则发放一次性恤金；丧失劳动能力 3/4 且曾经缴纳过保险费的国民年金制度参与者，可以享受到残疾年金；这一制度极大地惠及了残障人群。[②]

---

① 韩央迪：《制度的实践逻辑：发达国家残疾人社会保障制度的比较研究及启示》，《中国地质大学学报》（社会科学版）2008 年第 6 期，第 90 - 93 页。

② 刘翠霄：《各国残疾人权益保障比较研究》，北京：中国社会科学出版社，1994 年，第 14 页。

（二）护理保险制度

日本于 1997 年 12 月制定了《护理保险法》，并于 2000 年 4 月 1 日开始实施。护理保险是一种新型的老年人社会保障制度，旨在通过建立制度把老年人的护理问题纳入社会保障的框架之内，并以保险的形式解决和确保稳定的财源。根据这一制度，40 岁以上的人将全部加入护理保险，并为自己在今后能够得到公共护理服务而缴纳一定的保险费。当被保险人需要护理时，通过申请和认定，将会得到护理保险制度所提供的各种服务。这种护理服务可以是居家服务，也可以是设施服务。护理服务的费用，主要由护理保险支付，个人只承担其中的一部分。

四、对我国残疾人社会保障体系建设的启示

通过考察发达国家残疾人社会保障体系的基本状况可以发现，目前针对残疾人的社会保障制度安排主要由残疾人社会保险与福利服务两大核心板块构成，再附加若干反映国情特征的相关福利项目。在英国，针对残疾人的社会保障主要涉及残疾年金、各种残疾津贴以及国民保健服务。在美国，残疾人的社会保障主要以社会保险为本、补充保障收入为辅，此外还涉及相对有限的福利服务。在日本，残疾年金制度和护理保险及其相关服务，为残疾人提供了基本保障。从社会保障提供内容的特征来看，在经济保障方面，福利津贴项目已受到重视；在此基础上老年残疾人的康复、护理等特殊性服务保障处于相对突出的地位；为促进残疾人融入社会，各国均比较重视残疾人社区服务。从残疾人社会保障满足需求的特征来看，各国社会保障相关制度安排既充分考虑了残疾人与普通大众相同的普遍性需要，更注重于残疾人的特殊需要，体现了以人为本、致力于推动和促进残疾人社会融合的精神与宗旨。以上都为我国残疾人社会保障体系的发展完善提供了经验与启示。

我国目前正处于急剧的社会转型进程当中，残疾人群体在社会融合方面，由于自身特征与复杂的社会环境的相互作用而面临着比健全人更多的困难和障碍。作为一名普通社会成员，残疾人有着与健全人一样的一切正常需求，要切实保障残疾人的社会融合，就必须确保社会保障首先要满足残疾人群体的大众性一般需求。残疾人因其身体特征，又有着区别于大众的特殊性需求，要切实保障残疾人的社会融合，更需要残疾人社会保障满足其

特殊需求。因此，针对残疾人群的两种不同层面的需求，旨在促进中国残疾人社会融合的社会保障体系模式应是一个"双轨"保障模式。其中的一轨，是通过残疾人"主流化"途径，把残疾人纳入养老保障、医疗保障、社会救助等一般性社会保障项目中满足其大众性一般需求，从而确保残疾人能与健全人一样平等地享受公民权赋予的社会保障待遇，消弭福利制度的障碍与排斥，促进残疾人群的社会融合；另一轨，是通过残疾人"增能"途径，为残疾人提供康复服务、辅助器具、生活护理等专项保障满足其特殊性需求，通过增进残疾人群体的能力、弥补和消减残疾人在融入社会生活方面相对于健全人的弱势，从而促进残疾人群的社会融合。

第八章 讨论与展望

本章通过解析理想社会学说探讨社会保障的发展宗旨问题,通过解析福利国家改革动向探讨社会保障的发展趋势问题,通过解析社会资本来源探讨未来社会保障的发展动力问题。

第一节 从理想社会学说看社会保障的发展宗旨

本节通过比较中国的大同社会论与西方的空想社会论,发现两者都表现出一种对理想社会的美好憧憬和追求,都触及了维护社会公平、追求人道、促进社会成员协调发展等现代社会保障最基本的宗旨原则,客观上为未来社会保障体系发展建设提供了理论与实践层面的指导。

一、中国古代社会大同论中的社会保障思想

中国社会保障思想的产生和发展,同中国传统文化存在着思想上的密不可分的渊源关系,在中国文化中占有相当重要的地位。纵观中国历史,社会保障思想最早可以追溯到舜时期,而真正产生社会保障原始思想的时期则是奴隶制度得以确立,尤其是诸子百家的思想得以创立以后。[①] 春秋时期出现了人文思想的主要流派,其中儒家、道家、墨家的社会思想和言论都表现出一种对美好社会的憧憬和追求,都或多或少地包含了"大同社会"的理想。这些思想后来被《礼记·礼运》融汇于一处,集中反映了中国古代的社

---

① 郑功成:《社会保障学》,北京:商务印书馆,2000 年,第 57 页。

会大同论。

（一）儒家社会思想中的社会保障元素

孔子所向往的理想社会模式，一般被认为是大同和小康社会。"老者安之，少者怀之"体现着大同因素，即社会上所有的老人能安度晚年，青年一代普遍得到老一辈的关怀。孔子提出以财富平均的办法解决不均。"闻有国家者，不患寡而患不均，不患贫而患不安。盖均无贫，和无寡，安无倾。"贫困不可怕，怕的是不均，不要怕人少，怕的是彼此不能相安。只要将财富平均分配后，就没有贫穷者了，社会关系和谐后人就不觉得少了，社会秩序安定后就不可能发生社会动荡。大同社会是孔子对原始社会时期先民的共产主义生产、生产方式的怀念，是中国社会保障思想史上的一段佳话，为后来的许多思想家所引用发挥。

孟子发展了孔子的仁学思想，针对当时社会出现的战乱与灾荒致使民不聊生的现状，提出了治理社会的方案即"行王道施仁政"。对于仁政，孟子认为先必须解决鳏寡孤独问题，然后再涉及一般人民，以便有个轻重缓急。孟子的小康社会是一个"尊贤使能，俊杰在位"的仁政社会，是民有恒产足衣足食的社会，老少皆有所养。

（二）道家社会思想中的社会保障元素

《老子》是其门人追记的老子遗说。《老子》书中所体现的社会思想，基本上可以概括为两条：一是反对财产占有，反对压迫，反对战争，提倡"损有余而补不足"的平均主义；二是提倡无为而治，顺乎自然，提出了"小国寡民"的"至治之极"的理想社会。[①] 老子描绘了一幅小国寡民的图画，是对春秋战国时期社会现实的否定，它是经过美化和加工后的原始共产主义模式。老子的思想具有追求平等与均贫富等大同思想的一面，对后世的影响很大，为下层人民尤其是农民所信奉。

庄子发展了老子的思想，"至德之世"是庄子学派大同思想的具体体现。"至德之世"突出了如下几点：其一，只要依靠自然的恩赐，就可获得生活资料的充分供应；其二，"至德之世"的人民无私无欲，不慕荣利，财产有余，不存在私有财产观念，也不需要有任何私有财产；其三，这个社会在消费品的分配上，财富为大家所共有，分配是平均的，生活十分安定；其四，人与人之间的关系友好而和谐。

---

① 侯外庐：《中国历代大同思想》，北京：科学出版社，1959年，第76页。

（三）墨家社会思想中的社会保障元素

墨子主张按照劳动来分配社会成果，倡导人际间的互相帮助，"兼相爱，交相利"。"有力者疾以助人，有财者勉以分人"，是墨家要求墨者在生产和生活中所应体现的原则精神。遇到丧失劳动力或劳动力不足的情况，发扬高尚风格是必要的。饥者得食，寒者得衣，人民就衣食丰裕，能够过上幸福美好的生活。

墨子向往的社会是一个典型的个体生产者的王国，这里的人与人之间的关系是互助互利的"兼"。但现实中"兼"存在于剥削与被剥削两大对立阶级之间，所以他的理想社会在当时实践的可能性很小。即使如此，他倡导的这种在政府和家庭之外进行互济的办法，不失为一种社会共济的思路，作为一种大同思想的初步发展仍然是值得称道的。

（四）《礼记》大同社会思想中的社会保障元素

《礼记·礼运》是先秦诸子社会理想的汇合与总结。《礼运》的大同世界思想虽然以儒家面目出现，在某种程度上也可以说是儒家社会福利思想的范本，但《礼运》表达的大同社会理想不单是儒家的社会理想，它实际上是融合了先秦诸子的理想于一炉。[1] 孔子曾提出"博施济众"，在《礼运》的原文中可以体现出这一理想的发挥："人不独亲其亲，不独子其子……鳏寡孤独废疾者皆有所养。"《礼运》把大同社会称为大道之行，说明其承袭了道家的思想。此外，在《礼运》中墨家提倡的"选贤与能"以及农家和阴阳家的思想也都得到了明显的反映和体现。《礼运》提纲挈领地向人们展示了一幅以公有制为基础的大同社会的美丽画卷，其主要原则内容包括七点。第一，大同社会的总原则是"天下为公"，是以公有制为基础的。大同社会的根本就是"天下为公"的公有制，这是派生其他具体内容的根源和出发点。第二，财产公有，这是大同社会的经济基础。第三，各尽其力，为社会劳动。第四，按性别、年龄和社会需要进行分工。在财产公有、共同劳动共同享受、没有阶级区分的大同社会里，任何一个社会成员特别是已成年的劳动者，都有用武之地。第五，"选贤与能"，实行社会民主。第六，没有私有观念，支配人们思想的是真正的"博爱"。故"人不独亲其亲，不独子其子"。第七，全体社会成员团结友爱、诚实无欺，各得其所，过着美满幸福的生活。

---

[1]　陈正炎：《中国古代大同思想研究》，上海：上海人民出版社，1986 年，第 39 页。

（五）简要评价

中国古代的大同社会论,在当时当然属于空想性质,在以小农经济为基础的封建社会里是不可能兑现的。但是,这种大同思想集中和总结了古代人民追求理想社会的美好愿望。大同社会论更多的是对整个社会制度的设计,但其核心内容包含了丰富的社会保障思想。尽管它有空想主义成分,存在着历史局限性,但其主张实现社会公平、促进社会成员的协调发展等思想,更为直接地体现了社会保障制度的基本原则及其对社会弱者的庇护精神。[①] 大同社会论作为中国社会思想的精华,吸引着无数仁人志士为之奋斗,并在某种意义上推动着社会保障事业的发展。

二、西方空想社会论中的社会保障思想

西方最具影响的社会保障思想最早可以追溯到柏拉图的《理想国》。古罗马帝国的维吉尔也描绘过"天下为公"的理想社会。但对社会保障理论发展作出重大贡献,并成为现代社会保障最基本、最深刻思想基础的当属西方空想社会论。空想社会论大致经历了以下三个历史阶段。

（一）早期空想社会主义阶段

早期空想社会主义的主要代表人物有英国的托马斯·莫尔和意大利的托马斯·康帕内拉。1516 年,莫尔发表了《关于最完美的国家制度及乌托邦新岛的既有益又有趣的金书》,简称《乌托邦》。他在该书中揭露和批判了不合理的制度,揭示了私有制是一切罪恶的根源,描绘了一个没有剥削、没有压迫、财产公有、分配平均的理想的福利社会。乌托邦自然环境优美、社会稳定和谐、人人过着幸福而高尚的生活。托马斯·康帕内拉是 16 世纪末至17 世纪初意大利伟大的爱国者。他的《太阳城》[②]与乌托邦的社会构想有许多近似之处:私有制被彻底废除;一切生产资料和消费资料归全民所有;生产由社会统一组织;实行普遍的义务劳动制;劳动产品交归公共仓库;实行公平分配;法律面前人人平等;社会成员过着十分幸福的生活。

（二）18 世纪的空想社会主义阶段

这一时期的主要代表人物有梅叶、摩莱里和马布利。梅叶设想的福利

---

① 郑功成:《社会保障学》,北京:商务印书馆,2000 年,第 57 页。
② 托马斯·康帕内拉:《太阳城》,北京:商务印书馆,1980 年,第 16 页。

社会是一个以公有制为基础、人人平等的社会,认为只有铲除私有制才能建立一个公平、公正、合理、正常的理想社会。摩莱里在其《自然法典》中,提出了生产资料的公有制,除直接用于消费和生产的东西外,一切不得私有;人人各尽所能,人人被社会供养;每个公民都要依靠其能力和条件来促进公益的增长。马布利同摩莱里一样,也把平等作为未来理想社会的中心,并把平等理解为平均。但马布利坚决反对私有制与社会不平等,并试图通过迂回曲折的改良路线来实现普遍的平等福利。①

(三)19世纪的空想社会主义阶段

19世纪批判的空想社会主义的主要代表包括法国的圣西门、傅立叶和英国的欧文。圣西门把他所理解的社会制度称为"实业制度",把满足人民需要、促进无产者福利的提高、保证社会安宁作为社会制度的唯一的和固定的目的。在实业制度下,社会关系是平等而和谐的。这种制度能够"把不同而又经常对立的一切力量结合成一个唯一的整体,…… 把这些力量引导到改善人类命运的唯一道路上来"②。 傅立叶认为,资本主义的自由竞争必然被更加符合人的自然本性的和谐制度所代替。③他关于社会发展的规律性思想以及关于历史分期的若干分析,包含了很多唯物且辩证的科学因素,为社会保障思想的发展提供了很有价值的思想材料。欧文的理想社会是一个和资本主义相对立的,没有剥削、没有阶级、人人劳动、人人平等的福利社会。他主张通过改革试验来构造理想的社会模式,合作公社是改造资本主义社会的重要途径,也是未来新社会的基层组织。

(四)简要评价

空想社会论在其数百年的发展过程中,始终没有摆脱虚幻空想的性质,但空想社会主义思想体系的发展趋势表明,其三个阶段的发展反映了空想社会主义者对社会不平等及其根源的批判越来越深刻,所憧憬的福利社会越来越接近实际,即它的虚幻和空想的色彩总是在不断减少,而现实主义精神和科学因素总是在不断增多。④空想社会论虽然讨论的是整个社会制度的问题并且是一种空想主义,但它揭示了社会矛盾的根源在于社会的不平

---

① 马布利:《马布利选集》,北京:商务印书馆,1981年,第50页。
② 圣西门:《圣西门选集》,北京:商务印书馆,1981年,第57页。
③ 傅立叶:《傅立叶选集》,北京:商务印书馆,1981年,第11页。
④ 张士昌:《社会福利思想》,合肥:合肥工业大学出版社,2005年,第82页。

等,确实涉及了国民福利问题与收入分配问题,公平原则与按劳分配、按需分配等思想。因此,空想社会论成为社会保障思想发展史中的一个重要阶段,它与现代社会保障理论构成了正统的渊源关系,为社会保障制度的建立与发展贡献了智慧。

三、理想社会论中的社会保障宗旨

现代社会保障制度从诞生至今不过百余年,但从思想上追溯可谓源远流长。一部人类社会的历史,即是人类不断追求福利的历史。无论是中国还是西方,许多先贤都曾对理想社会加以描绘,这些描绘中不乏追求福利的思想。在这些理想社会论中,中国古代的大同社会论、西方的空想社会论对后世的影响极大,它们与现代社会保障理论构成了正统的渊源关系。

通过比较可以发现,中国的大同社会论与西方的空想社会论,既有区别又存在着相通之处。两者都体现出如下特征。第一,平均主义的平等观。两者所提出的平等要求都是针对阶级剥削和压迫的,具有反对剥削和否定贫富悬殊的进步意义。第二,原始的人道主义。保障生存需要的安全观和原始的人道意识在两种理论中都体现得比较明显。大同社会论与空想社会论的立足点都在于获得起码的生存需要的条件,着重解决基本生活问题。此外,二者还都提及了理想社会中的团结、友爱、共助、和谐的人际关系,这既反映出一种原始的博爱的人道主义,又富有社会成员之间以及个人与社会之间相协调发展的含义。第三,空想性。两者都是对当时世界进行改良的憧憬和要求改变现实苦难的幻想,是一种强烈责任感和历史使命感的反应。因此它们不能不受到来自社会和思想者本人的局限、生产发展水平以及时代的局限。

总的看来,中国的大同社会论与西方的空想社会论,探讨的都是整个社会制度的问题。尽管都存在着历史局限性,但都表现出一种对理想社会的美好憧憬和追求,这些思想成为现代社会保障制度重要的思想来源之一,并在社会保障思想史上占有重要的地位。同时两者都触及了维护社会公平、追求人道、促进社会成员协调发展等现代社会保障最基本的原则与基础,它们与现代社会保障理论构成了正统的渊源关系,客观上为社会保障理论与实践的发展提供了指导。现代社会保障制度安排在某种程度上实践和体现着这些思想中的有益主张,即维护社会公平、追求人道、促进社会成员的协调发展等原则逐渐成为现代社会保障制度的独特宗旨。

第二节　从福利国家改革看社会保障的发展趋势

在经济全球化不断扩展的大背景下,福利国家面临着削减社会保障的压力。本节重点考察了美国、斯堪的纳维亚国家和南欧福利国家在应对经济全球化进程中的社会保障改革实践,研究表明经济全球化因素并没有导致福利国家屈于压力削减福利,而是反而促使其加大了社会保障的政策调整与投入力度。

一、经济全球化背景下的社会保障削减压力

20 世纪 90 年代以来,随着经济全球化的发展,福利国家的社会保障功能面临着更加严峻的考验。经济全球化主要涉及产品、服务以及资本的跨国流动。三种要素的自由流动会影响到一个国家的税源、就业状况,甚至引起社会倾销,[①] 对一国的社会再分配计划和福利国家功能产生直接的压力。在当今社会,产品及服务的大批量流动引起了激烈的价格竞争。价格竞争又直接威胁到福利国家的高劳动成本,迫使其仓促应付来自低福利国家产品的社会倾销。信息产业的发展、交通工具的发达,以及新经济政策的实施使得世界性的资本流动速度加快,工业发达国家资本的向外流动使资本跨出国家的界限。二十世纪五六十年代,发达民主国家中跨国界的资本流动平均约占 GDP 的 5%,到 90 年代中期这个数字超过了 50%。在经济全球化条件下,资本为了追求利润避开对劳动征税很高或劳动受到严密保护的国家,动摇了福利国家内部政府、企业与公民之间的社会契约关系,从而使福利国家产生削减社会保障的压力。

二、欧美典型福利国家的社会保障改革实践

在经济全球化不断扩展的大背景下,各福利国家都面临着削减社会保

---

① 社会倾销是指,国家通过降低社会福利和就业保护水平的增长幅度或防止该水平上升,以降低劳动成本从而提高本国经济的国际竞争力。

障的威胁与压力。然而,事实似乎在证明另外一件事。即使是在提倡"小政府"的美国,有充分的迹象表明,美国的福利国家功能不是在减小而是在加强。1981—1990 年美国中央政府用于社会保障的财政支出为 41.6%,而1991—1995 年这一指标上升到 45.3%。① 2000 年以来,美国用于社会保障的绝对支出额仍在呈现增长的态势。同时,在逐渐减少个人所得税的情况下,美国的社会保障工薪税也处于上升状态。特别是从社会立法和社会行政的角度来看,美国不是越来越疏于社会管理,而是更新了制度的观念。虽然其社会保障方面的市场因素在增长,但迄今为止,向社会提供福利和保护仍然是福利国家的主要功能。面对一个通过支配社会 30% 以上的财富来达到社会目标的国家,很难得出福利国家衰落和其放弃福利国家的结论。从某种意义上甚至可以说,经济全球化对缩减社会保障的实质压力与影响,要么不存在,要么也是有利的,因为它反而促使福利国家成功地保护了原有制度。

斯堪的纳维亚国家在经济全球化背景下,仍然继承着原有社会保障的传统,努力将高税收、劳动力市场保障、低失业率、慷慨的统一福利服务与经济增长结合起来。斯堪的纳维亚福利国家在不触动基本制度结构的前提下实现了社会经济协调发展,并保持了极强的国际竞争力。从就业人员人均GDP 这一表证劳动生产率高低的指标来看,20 世纪 90 年代斯堪的纳维亚国家的劳动生产率一直处于增长状态并高于美国和欧盟国家的平均水平。根据 2000 年世界经济论坛所做的全球商业环境调查显示,芬兰的国家竞争力指标排名世界第一。其他三个主要国家的排名也在前 20 名之内。瑞典的基尼系数达到了 0.30,属于世界上收入差距最小的国家;2000 年瑞典首次超过美国,成为世界上信息化程度最高的国家;在联合国教科文组织公布的 2005 年科学报告中,瑞典是全世界科学创新第一的国家;在 2006 年联合国开发计划署发布的联合国发展指标中,瑞典排名第五;2006 年的国际透明度排行,瑞典在最不可能行贿者名单中排名第二;世界经济论坛公布的2006—2007 年国家竞争力排名中,瑞典继芬兰、美国之后排名第三。

在 20 世纪 70 年代中期以前,包括希腊、葡萄牙和西班牙在内的南欧福利国家由于社会福利支出水平过低,关注和研究的视线并不对准他们。直到经济全球化加速扩展进程中社会倾销问题的出现才使人们对南欧福利国家的兴趣日益增长。自南欧国家加入欧盟以后,早期建立起来的福利国家

---

① 周弘:《福利国家向何处去》,北京:社会科学文献出版社,2006 年,第 15 页。

普遍非常关注本国在国际市场中的竞争力并担心新出现的竞争者,尤其是刚好也成为欧洲共同市场成员的那些国家实行社会倾销政策,而较为发达的福利国家担心社会倾销会导致福利急剧降低,使欧盟内部社会政策的协调一致程度降至最低水平。①在高度发达的福利国家和南欧国家社会保障水平相差悬殊的情况下,关于社会倾销的争论认为,在社会保障水平低的成员国境内进行生产加工的企业具有较强的竞争优势。由于一些公司可以利用欠发达的欧盟成员国如南欧国家和爱尔兰的这种优势,把公司迁移到这些国家,这样社会倾销就有可能发生。然而根据统计数据显示,1985 年欧洲社会保障支出占 GDP 的 26%,1997 年占 GDP 的比重则达到了 28.2%,其中南欧国家的社会保障支出水平与发达国家相比虽然相对较低,但两者之间的社会保障支出差距正在逐步缩小,并且南欧国家已经处于社会保障水平高速增长的国家之列。这些充分说明,南欧国家并没有在经济全球化压力下用不正当手段谋求经济竞争力,南欧国家不是在强调社会倾销而是在强化社会保障支出力度。

南欧国家社会保障支出方面的增长以及扩张性保障政策的采用,可以从以下几个方面进行理解。第一,从历史来看,南欧国家在社会保障上普遍都有防止保障水平下降的强烈的道德观念,南欧国家所偏爱的福利国家模式绝不是美国的市场模式。早在 20 世纪 70 年代初,即独裁统治垮台之前,西班牙的社会和政治工作者们就表露出要努力效仿斯堪的纳维亚模式的基本意愿。尽管南欧国家在开始的时候实行的是俾斯麦式的传统模式,但近几年来他们转而关注自认为最先进的欧洲福利国家模式——斯堪的纳维亚模式。葡萄牙、希腊等国近年来如出一辙,社会民主党在稳定政坛后继续传承了建立斯堪的纳维亚国家模式的做法。因而近来南欧国家在改革社会保障政策过程中同心协力,为构筑收入保障安全网出台了多样的扩张性保障措施,在向全民保障目标迈进方面取得了重要成果。第二,欧盟对南欧国家实施扩张性政策起到了外力推动的作用。欧盟为了确保整个市场的一体化,就必然要求各国的社会保障条款和法规服从于欧盟的法规,以便弥合与其他欧洲福利国家现有的差距。欧盟已经采取了大量措施与规则仲裁来限制社会倾销,这主要包括,关于稳定、就业、增长的 1997 年《阿姆斯特丹条约》以及提出社会欧洲建设的具体措施的 2000 年《尼斯条约》等。其中,罗

---

① 罗兰德·斯哥:《地球村的社会保障》,北京: 中国劳动社会保障出版社,2004 年,第 33 页。

马条约第117款明确要求,欧盟成员国必须"促进工人工作条件的改善和生活标准的提高,以便使各国在这两方面条件改善的过程中能够保持一致",即要实现各国间的公平竞争,则应遵循社会保障标准必须协调一致并向高标准看齐。在欧洲一体化造成的间接压力下,经过雇主、工会、成员国政府共同努力,欧洲联盟内部的福利待遇呈现出一种"向上趋同"的趋势:希腊、爱尔兰、葡萄牙和西班牙四个相对欠发达欧盟国家没有向下拉动福利,反而由于欧盟内部其他福利国家的拉动,出现了改进和提高福利国家水平的现象。

三、总结与讨论

综上观之,面对加速的经济全球化,福利国家已经相对成功地应对了新的挑战,顶住了福利削减的压力。正是由于经济全球化使不确定因素增加,全世界的每个人都变得更为脆弱,人们对社会保障的期望值相应地不断提高,从而使收入转移机制和社会服务的压力不断增大。为补偿全球化带来的部分社会成本、帮助全球竞争中的受害者,福利国家不是屈于压力削减福利,而是相反加大了社会保障的政策调整与财政投入以保护国民、抵御对外开放带来的风险。福利国家的社会保障实践表明,经济全球化背景下的社会保障改革与投入力度非但没有减小而是得到了某种程度上的一致性调整甚至是强化。

第三节　从社会资本来源看社会保障的发展动力

社会资本是一种实际或潜在的资源的集合,社会资本的三大来源是文化、家庭、国家在其积累中的作用。社会资本来源与社会保障存在密切的内在联系。社会资本来源对于我国社会保障建设的重要启示在于:社会资本被充分利用的过程同时也是促进社会保障不断完善的过程,社会资本来源可以成为我国社会保障建设的发展动力。

一、社会资本的基本含义及其三大来源

社会资本是资本的三种基本形态之一,社会资本是一种具有巨大潜在

功能的生产性社会资源。美国著名政治学家普特南认为,社会资本是指社会组织的那些可通过促进协调行动而提高社会效能的特征,比如信任、规范及网络。法国社会学家布迪厄认为,社会资本是一种通过对"体制化关系网络"的占有而获取的实际的或潜在的资源的集合体。诺贝尔经济学奖获得者布坎南认为,社会资本是一种组织特点,社会资本是生产性的,它使得实现某种无它就不可能实现的目的成为可能。进一步具体来说,它涵盖多功能的合作性群体、自愿性社团组织、畅通和谐的横向交往网络、民主自治的社会契约、互信互利的心理认同等。

社会资本的来源主要有:文化、家庭结构和国家在其积累中的作用(主要通过公共物品来体现)。首先,社会资本的行动主体除个人外还含有企业、社团、社区等。社会资本是动员了的无形和特殊的社会结构资源,而行动主体动员它们可能带来的总体正功效具有很大的主观认定性。这种主观认定性在很大程度上要受到文化因素的影响。其次,家庭成员间天然地构成一种互惠互助的关系,并且这种关系具有某种传递性,可以由家庭延伸并扩展到邻里与社区,再由社区扩展到整个社会。作为社会资本的主体也是主要来源之一,家庭构成了社会系统的组织细胞和人们最基本的生活单元。因此,家庭一直是西方学术界从事社会资本研究的主要对象。第三,国内学者张其仔认为社会资本具有纯粹公共物品的特点,科尔曼教授也指出社会资本具有部分公共物品性,这种公共性的发挥需要国家起促进和推动作用。

二、社会资本来源与社会保障的内在联系

社会保障本质上是一种风险共担或分散机制,风险共担机制的深意即以社会化的互助与合作为基石并在互助互利中防范和化解个体风险。社会保障是依据保护与激励相统一的原则,由国家通过立法和行政措施设立的保证社会成员基本经济生活安全项目的总称。[①] 以互惠制方式有效运行的互济性原则是其赖以生存和日益发展的根基所在。而社会资本是在某一地域内,通过民众自由地进行横向的社会结合,而生成的能够促进一个国家经济和社会持续发展的社会关系结构和社会心理结构。社会资本的培育需要

---

① 穆怀中:《国民财富与社会保障收入再分配》,北京:中国劳动社会保障出版社,2002 年,第 31 页。

以人们的横向联系与横向联合为基础,而这种交流中所体现的社会互惠、社会合作、互信互助的社会关系又构成一种支持机制。因此可以说在某种程度上,社会保障是体现这种互信互利心理认同的社会资本在制度上的强制化、固定化和规范化。社会资本与社会保障之间的内在联系可以通过社会资本三种来源的细微层次更加清晰地分析和体现出来。

与社会保障呈现多维关联的传统文化对前者的建立与发展影响颇深。从历史发展的视角来考察,中国儒家文化历来强调民本主义,即关怀与救助民众天经地义地成为政府应尽的主体责任。古时百姓称地方官吏为"父母官"就是希望和相信政府能够坚守勤政爱民责任的一种体现。另外,中华传统美德的博爱互助观念也是社会文明进步轨迹上的重要元素,如墨子"兼爱交利"的思想即是早期的典型代表。社会保障的基本功能正是立足于传统文化基础之上,把全体社会成员纳入社会安全网,使人们的基本生活需要得到满足进而推动和促进人的全面发展与社会进步。这充分体现了社会资本与社会保障在文化因素上的一种契合。

在人的一生中,对于生老疾患的处置大多是由家庭提供着某种照顾与保障。从世界范围看,即使是在业已有 160 多个国家和地区建立社会保障制度的当前,家庭保障仍是社会成员一生中的重要保障机制。家庭内部代际之间的保障是双向互惠的,由于家庭所承载的许多特有功能不能完全由其他存在实体所替代,以内部成员间互惠互助、相互保障所构建的家庭保障实际上充当着社会保障的潜在的坚实基础。参照世界社会保障实践的经验与教训,在广大发展中国家,绝大部分社会成员在一定条件范围内没有社会保障尚可容忍,但完全抛开家庭保障则是断不可行的。积极引导家庭保障使其与正式制度安排有机结合,无疑将聚变和膨胀社会保障体系的总体功用与整合效能。社会保障的良性运行也势必促进社会经济发展、巩固和增强家庭的稳定性与和谐性。

在市场失灵状态下,保障国民福利的预期目标必须要通过政府主导进而有效调动和分配公共资源来实现。社会保障制度的福利性原则使国家在提供国民医疗服务保障、公共卫生监控预警系统(如疾病控制中心体系CDC)以及国民教育计划等方面的功能表现得极为突出。由国家扮演责任主角的社会保障极大地巩固和提高了全体公民的身体素质与文化素质。群体认知的广度和深度通常随着一国国民综合素质的普遍提升而稳步增加。进而由高水准认知的内核趋同所自发联合的通畅的社会关系网络,在密度与维度上的交互扩展也将反过来增强社会保障的物质基础与社会心理基础。即可以总结为,社会保障能够有力地推动社会资本的积累,使其公共物品性的效用得以充分发挥,社会资本也能够促进社会保障的健康平稳发展。

三、社会资本来源对完善我国社会保障的重要启示

(一)家庭保障是社会保障的重要基石

在家庭保障中,各成员之间实际上存在着长期互惠的内生机制。所谓的家庭保障即指家庭在为其内部成员提供生活保障的同时,还提供着极为重要的涉及群体归属感的精神保障内容。[1] 作为社会资本的主要承载者和孕育者,家庭对其每个成员提供与输出心理抚慰的高效性是任何社会群落所无法比拟的。特别是在中国这样的承袭优良民族道德的国度,家庭价值观念在每个成员的心目中始终是第一位的。"金屋银屋,不如自家的小屋"即是对中国浓重的家庭价值观念的最好注解。因此,在我国推进家庭保障具有高度的适宜性和可操作性。同时从社会保障可持续发展的战略高度和当前国家财力相对有限的实际考虑,维护与支持家庭保障具有十分重要的现实意义。在保障社会成员的基本生活方面,家庭保障作为一种非正式且天然的国民保障系统,它与制度型的正式的社会保障(由国家和社会负责)应是相互促进有机统一的关系。把家庭保障视为整个社会保障制度安排的支柱之一将有助于引导中国社会保障步入理性、科学、健康的发展轨道。

(二)推进建立家庭社会保障制度

家庭社会保障制度是指政府为了实施家庭政策而采用的一种经济性、福利性的措施,是旨在促进家庭保障发展的政府支持政策。它以家庭为保障对象通过发放各种津贴和提供社会服务的形式对有关家庭进行物质或经济帮助(如美国的 AFDC 即抚养儿童家庭援助计划)。西方发达国家的家庭社会保障现已成为一项与其他保障政策相配合的以政府与社会为责任主体的社会福利事业。而我国在这方面的发展相对滞后,主要体现在项目缺乏与覆盖面较小,比如我国内地仅局限于以家庭为单位的最低生活保障制度等。因此,积极推进家庭社会保障制度建设应成为我国社会保障发展的政策取向之一。

---

① 郑功成:《社会保障学》,北京:商务印书馆,2000 年,第 47 页。

（三）弘扬优良文化传统和强化政府主体责任

政府应大力推进公民道德建设、弘扬优良传统美德,广泛发动社会各方面力量积极开展多层次的互助互济活动,从而巩固和放大社会资本的生产性功能。与此同时,政府应以体现主体责任的实际行动来鼓励和增强国民对社会保障建设的长期信心,切实成为引领民众树立正确的责任共担机制观念的导航者。既应主张社会成员对自身的生活保障适当承担应尽责任,也要坚决反对夸大社会保障风险与过分强调个人责任以图减轻政府责任甚至逃避责任的狭隘观点。在社会保障逐步建设与完善的过程中,应该明确政府的主导作用非但不能削弱反而需要加强。一方面,为社会成员提供必要的社会保障是国家的本质职责,这也是传统文化沉淀的结果与要求。另一方面,我国目前的人均 GDP 早已突破 1 000 美元,国家财政每年在以两位数快速增长,这足以表明政府的承受能力在不断增强,以财力不足作为忽略民众社会保障的理由越来越不充分。因此,真正意义上的国家的社会保障主体责任应体现在主动合理构建社会保障体系并使之健全化,同时进一步规范和完善"国家、社会、个人"三柱一体的社会保障资金筹集体系,加强普及与引导民众的社会保障责任社会化的科学意识。只有这样才能使中国特色的社会保障制度沿着正确方向不断促进和推动社会与经济的相协调发展。

社会资本是一种具有巨大潜在功能的生产性社会资源,它以公民间的合作、信任、互惠为特征,其三大来源与社会保障有着密切的内在联系。在实践层次,社会资本来源对社会保障的重要启示作用和现实指导意义在于:维系家庭保障、推动和促进家庭社会保障制度建立、弘扬中国优良文化传统、正确认识和强化政府主体责任,既是充分利用和扩大社会资本基础功能的过程,也是推进社会保障自身不断完善的过程,即社会资本来源可以成为社会保障制度建设的发展动力。

参考文献

一、中文图书

[1] 陈佳贵,王延中.中国社会保障发展报告[M].北京:社会科学文献出版社,2010.

[2] 陈正炎.中国古代大同思想研究[M].上海:上海人民出版社,1986.

[3] 邓大松.新农村社会保障体系研究[M].北京:人民出版社,2007.

[4] 第二次全国残疾人抽样调查办公室,北京大学人口研究所.第二次全国残疾人抽样调查数据分析报告[M].北京:华夏出版社,2008.

[5] 第二次全国残疾人抽样调查办公室.第二次全国残疾人抽样调查主要数据手册[M].北京:华夏出版社,2007.

[6] 第二次全国残疾人抽样调查办公室.第二次全国残疾人抽样调查资料(上、下)[M].北京:中国统计出版社,2007.

[7] 杜鹏,米红.中国农村残疾人及其社会保障研究[M].北京:华夏出版社,2008.

[8] 方鹏骞.中国农村贫困人口社会医疗救助制度研究[M].北京:科学出版社,2008.

[9] 封进.人口转变、社会保障与经济发展[M].上海:上海人民出版社,2005.

[10] 顾俊礼.福利国家论析[M].北京:经济管理出版社,2002.

[11] 何平.企业改革中的社会保障制度[M].北京:经济科学出版社,2000.

[12] 胡永善,戴红.社区康复[M].北京:人民卫生出版社,2006.

[13] 李绍光.深化社会保障改革的经济学分析[M].北京:中国人民大学出版社,2006.

[14] 李迎生,厉才茂.残疾人社会保障理论与实践研究[M].北京:华夏出版社,2008.

[15] 李珍.基本养老保险制度分析与评估——基于养老金水平的视角[M].北京:人民出版社,2013.

[16] 李珍.社会保障制度与经济发展[M].武汉:武汉大学出版社,1998.

[17] 刘翠霄.各国残疾人权益保障比较研究[M].北京:中国社会科学出版社,1994.

[18] 吕红平,张恺悌等.中国老幼残疾人与残疾人婚姻研究[M].北京:华夏出版社,2008.

[19] 吕学静.典型国家残疾人社会福利制度比较研究[M].北京:首都经济贸易大学出版

社,2012.

[20] 穆怀中. 国民财富与社会保障收入再分配[M]. 北京：中国劳动社会保障出版
社,2003.

[21] 穆怀中. 养老金调整指数研究[M]. 北京：中国劳动社会保障出版社,2008.

[22] 世界银行. 老年保障：中国养老金体制改革[M]. 北京：中国财政经济出版社,1998.

[23] 宋宝安. 中国残疾人社会保障与服务体系研究[M]. 北京：中国社会科学出版
社,2013.

[24] 宋晓梧. 中国社会保障体制改革与发展报告[M]. 北京：中国人民大学出版社,2001.

[25] 宋卓平,张兴杰. 广州市农村残疾人及残疾人事业调查研究[M]. 广州：华南理工大
学出版社,2009.

[26] 唐钧,李敬. 广东省残疾人社会服务体系研究[M]. 北京：研究出版社,2010.

[27] 汪行福. 分配正义与社会保障[M]. 上海：上海财经大学出版社,2003.

[28] 王鉴岗. 社会养老保险平衡精算[M]. 北京：经济管理出版社,1999.

[29] 王珏,邱卓英. 中国残疾人康复需求分析与发展研究[M]. 北京：华夏出版社,2008.

[30] 王曙光. 社会参与、农村合作医疗与反贫困[M]. 北京：人民出版社,2008.

[31] 王晓军. 中国养老金制度及其精算评价[M]. 北京：经济科学出版社,2000.

[32] 相自成. 权益保障的中国模式：残疾人权益保障问题研究[M]. 北京：华夏出版
社,2011.

[33] 杨健. 中国养老金水平协调研究[M]. 上海：世界图书出版公司,2014.

[34] 杨立雄,兰花. 中国残疾人社会保障制度[M]. 北京：人民出版社,2011.

[35] 于宁. 中国养老金替代率水平研究[M]. 上海：上海财经大学出版社,2009.

[36] 袁志刚. 养老保险经济学[M]. 上海：上海人民出版社,2005.

[37] 张士昌. 社会福利思想[M]. 合肥：合肥工业大学出版社,2005.

[38] 赵曼. 社会保障制度结构与运行分析[M]. 北京：中国计划出版社,1997.

[39] 郑功成. 社会保障学[M]. 北京：商务印书馆,2000.

[40] 郑功成. 中国残疾人事业发展报告[M]. 北京：人民出版社,2011.

[41] 郑功成. 中国社会保障改革与发展战略[M]. 北京：人民出版社,2008.

[42] 郑功成. 中国社会保障制度变迁与评估[M]. 北京：中国人民大学出版社,2003.

[43] 郑伟. 中国社会养老保险制度变迁与经济效应[M]. 北京：中国人民大学出版
社,2005.

[44] 钟仁耀. 养老保险改革国际比较研究[M]. 上海：上海财经大学出版社,2004.

[45] 周弘. 福利国家向何处去[M]. 北京：社会科学文献出版社,2006.

[46] 周弘. 国外社会福利制度[M]. 北京：中国社会出版社,2005.

[47] 周沛. 残疾人社会福利[M]. 济南：山东人民出版社,2013.

[48] 朱青. 养老保险制度的经济分析与运作分析[M]. 北京：中国人民大学出版社,2002.

二、中文期刊

[1] 陈谦. 我国城镇职工基本养老保险补缴制度存在的问题及对策分析[J]. 老龄科学研究,2013(4)：48－56.

[2] 崔少敏. 养老保险监测评估：警示未来[J]. 中国社会保障,2005(9)：24.

[3] 丁建定,郭林. 论中国养老保险制度结构体系整合[J]. 武汉大学学报(哲学社会科学版),2013(6)：77－82.

[4] 丁建定,郭林. 我国企业职工基本养老金调整机制：变迁、问题与优化[J]. 保险研究,2011(9)：47－52.

[5] 董克用,孙博. 从多层次到多支柱：养老保障体系改革再思考[J]. 公共管理学报,2011(1)：8－9.

[6] 杜毅,肖云. 扶贫开发政策与农村最低生活保障制度运行衔接研究[J]. 西北人口,2012(5)：31.

[7] 段迎君,武琼. 完善企业养老金调整的政策体系[J]. 中国财政,2013(6)：39－41.

[8] 房连泉. 养老金替代率研究文献综述[J]. 中国社会保障,2013(9)：29.

[9] 葛霆. 公平视角下企业退休人员养老金调整机制研究[J]. 经济问题探索,2013(7)：158－162.

[10] 郭丽娜. 基于消费结构的养老金目标替代率的确定研究[J]. 经济论坛,2012(12)：117－120.

[11] 何立新. 中国城镇养老保险制度改革的收入分配效应[J]. 经济研究,2007(3)：69－70.

[12] 何平. 中国养老保险基金测算报告[J]. 社会保障制度,2001(3)：13－14.

[13] 何文炯,洪蕾,陈新彦. 职工基本养老保险待遇调整效应分析[J]. 中国人口科学,2012(3)：19－30.

[14] 胡玉琴,徐朝晖. 改革前后城镇职工养老金水平的比较分析[J]. 人口与经济,2010(4)：76－78.

[15] 黄丽. 中山市农村基本养老保险制度的收入再分配效应研究[J]. 中国人口科学,2009(4)：77－78.

[16] 贾康,王瑞. 调整财政支出结构是减少养老保险隐性债务的重要途径[J]. 财政研究,2000(6)：19－22.

[17] 江立华. 城市社区对弱势群体的福利服务：现状与行动策略[J]. 社会主义研究,2007(1)：90－93.

[18] 姜永宏,黄德鸿. 养老金制度的公平与效率问题[J]. 学术研究,2001(6)：68－69.

[19] 景天魁. 底线公平与社会保障的柔性调节[J]. 社会学研究,2004(4)：116－118.

[20] 雷玉明,曹博. 公共服务型政府视野中城市社区养老合作共治模式[J]. 华中农业大学学报：社会科学版,2013(4)：113－118.

[21] 李炳炎. 农村社会保障问题的历史与现实[J]. 学习月刊, 2012(12): 18 - 20

[22] 李卢霞, 戴维周, 孙晓燕. 国外生育保险制度概览及我国生育保险制度改革[J]. 卫生经济研究, 2005(11): 16.

[23] 李绍光. 养老金经济学概述[J]. 经济学动态, 1998(2): 89 - 91.

[24] 李卫华. 政府在老年人社区照顾中的责任定位[J]. 浙江学刊, 2012(5): 13 - 18.

[25] 李迎生. 对中国城市社区服务发展方向的思考[J]. 河北学刊, 2009(1): 134 - 138.

[26] 李珍, 王海东. 基本养老保险替代率下降机理与政策意义[J]. 人口与经济, 2010(6): 183 - 185.

[27] 梁君, 林蔡慧, 等. 中国养老保险隐性债务显性化研究[J]. 中国人口科学, 2010(5): 134 - 135.

[28] 林宝. 平均替代率、目标替代率与养老金压力估计[J]. 人口与发展, 2013(6): 11 - 18.

[29] 林东海, 丁煜. 养老金新政: 新旧养老保险政策的替代率测算[J]. 人口与经济, 2007(1): 102 - 104.

[30] 林卡. 社会政策、社会质量和中国大陆社会发展导向[J]. 社会科学, 2013(12): 67.

[31] 林晓. 国务院常务会议决定启动城镇居民社会养老保险试点[J]. 劳动保障世界, 2011(7): 3 - 5.

[32] 刘昌平. 财政补贴型新型农村社会养老保险制度研究[J]. 东北大学学报(社会科学版), 2009(5): 432.

[33] 刘军民. 推进城镇居民社会养老保险制度建设的要点与要领[J]. 社会保障研究, 2011(5): 26 - 30.

[34] 刘益梅. 人口老龄化背景下社会化养老服务体系的探讨[J]. 广西社会科学, 2011(7): 100 - 104.

[35] 刘永刚. 养老新政——老中新三种人的养老现实[J]. 中国经济周刊, 2005(12): 64 - 65.

[36] 刘植荣. 各国真实退休年龄及养老制度[J]. 理论参考, 2013(11): 55 - 57.

[37] 柳清瑞. 养老金替代率自动调整机制研究[J]. 中国人口科学, 2005(3): 51 - 55.

[38] 柳清瑞, 苗红军. 基于部分积累制的养老金替代率水平研究[J]. 市场与人口分析, 2003(4): 32 - 37.

[39] 柳拯. 全国农村医疗救助工作现状、问题与思路[J]. 社会福利, 2004(10): 34.

[40] 卢守亭. 养老服务社会化的困境与出路[J]. 中国老年学杂志, 2011(6): 1070 - 1071.

[41] 卢自华. 中国转型期养老保险分配效应研究[J]. 经济体制改革, 2002(6): 11 - 12.

[42] 吕学静. 生育保险他山石[J]. 中国社会保障, 2010(8): 28.

[43] 吕志勇. 我国基本养老保险金正常调整机制模型研究[J]. 山东社会科学, 2009(12): 172 - 174.

[44] 马明. 基本养老金计发办法的实践与思考——以安徽省为例[J]. 中国劳动, 2012

(11)：31 - 32.

[45] 梅哲.最低养老金标准问题理论浅析[J].湖南师范大学社会科学学报,2008(3)：
58 - 60.

[46] 米红,邱晓蕾.中国城镇社会养老保险替代率评估方法与实证研究[J].数量经济技术
经济研究,2005(2)：16 - 17.

[47] 穆怀中.社会保障的利益激励机制[J].中国社会保障,2003(4)：77 - 79.

[48] 彭浩然,申曙光.改革前后中国养老保险制度的收入再分配效应比较研究[J].统计研
究,2007(2)：125 - 126.

[49] 彭艳芳.国内城市居家养老的研究综述[J].社会工作,2010(3)：11.

[50] 祁峰.我国城市居家养老研究与展望[J].经济问题探索,2010(11)：119.

[51] 钱敏,石红梅.中国企业职工养老保险替代率的实证研究——基于缴费确定型企业年
金与基本养老金的对比分析[J].经济与管理,2009(4)：71 - 76.

[52] 秦嵘.新型农村合作医疗制度的补偿机制探析[J].经济师,2013(2)：110 - 112.

[53] 秦小红.完善我国农村社会保障制度的思考[J].当代财经,2005(9)：53 - 57.

[54] 邱东,李东阳,张向达.养老金替代率水平及其影响的研究[J].财经研究,1999(1)：
30 - 32.

[55] 屈川.关于我国养老金调整机制建设的思考[J].社会保障研究,2009(6)：31 - 34.

[56] 申曙光,魏珍.老龄化背景下的中国养老保险制度与体系：挑战与抉择[J].教学与研
究,2013(8)：5 - 12.

[57] 孙博,雍岚.养老保险替代率警戒线测算模型及实证分析——以陕西省为例[J].人口
与经济,2008(5)：67 - 68.

[58] 唐钧.让农民工社保异地转移接续[J].瞭望,2007(36)：64.

[59] 唐胜春,吴强,张文利.城镇企业职工基本养老保险补缴问题的思考[J].就业与保障,
2010(7)：27 - 28.

[60] 田青.透析养老金替代率[J].中国社会保障,2013(9)：23 - 28.

[61] 田青,张水辉.建立合理的企业退休人员基本养老金正常调整机制——以动态合意替
代率作为参照系的探讨[J].人口与经济,2009(1)：78 - 79.

[62] 田庆历.日本女性社会保障的运行机制及对中国的启示[J].社会工作,2010(3)：20.

[63] 王海荣,周绿林,林枫.大学生医疗保险制度国际比较与借鉴[J].中国卫生事业管理,
2009(11)：742 - 747.

[64] 王鉴岗.养老保险收支平衡及其影响因素分析[J].人口学刊,2000(2)：78 - 79.

[65] 王静.北京社会化居家养老问题与对策研究[J].人口与经济,2012(3)：65 - 69.

[66] 王三秀.可持续生计视角下我国农村低保与扶贫开发的有机衔接[J].宁夏社会科学,
2010(4)：73.

[67] 王霜.对河北省新型农村合作医疗费用报销制度的反思及其改善方法[J].法制博览,

2013(2)：53 - 58.

[68] 王思斌. 我国城市社区福利服务的弱可获得性及其发展[J]. 吉林大学社会科学学报，2009(1)：133 - 139.

[69] 王晓军. 对我国养老金制度债务水平的估计与预测[J]. 预测，2002(1)：29 - 32.

[70] 王晓军，康博威. 我国社会养老保险制度的收入再分配效应分析[J]. 统计研究，2009(11)：32 - 35.

[71] 王增文. 提高退休年龄与降低替代率：城镇职工基本养老金的财政支出研究[J]. 西北人口，2010(2)：18 - 21.

[72] 吴霜. 我国城镇职工养老金替代率问题分析[J]. 劳动保障世界(理论版)，2010(6)：14 - 16.

[73] 吴晓林. 中国五保养老的制度转型与科学发展[J]. 人口与发展，2009(3)：92 - 100.

[74] 武玉宁. 医疗救助制度的国际比较[J]. 社会保障研究，2006(12)：3.

[75] 肖传江，廖海亚. 中国城镇养老保险制度：历史评析、现实问题与解决思路[J]. 保险研究，2012(10)：103 - 112.

[76] 肖小. 基本养老金替代率合意水平研究——以上海市城镇居民为例[J]. 华东经济管理，2012(6)：5 - 8.

[77] 徐延君. 科学确定养老金调整政策[J]. 中国社会保障，2010(5)：27 - 29.

[78] 颜令帅，吴忠，向甜，职韵秋. 城乡居民社会养老保险制度建设探究[J]. 劳动保障世界，2012(11)：49 - 52.

[79] 杨成波. 农村低保制度与农村扶贫开发政策衔接问题探析[J]. 农业现代化研究，2012(1)：38.

[80] 杨春. 对推进居家养老服务可持续发展的思考[J]. 人口学刊，2010(6)：42.

[81] 杨立雄. 新型农村养老保险制度及其改革思路[J]. 重庆社会科学，2009(12)：20.

[82] 杨晓楠. 养老服务社会化改革的困境与对策[J]. 东北师大学报(哲学社会科学版)，2013(3)：54 - 57.

[83] 杨艳. 女性社会保障研究综述[J]. 青年与社会，2013(8)：73.

[84] 杨宜勇，谭永生. 全国统一社会保险关系接续研究[J]. 宏观经济研究，2008(4)：11 - 13.

[85] 杨再贵. 不定寿命条件下城镇公共养老金最优替代率的理论与实证研究[J]. 管理评论，2011(2)：28 - 32.

[86] 阳义南，申曙光. 通货膨胀与工资增长：调整我国基本养老金的新思路与系统方案[J]. 保险研究，2012(8)：95 - 103.

[87] 殷俊，陈天红. 从老年人需求结构视角探析养老金待遇调整机制[J]. 求索，2010(12)：57 - 58.

[88] 俞佳玉. 大学生医疗保险现状浅析——以江苏省为例[J]. 管理观察，2009(6)：209 - 210.

[89] 袁志刚.中国养老保险体系选择的经济学分析[J].经济研究,2001(1)：54 - 56.

[90] 张暗礁.对我国养老金连续调整的思考——以长春市养老金待遇水平调整为例[J].中国社会保障,2012(2)：34 - 35.

[91] 张春玲.社会化居家养老现状分析与研究——以河北省为例[J].改革与开放,2012(5)：36 - 37.

[92] 张国平.我国贫困人口医疗救助研究综述[J].宁夏社会科学,2007(1)：54.

[93] 张奇林,赵青.我国社区居家养老模式发展探析[J].东北大学学报,2011(5)：416.

[94] 张思锋,周华,等.城镇职工基本养老保险金需求预测模型及应用——以西安市为例[J].数量经济技术经济研究,2006(5)：58 - 61.

[95] 张燕妮.欧洲国家如何调整养老金[J].中国社会保障,2008(2)：26 - 28.

[96] 赵志刚.提高统筹层次后如何实现养老金水平平稳衔接[J].中国社会保障,2006(10)：25 - 26.

[97] 赵志刚.调节金与过渡性养老金本质分析[J].中国社会保障,2006(5)：23 - 25.

[98] 郑功成.农民工的权益与社会保障[J].中国党政干部论坛,2002(8)：23.

[99] 郑功成.深化中国养老保险制度改革顶层设计[J].教学与研究,2013(12)：12 - 22.

[100] 郑婉仪,陈秉正.企业年金对我国退休职工养老保险收入替代率的实证分析[J].管理世界,2003(1)：87 - 89.

[101] 郑伟.养老保险制度改革：规则、方向与问题[J].市场与人口分析,2006(2)：65 - 67.

[102] 钟仁耀,徐铁诚.城镇新旧养老保险模式中养老金水平比较研究——以 2005 年资料为依据的模拟分析[J].财经研究,2006(11)：77 - 79.

[103] 周坚,刘晓露.科学建立养老金调整机制[J].浙江经济,2013(13)：38 - 39.

[104] 周玉林.江苏新老养老金计发办法的优劣分析[J].中国社会保障,2011(9)：40 - 41.

[105] 邹丽丽.基本养老保险统筹层次提高中的收入再分配问题研究[J].人口与经济,2014(1)：108 - 115.

三、英文图书

[1] ROULSTONE A & PRIDEAUX S. Understanding Disability Policy [M]. Bristol：The Policy Press, 2012.

[2] ATKINSON A B. The Economic Consequences of Rolling Back the Welfare State [M]. Cambridge：MIT Press, 1999.

[3] NICHOLAS B. The Economics of Welfare State [M]. Oxford：Oxford University Press, 1998.

[4] NICHOLAS B & DIAMOND P. Reforming Pensions：Principles and Policy Choices [M]. Oxford：Oxford University Press, 2008.

[5] BEVERIDGE W H. Social Insurance and Allied Services [M]. London: His Majesty's Stationery Office, 1942.

[6] BICKENBACH J E. Physical Disability and Social Policy[M]. Toronto: University of Toronto Press, 1993.

[7] COLERIDGE P. Disability, Liberation and Development [M]. Oxford: Oxfam Professional, 1993.

[8] EBBINGHAUS B. Reforming Early Retirement in Europe, Japan, and the USA [M]. Oxford: Oxford University Press, 2006.

[9] FELDSTEIN M & LIEBMAN J B. The Distributional Aspects of Social and Social Security Reform [M]. Chicago: University of Chicago Press, 2002.

[10] GE Y. Research into the Reform of the Pension System in State Institutions and Public Service Units in China [M]. Beijing: Foreign Language Press, 2002.

[11] GRUBER J & WISE D A. Social Security and Retirement around the World [M]. Chicago: University of Chicago Press, 1999.

[12] HOLZMANN R & HINZ R. Old Age Income Support in the 21st Century [M]. Washington: World Bank, 2005.

[13] HOLZMANN R & PALMER E. Pension Reform: Issues and Prospects for Non-financial Defined Contribution Schemes [M]. Washington: World Bank, 2006.

[14] HOLZMANN R, ROBALINO D A & TAKAYAMA N. Closing the Coverage Gap — The Role of Social Pensions and Other Retirement Income Transfers [M]. Washington: World Bank, 2009.

[15] International Labor Organisation. The Social Protection Floor [M]. Geneva: ILO, 2011.

[16] MOLDIER. Understanding Disability: From Theory to Practice [M]. London: Macmillan, 1996.

[17] Organisation for Economic Co-operation and Development. Pensions at a Glance 2011: Retirement-Income Systems in OECD and G20 Countries [M]. Paris: OECD, 2011.

[18] PERCY S L. Disability, Civil Rights, and Public Policy[M]. Tuscaloosa: The University of Alabama Press, 1989.

[19] The World Bank. Averting the old age crisis: policies to protect the old and promote growth [M]. New York: Oxford University Press, 1994.

四、英文论文

[1] JONATHAN A. The Earnings Replacement Rate of Old Age Benefits in Twelve

Countries, 1969－1980 [J]. Social Security Bulletin, 1982, 45(11): 3－11.

[2] ALHO J S, LASSILA J J & VALKONEN T. Controlling the Effects of Demographic Risks: The Role of Pension Indexation Schemes [J]. Journal of Pension Economics and Finance, 2005, 4(2): 139－153.

[3] ATWAL A, et al. Multidisciplinary perceptions of the role of nurses and healthcare assistants in rehabilitation of older adults in acute health care[J]. Journal of Clinical Nursing, 2006(15): 1418－1425.

[4] BEATTY P W, et al. Access to health care services among people with chronic or disabling conditions: patterns and predictors[J]. Archives of Physical Medicine and Rehabilitation, 2003(84): 1417－1425.

[5] BODIE Z. Inflation Insurance [J]. Journal of Risk and Insurance, 1990, 57(4): 634－645.

[6] BORELIA M. The Distributional Impact of Pension System Reforms: An Application to the Italian Case[J]. Fiscal Studies, 2004(25): 415－417.

[7] BOWERS B, et al. Improving primary care for persons with disabilities: the nature of expertise[J]. Disability & Society, 2003(18): 443－455.

[8] CASAMATTA G, HELMUTH C & PEATIEAU P. Political Sustainability and the Design of Social Insurance[J]. Journal of Public Economics, 2000(75): 341－364.

[9] CHATTERJEE S, et al. Evaluation of a community-based rehabilitation model for chronic schizophrenia in rural India[J]. The British Journal of Psychiatry: the journal of mental science, 2003(182): 57－62.

[10] CORNIELJE H, VELEMA J P & Finkenflügel H. Community based rehabilitation programmes: monitoring and evaluation in order to measure results[J]. Leprosy Review, 2008(79): 36－49.

[11] COTE A. Gate keeping: urgent need for reform to ensure fair and effective access to social protection entitlements[J]. Disability Monitor Initiative-Middle East Journal, 2009(1): 18－20.

[12] CRAWFORD I & IMAGE I. The Retail Price Index and the Cost-of-Living Index: testing for consistency in theory and practice [J]. Fiscal Studies, 2004, 25(1): 79－91.

[13] CREEDY J, DISNEY R F & WHITEHOUSE E R. The Earnings-Related State Pension, Indexation and Lifetime Redistribution in the U. K. [J]. Review of Income and Wealth, 1993, 39(3): 257－278.

[14] DEJONG G, et al. The organization and financing of health services for persons with disabilities[J]. The Milbank Quarterly, 2002, 80: 261－301.

[15] DIAMOND P. Proposals to Restructure Social Security [J]. Journal of Economic Perspectives, 1996, 10(3): 67 - 88.

[16] DIAMOND P & MIRRLEES J. Payroll Tax Financed Social Insurance with Variable Retirement[J]. Scandinavian Journal of Economics, 1986(88): 25 - 50.

[17] DIAMOND P & MIRRLEES J. Social Insurance with Variable Retirement [J]. Journal of Public Economics, 1978(10): 295 - 336.

[18] DISNEY R & WHITEHOUSE E. How Should Pensions in the UK Be Indexed? [J]. Fiscal Studies, 1991, 12(3): 47 - 61.

[19] DRUM C E, et al. Recognizing and responding to the health disparities of people with disabilities[J]. Californian Journal of Health Promotion, 2005, 3: 29 - 42.

[20] ELDAR R. Integrated institution-community rehabilitation in developed countries: a proposal[J]. Disability and Rehabilitation, 2000, 22: 266 - 274.

[21] ELROD C S & DEJONG G. Determinants of utilization of physical rehabilitation services for persons with chronic and disabling conditions: an exploratory study[J]. Archives of Physical Medicine and Rehabilitation, 2008, 89: 114 - 120.

[22] FELDSTEIN M. Rethinking Social Insurance [J]. American Economic Review, 2005, 95(1): 1 - 24.

[23] FISHER K. Pricing Pension Fund Guarantees: A Discrete Martingale Approach [J]. Canadian Journal of Administrative Sciences, 1999, 16(3): 256 - 266.

[24] FISHER K & JING L. Chinese disability independent living policy[J]. Disability & Society, 2008(23): 171 - 185.

[25] FORMICA A & KINGSTON G. Inflation Insurance for Australian Annuitants[J]. Australian Journal of Management, 1991, 16(2): 145 - 164.

[26] FOSTER M, et al. Personalised social care for adults with disabilities: a problematic concept for frontline practice[J]. Health & Social Care in the Community, 2006 (14): 125 - 135.

[27] GRASSMAN E J, WHITAKER A & LARSSON A T. Family as failure? The role of informal help-givers to disabled people in Sweden [J]. Scandinavian Journal of Disability Research, 2009(11): 35 - 49.

[28] GRONCHI S & APRILE R. The 1995 Pension Reform: Equity, Sustainability and Indexation[J]. Labour, 1998, 12(1): 67 - 100.

[29] HELLER T, CALDWELL J & FACTOR A. Aging family caregivers: policies and practices [J]. Mental Retardation and Developmental Disabilities Research Reviews, 2007(13): 136 - 142.

[30] IEZZONI L I. Quality of care for Medicare beneficiaries with disabilities under the age

of 65 years[J]. Expert Review of Pharmaeconomics & Outcomes Research, 2006 (6): 261 - 273.

[31] JENSEN P M, et al. Factors associated with oral health-related quality of life in community-dwelling elderly persons with disabilities[J]. Journal of the American Geriatrics Society, 2008(56): 711 - 717.

[32] JOHNSON K, et al. Screened out: women with disabilities and preventive health[J]. Scandinavian Journal of Disability Research, 2006(8): 150 - 160.

[33] KOLMAR M. Intergenerational Redistribution in a Small Open Economy with Endogenous Fertility[J]. Journal of Population Economics, 1997, 10(3): 335 - 356.

[34] LEAVITT R. The development of rehabilitation services and suggestions for public policy in developing nations[J]. Pediatric Physical Therapy, 1995(7): 112 - 117.

[35] LILJA M, et al. Disability policy in Sweden: policies concerning assistive technology and home modification services[J]. Journal of Disability Policies Studies, 2003(14): 130 - 135.

[36] MEYER J. A non-institutional society for people with developmental disability in Norway[J]. Journal of Intellectual & Developmental Disability, 2003 (28): 305 - 308.

[37] NELISSEN J H M. Lifetime Income Redistribution by Social Security [J]. Journal of Population Economics, 2000(8): 89 - 105.

[38] NERI M T & KROLL T. Understanding the consequences of access barriers to health care: experiences of adults with disabilities[J]. Disability and Rehabilitation, 2003(25): 85 - 96.

[39] NUALNETRE N. Physical therapy roles in community based rehabilitation: a case study in rural areas of north eastern Thailand [J]. Asia Pacific Disability Rehabilitation Journal, 2009(20): 1 - 12.

[40] OSHIO T. Social Security and Intra-generational Redistribution of Lifetime Income in Japan[J]. Japanese Economic Review, 2005(56): 105 - 139.

[41] OTTENBACHER K J & GRAHAM J E. The state-of-the-science: access to postacute care rehabilitation services [J]. Archives of Physical Medicine and Rehabilitation, 2007(88): 1513 - 1521.

[42] PIIL M. Home care allowances: good for many but not for all[J]. Practice: Social Work in Action, 2000(12): 55 - 65.

[43] POZEN R, SCHIEBER S & SHOVEN J. Improving Social Security's Progressivity and Solvency with Hybrid Indexing[J]. American Economic Review, 2004, 94(2): 187 - 191.

[44] PRIESTLEY M, et al. Direct payments and disabled people in the UK: supply, demand and devolution[J]. British Journal of Social Work, 2007(37): 1189 - 1204.

[45] RAUCH A, CIEZA A & STUCKI G. How to apply the International Classification of Functioning Disability and health (ICF) for rehabilitation management in clinical practice[J]. European Journal of Physical Rehabilitation Medicine, 2008 (44): 439 - 442.

[46] RIMMER J H & ROWLAND J L. Health promotion for people with disabilities: implications for empowering the person and promoting disability-friendly environments[J]. Journal of Lifestyle Medicine, 2008(2): 409 - 420.

[47] ROBALINO D & BODOR A. On the Financial Sustainability of Earnings-Related Pension Schemes with Pay-As-You-Go Financing and the Role of Government-Indexed Bonds [J]. Journal of Pension Economics and Finance, 2007, 8 (2): 153 - 187.

[48] STUCKI G, CIEZA A & MELVIN J. The International Classification of Functioning, Disability and Health (ICF): a unifying model for the conceptual description of the rehabilitation strategy [J]. Journal of Rehabilitation Medicine: official journal of the UEMS European Board of Physical and Rehabilitation Medicine, 2007(39): 279 - 285.

[49] STOKES L T. Politics, policy and payment-facilitators or barriers to person-centred rehabilitation? [J]. Disability and Rehabilitation, 2007(29): 1575 - 1582.

[50] VORKRING H & GOUDSWAARD K P. Indexation of public pension benefits on a legal basis: some experiences in European countries[J]. International Social Security Review, 1997, 50(3): 31 - 44.

[51] WARTONICK D & PACKARD M. Slowing down pension indexing: the foreign experience[J]. Social Security Bulletin, 1983(6): 9 - 15.

[52] WILLIAMSON J B & WILLIAMSON M. Notional Defined Contribution Accounts: Neoliberal Ideology and the Political Economy of Pension Reform [J]. American Journal of Economics and Sociology, 2005, 64(2): 485 - 506.

附　表

表 1　1997 年养老保险制度改革的基本内容

缴费办法	社会统筹账户	企业缴费不超过工资总额的 20%,企业缴费减去划入个人账户的那部分全部进入社会统筹账户。
	个人账户	个人缴费工资的 11%,其中,个人缴费逐步升至 8%,其余部分由企业缴费划入。
待遇计发办法	老　人	按国家原来规定发放养老金,同时执行养老金调整办法。
	中　人	个人缴费和视同缴费累计满 15 年的人员,养老金由三部分构成:基础养老金,个人账户养老金,过渡性养老金。基础养老金和个人账户养老金的发放标准和"新人"一样,过渡性养老金采取指数化办法。
	新　人	个人缴费满 15 年的人员,养老金由两部分构成:基础养老金和个人账户养老金,基础养老金标准为所在地上年度职工月平均工资的 20%,个人账户养老金月标准额为个人账户存储额除以 120。

资料来源:根据养老金计发办法相关资料整理

表 2　2005 年养老保险制度改革的基本内容

缴费办法	社会统筹账户	企业缴费部分不再划入个人账户。
	个人账户	统一为个人缴费工资的 8%,全部由个人缴费形成。
待遇计发办法	老　人	按国家原来规定发放养老金,同时执行养老金调整办法。
	中　人	已退休"中人"按国家原来规定发放养老金,同时执行养老金调整办法;未退休"中人"在发给基础养老金和个人账户养老金的基础上,再发给过渡性养老金。基础养老金和个人账户养老金计发办法同"新人"一样,过渡性养老金计发办法由各地区制订。

（续表）

待遇计发办法	新人	个人缴费满15年的人员,养老金由两部分构成:基础养老金和个人账户养老金。基础养老金月标准以当地上年度在岗职工月平均工资和本人指数化月平均缴费工资的平均数为基数,缴费每满一年发给1%;个人账户养老金月标准为个人账户存储额除以计发月数,计发月数根据职工退休时城镇人口平均预期寿命、本人退休年龄、利息等因素确定。

资料来源:根据养老金计发办法相关资料整理

表3　养老金水平调整的系列设计方案

方案	"老人"养老金保障程度	"老人"养老金调整指数	"中人"养老金保障程度	"中人"养老金调整指数	"新人"养老金保障程度	"新人"养老金调整指数
最高方案	社会平均生活	$1+0.502g_w+\pi$	质量型生活	$1+0.372g_w+\pi$	健康型生活	$1+0.249g_w+\pi$
中等方案	质量型生活	$1+0.372g_w+\pi$	健康型生活	$1+0.249g_w+\pi$	基本生存	$1+0.214g_w+\pi$
最低方案	健康型生活	$1+0.249g_w+\pi$	基本生存	$1+0.214g_w+\pi$	最低生存	$1+0.154g_w+\pi$

资料来源:作者整理

表4　河北省2003—2014年新型农村合作医疗资金筹集标准

年　度	政府补助/元	年增长量/元	年增长率/%	个人缴费/元	年增长量/元	年增长率/%	总额/元	年增长量/元	年增长率/%
2003—2005	20	0	0	10	0	0	30	0	0
2006—2007	40	20	100	10	0	0	50	20	66.6
2008	80	40	100	10	0	0	90	40	80
2009	80	0	0	20	10	100	100	10	11.11
2010	120	40	50	20	0	0	140	40	40
2011	180	60	50	30	10	50	210	70	50
2012	240	60	33.33	50	20	66.67	290	80	38.1
2013	280	40	16.67	60	10	20	340	50	17.24
2014	320	40	14.29	70	10	16.67	390	50	14.71

资料来源:根据《中国统计年鉴》和《中国劳动统计年鉴》相关数据整理

表 5 被调查社区居家养老服务供给情况

社区名称	生活照料服务	医疗服务	精神文化生活服务
红专南路社区	① 送餐； ② 洗衣、买菜等家政服务； ③ 代购物品； ④ 日间照料。	① 健康检查； ② 建立健康档案； ③ 健康咨询； ④ 健康护理； ⑤ 上门诊疗。	① 组织健身活动； ② 家访聊天； ③ 老年图书馆； ④ 老年艺术团； ⑤ 法律咨询援助。
长十路社区	无	① 健康检查	① 组织健身活动
枣园红光社区	① 送餐服务； ② 洗衣、买菜等家政服务； ③ 代购物品； ④ 日间照料。	① 健康检查； ② 上门诊疗。	① 组织健身活动； ② 老年图书馆； ③ 法律咨询援助。
新西北社区	① 送餐服务； ② 洗衣、买菜等家政服务； ③ 日间照料。	① 健康检查； ② 建立健康档案； ③ 健康咨询； ④ 健康护理； ⑤ 上门诊疗。	① 组织健身活动； ② 老年图书馆； ③ 法律咨询援助。

资料来源：根据调查情况整理

表 6 生育福利相关法律法规文件

时间	法律法规名称	主要内容
1994 年	企业职工生育保险试行办法	1. 为全国建立生育保险制度提供政策支撑； 2. 对生育保险基金的筹集和管理以及生育保险待遇作出规定； 3. 职工个人不缴纳生育保险费。
1994 年	中华人民共和国劳动法	1. 对女职工劳动禁忌领域作出规定； 2. 对女职工生育待遇、产假进行规定； 3. 对社会保险基金的管理进行系统规定。
1999 年	关于妥善解决城镇职工计划生育手术费用问题的通知	将因计划生育产生的手术费用纳入生育保险基金的支付范围。
2004 年	关于进一步加强生育保险工作的指导意见	1. 各地区根据本地情况建立生育保险制度； 2. 协同推进生育保险与医疗保险工作； 3. 切实保障生育职工的医疗需求和基本生活待遇； 4. 加强生育保险的医疗服务管理； 5. 提高经办机构管理和服务水平。

（续表）

时　间	法律法规名称	主　要　内　容
2009 年	关于妥善解决城镇居民生育医疗费用的通知	逐步探索将生育保险制度覆盖城镇居民的生育医疗费用。
2010 年	社会保险法	对职工生育保险参保、领取生育津贴和生育医疗费用的内容作出规定。
2011 年	中国妇女发展纲要（2011—2020）	提出完善生育保险制度的目标和采取的策略措施。
2012 年	女职工劳动保护规定	提高女职工生育保险待遇，产假天数增加到 98 天。

资料来源：根据国家相关文件整理

后 记

推动转型期我国社会保障体系的理性、健康发展是一项复杂的系统工程，同时也是一个富有重要意义和相当难度的研究课题。本研究有助于保障和改善民生、增进人民福祉、维护社会公平，可以为落实和完成十八届三中全会提出的具体目标任务提供理论与实践参考。本书是作者长期研究社会保障体系发展建设问题的成果总结，是集体智慧的结晶。本书由我撰写10万余字并负责通阅、定稿，由张金峰撰写12万余字并承担了书稿写作的组织联络工作。在本书顺利完成之际，我要向所有给予我们帮助的人们致以最诚挚的谢意！首先，衷心感谢所有创作成员的积极参与和全力协作！他们是：中国人民大学劳动人事学院穆翠翠、中山大学政治与公共事务管理学院高玲玲、重庆大学公共管理学院刘凤、首都经济贸易大学劳动经济学院常亚婷、天津工业大学马克思主义学院司静宜和杜丹丹、河北工业大学马克思主义学院翟世川和解琳、华东师范大学公共管理学院乔宁波、西安交通大学公共政策与管理学院牛玉琼、英国伦敦政治经济学院(LSE)社会政策与规划系李铁铮、河北省张家口市怀来县委组织部苏海、河北省南和县三思乡人民政府张孟瑶、河北省霸州市王庄子乡任庄子村大学生村官马虎。他们在国内外高等院校和党政部门从事着社会保障领域的理论研究和相关管理工作，具有出色的研究能力和丰富的实践经验。没有诸位的帮助与支持，我们不可能完成这项研究工作。感谢世界图书出版上海有限公司姜海涛博士的大力支持与辛苦付出！感谢中共天津市委党校的领导和同事们对我的殷切鼓励和积极支持！感谢所有关心和帮助我的人们，谨以此书献给你们！

杨 健

2015 年 3 月 19 日